المنظمة العربية للتربية والثقافة والعلوم

# الكتاب الأساسي

## في تعليم اللّغة العربيّة لغير النّاطقين بها

# al-Kitab al-asasi

## fi ta'lim al-lugha al-'arabiya li-ghayr al-natiqin biha

Volume 1 الجزء الأول

El-Said Badawi
Fathi Ali Yunis
Idris Zayed
Jaafar Mirghani
Hasan al-Sahtari
Muhammad Awwad
Mahmoud al-Naqa
Yusuf al-Hamadi

The American University in Cairo Press
Cairo New York

## شارك في إعداد الطبعة الأولى

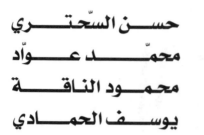

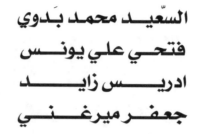

| | |
|---|---|
| السّعيد محمد بَدوي | حسن السّحتري |
| فتحي علي يونس | محمّد عوّاد |
| ادريس زايد | محمود الناقة |
| جعفر ميرغني | يوسف الحمادي |

## قام بالمراجعة

محمّد مواعدة

## شارك في التنقيح والمراجعة للطبعة الحالية

أحمد العايد
السعيد بدوي
عبد اللطيف عبيد
محمّد مواعدة

تَعَلَّمُوا العَرَبِيَّةَ
وَعَلِّمُوهَا النَّاسْ

This edition published in Egypt in 2008 by
The American University in Cairo Press
113 Sharia Kasr el Aini, Cairo, Egypt
420 Fifth Avenue, New York 10018
www.aucpress.com

Dar el Kutub No. 14081/08
ISBN 978 977 416 2312

Dar el Kutub Cataloging-in-Publication Data

Badawi, El-Said
    al-Kitab al-asasi fi ta'lim al-lugha al-'arabiya li-ghayr al-natiqin biha / El-Said
Badawi et al.—Cairo: The American University in Cairo Press, 2008
    Vol. 1    cm.
    ISBN 978 977 416 2312
    1. Arabic language—study and teaching     I. Title
    492.707

    3  4  5  6  7  8    14  13  12  11

Printed in Egypt

# المحتوى

# تصديـــر

يسعد المنظمة العربية للتربية والثقافة والعلوم أن تضع بين أيدي متعلّمي اللغة العربية ومعلّميها الطبعة الجديدة المنقّحة والمطوّرة من الجزء الأول من "الكتاب الأساسي في تعليم اللغة العربية لغير الناطقين بها" من المسلمين والأجانب، مصحوبة بنسخة إلكترونية على قرص مدمج لكامل محتويات هذا الجزء الأول وكذلك للمعجم المساعد لدارسي الكتاب الأساسي خماسي اللغة (عربي ـ فرنسي ـ إسباني ـ ألماني ـ إنجليزي) الذي وضعه فريق من اللغويين والقاموسيين وأصدرته المنظمة عام 1998 ليكون أداة تساعد على التعلّم الذّاتي وتدقّق معاني الكلمات والعبارات ضمن سياقات استخدامها في الكتاب نفسه.

وقد كلّفت المنظمة نخبة من اللغويين والخبراء في تعليم اللغة العربية لغة ثانية أو أجنبية بمراجعة هذا الجزء الأول الذي بين أيديكم، والسهر على تدقيقه وتحديثه، فجوّدوه محتوى ولغة، وأدخلوا عليه إضافات ضرورية، وراقبوا حوسبة محتوياته فجاءت محتويات هذه الطبعة، بحمد الله، أكثر دقّة وأيسر استخداما.

وإن الكتاب الأساسي بأجزائه الثلاثة قد لقي، منذ صدوره، القبول والترحيب والرواج؛ فتسابقت إلى اقتنائه واستخدامه الجامعات والمعاهد وسائر المؤسسات المختصة في تعليم اللغة العربية لغير الناطقين بها، وأصبح من أهم كتب تعليم العربية لغير العرب داخل الوطن العربي وخارجه، إن لم يكن أهمّها إطلاقا. ونحن نأمل أن تجد هذه الطبعة المنقّحة والمطوّرة مزيدا من الاستحسان والرواج، خاصة بعد أن

أ

وفّرت المنظمة محتويات الكتاب على قرص مدمج، في إطار مواكبتها للتطور التقاني واستجابتها لمتطلبات العصر.

وأغتنم هذه المناسبة لأهنئ كلّ من ساهم في هذا الإنجاز وفي مقدمتهم الخبراء الأجلاء، آملا صدور الجزأين الثاني والثالث من الكتاب الأساسي في طبعة جديدة في وقت قريب..

والله الموفق

المدير العام

أ. د. المنجي بوسنينة

# تقديم

يعتبر تطوير اللغة العربية ونشرها عربيا وعالميا من أولويات عمل المنظمة العربية للتربية والثقافة والعلوم، وخطط عملها، ومشروعاتها، وبرامجها الحالية والمستقبلية. وقد أنشئت المنظمة لتكون الأداة القومية لتحقيق الأهداف النبيلة التي تضمنها ميثاق الوحدة الثقافية العربية، وفي مقدمتها تنمية اللغة العربية، ونشرها لغة وحضارة، باعتبارها مناط الشخصية العربية وقوامها.

ويأتي تعليم اللغة العربية في صدارة اهتمام المنظمة باللغة العربية عامة، على أن هذا الاهتمام لم يقتصر على المتعلمين من أبناء الأمة العربية داخل الوطن العربي، بل توسع فشمل متعلّميها خارج الأقطار العربية، سواء أكانوا من الأجانب أم من المسلمين الذين تعدّاللّغة العربية لغتهم الروحية وبالتالي لغة ثانية لا أجنبية، أم من أبناء الجاليات العربية في أوروبا وأمريكا وغيرهما.

وهذا الكتاب الذي بين أيديكم هو حلقة من ثلاث حلقات متساندة متكاملة تمثل في مجموعها "الكتاب الأساسي في تعليم اللغة العربية لغير الناطقين بها". وقد أصدرت المنظمة الكتاب الأساسي بأجزائه الثلاثة لغير الناطقين بالعربية من الأجانب والمسلمين، كما وضعت لهذا الجزء الأول الذي نتشرّف بتقديم طبعته الجديدة المنقّحة والمطورّة عددا من الملحقات منها "دليل المعلم"، و"المعجم المساعد الخماسي اللغة"، وأخيرا القرص المدمج المصاحب للكتاب في طبعته الحالية والذي يتضمن كامل محتوياته وكذلك محتويات المعجم المساعد الخماسي اللغة الذي عوّض "قائمة الكلمات الواردة بالكتاب" في الطبعة السابقة.

ولا يخفى ما يحظى به الكتاب الأساسي في تعليم اللغة العربية لغير الناطقين بها، منذ صدوره، من استحسان وقبول ورواج لدى معلّمي اللغة العربية ومتعلّميها من الأجانب والمسلمين في الجامعات والمعاهد وسائر المؤسسات المختصة في تعليم العربية لغير العرب، وذلك بفضل المنهجية العصرية التي اعتمدت في تصوّره وتأليفه. وسعيا إلى تطوير الكتاب وتجويده محتوى ولغة، عهدت المنظمة بتنقيحه وتحديثه والمساعدة على حوسبته إلى فريق من الخبراء اللّغويين والتربويّين هم الأستاذ المبرزّ أحمد العايد والدكتور السعيد بدوي والدكتور عبد اللطيف عبيد، فبذلوا في أداء مهمّتهم أقصى الجهد، وخلّصوه مما تسرب إليه من هفوات أو أخطاء في الطبعة السابقة، فإليهم وإلى كل من ساهم من قريب أو بعيد في إخراج هذه الطبعة خالص تقدير المنظمة وجزيل امتنانها.

والله الموفق.

المنظمة العربية
للتربية والثقافة والعلوم

فالطفل العربي أولا يتعلم نظاما تركيبيا في بيئة المنزل شبيها إلى حد كبير بالنظام التركيبي للفصحى، ولذلك لا يجد مشقة عند دخوله المدرسة في أن يفهم منذ اليوم الأول عبارات مثل "عادل في المدرسة" ، "سعاد تكتب" ومثيلاتها. ثم تتولى المدرسة في السنوات الثلاث الأولى تنمية هذا النظام التركيبي بتقديم الأنماط التي تنقصه والتي تختص بها الفصحى. يحدث كل ذلك دون أن يتعامل مع النظام الإعرابي للغة.

ولا يتم ذلك عفويا. فمنهج اللغة العربية لطفل المرحلة الابتدائية يقوم في السنوات الثلاث الأولى على الابتعاد عن كل ما يمس قضية الإعراب ومظاهره في الجملة العربية، ثم بعد ذلك وابتداء من العام الرابع، تبدأ المدرسة في تدريبه على النظام الإعرابي، من خلال النظام التركيبي الذي تعرّف عليه بدرجة جيدة.

أما بالنسبة إلى المتعلّم الأجنبي، فإن الطرائق المتبعة في تعليمه اللغة العربية تضعه عادة في موقف صعب للغاية: فهي تلزمه بتعلم النظامين التركيبي والإعرابي في ذات الوقت، وتفرض عليه إتقان كل ما يقدم إليه بتعمق. وقد أثبتت التجربة أن هذه الإستراتيجية تشغل المتعلم بأمور نظرية معقدة تثقله، وتبطئ خطوه، وتحرمه من تمثل اللغة كمهارة عملية، وكوعاء لحضارة تعبر عنها. ولعل هذه الإستراتيجية أحد الأسباب الكبرى في تخلي كثير من متعلمي العربية من غير الناطقين بها عن متابعة الدراسة بعد فترة وجيزة، وفي شيوع الاعتقاد بصعوبة تعلم العربية، بل والاعتقاد بشبه استحالة إتقان الأجنبي لها إتقان أهلها، أو على الأقل إتقان تعلمه لغيرها من اللغات.

لهذه الأسباب رأينا أن يقوم الكتاب الأساسي من الناحية التركيبية النحوية على الخصوص على إستراتيجية تأخذ بالمتعلم للعربية في طريق من التدرج يوازي الطريق الذي يسير عليه العرب في تعلمهم للفصحى.

وتتمثل هذه الإستراتيجية في توزيع مادة البنية اللغوية للكتاب الأساسي ( بحلقاته الثلاث) على مراحل أربع ( ليست متساوية بالطبع، ولا يقع كل منها في جزء مستقل). هذه المراحل هي في الواقع مراحل تعليمية ذات أهداف متداخلة كما يلي:

أ - توطئة صوتية-أبجدية
ب- مرحلة التركيب اللغوي البسيط
ج - مرحلة التركيب اللغوي البسيط مع تقديم الجانب الإعرابي.
د - مرحلة التركيب والإعراب في صورهما المركبة.

وفيما يلي وصف لهذه المراحل :

أ- **التوطئة الصوتية الأبجدية** : تقوم الإستراتيجية في هذه المرحلة على تقديم الأصوات العربية في بيئاتها الطبيعية الكاملة، من خلال موضوعات مصورة مكتوب تحت كل منها الكلمة التي تعبر عنها بحيث يستطيع الطالب من استماعه لنطق المدرّس لها ومن استماعه المتكرر

للأشرطة المصاحبة، ومن ملاحظته للرموز الكتابية ( أي صور الحروف ) بألوانها المختلفة والمدونة تحتها – يستطيع من كل ذلك أن:

1- يتعرف على الجو الصوتي والجرس العام للغة العربية.

2- يكتسب مهارة الاستماع وتمييز الأصوات العربية في اجتماعها وانفرادها، وكذلك مهارة إنتاج الأصوات متميزة بعضها عن البعض وبصورة مقبولة من الأذن العربية.

3- يربط ربطا تلقائيا بين الصورة والكلمة الصوتية الدالة عليها والرمز الكتابي الدال على هذا الصوت.

4- يتدرب على كتابة الرموز الأبجدية في الاتجاه الصحيح( من اليمين إلى اليسار ) وبالصورة المقبولة.

5- يتعلم عددا معقولا من الأسماء والأفعال ذات التردد العالي في اللغة تمهيدا لاستخدامها في المرحلة التالية.

6- يتدرب الطالب – عن طريق الحوار النشط للتعرف على الصور والكلمات الدالة عليها– على استخدام صيغة السؤال والجواب البسيط، وجملة الإشارة تمهيدا لدخوله الدرس الأول من المرحلة التالية.

وليس من المتوقع بالطبع أن يتقن المتعلم كل هذه المطالب.  فالمرحلة التالية – بالإضافة إلى تقديمها للجانب التركيبي للغة – تقوم بتعزيز أهداف المرحلة السابقة.

## ب– مرحلة التركيب اللغوي البسيط :

الهدف هنا أن يتعرف الطالب على الأنماط الرئيسية للجملة العربية البسيطة، وأن يتفاعل معها سماعا وإنتاجا بطريقة شبه تلقائية، تمهيدا لدراستها بتفصيل أكثر في مراحل تالية. لذلك وانطلاقا من الفلسفة اللغوية التي يسير عليها الكتاب ( والتي تم شرحها بإيجاز فيما سبق) تتوجه العناية في هذه المرحلة إلى التركيب اللغوي للجملة وحده ( بعيدا عن خاصية الإعراب وعلاماته) وإلى نظام الكلمات في الجملة وترابط مكوناتها وخاصة عن طريق الإسناد، والمطابقة في الأفعال والضمائر، ومظاهر الربط الأخرى مثل الاتفاق وعدمه في التعريف والتنكير وعلامات التذكير والتأنيث وغيرها.

والمسائل التركيبية الواردة في هذه المرحلة هي بالطبع عبارة عن اختيار يعتقد المؤلفون، بناء على خبرتهم الشخصية، أنه هو القدر الضروري والمناسب لتحقيق الأهداف التعليمية السابقة. وقد تم توزيع هذه المسائل وترتيبها بشكل متدرج حيث لا يستخدم تركيب إلا إذا كان قد تم شرحه في الدرس السابق أو يكون بغرض شرحه حيث ذكر. والترتيب والتوزيع بالصورة التي وردا عليها في الكتاب يعبران أيضا عن خبرة المؤلفين الشخصية، وإن كانا يقومان– من حيث المبدأ – على الأسس التربوية المقررة في ميدان تعلم اللغات الأجنبية.

2) **الجزء الثاني:** يتناول موضوعات الحضارة العربية الإسلامية المعاصرة من خلال عرض التراث الفكري الذي يعايشه المثقف العربي اليوم والذي يمثل طموحاته ومقوماته، وكذلك من خلال عرض نماذج من ألوان النشاط الثقافي يترابط فيها المحتوى الحضاري بالقالب اللغوي والألفاظ والتعابير الاصطلاحية التي تعبر عنها. وهدفه اللغوي هو تنمية مهارتي القراءة والكتابة مع عدم إغفال مهارتي الاستماع والحديث اللتين حظيتا بالتركيز في الجزء الأول.

3) **الجزء الثالث:** يتناول موضوعات التراث العربي الإسلامي من خلال موضوعات الفكر والحياة العربية الإسلامية في عصورها الزاهرة في صدر الإسلام والعصر العباسي بصفة خاصة، بحيث يجد الطالب فرصة للتعرف على الصور الجزلة الرصينة من قوالب اللغة العربية وطرائقها في التعبير.

والمأمول أن يستطيع الطالب من خلال استعراض اللغة معه هذا الاستعراض المتدرج المتكامل ( ابتداء بما يعايشه يوميا، ومرورا بما يدور حوله فكريا، ثم انتهاء بما تحويه عيون التراث الزاهر ) أن يخرج بحصيلة نهائية سداها قدرة لغوية من التراكيب والألفاظ والأساليب والتعبيرات الاصطلاحية ولحمتها ثروة حضارية من أهم مظاهر الفكر والحضارة العربية الإسلامية الأصيلة.

وقد سار الكتاب من النواحي التركيبية ــ اللغوية على خطة من التأليف والعرض سيتكفل ببيانها تفصيلا "دليل المعلم". ولذلك فسنكتفي هنا ببيان موجز لما قام عليه الكتاب من فلسفة لغوية موازية للفلسفة الحضارية التي أشرنا إليها.

تشترك اللغة العربية مع غيرها من اللغات في أن لها بنيتها **التركيبة الخاصة** بها ( أي طريقتها الخاصة في بناء الجملة بأنماطها مثل الترتيب بين الفاعل والفعل، والمستثنى و المستثنى منه ... الخ مما لا يشاركها فيها غيرها بالتمام ).

وتزيد اللغة العربية في أنها تتميز عن كثير من غيرها من اللغات في وجود نظام نحوي إضافي بها يسمى بنظام الإعراب.

ومحصلة ذلك من الفرق بين متعلم العربية، ومتعلم لغة أخري مثل الإنجليزية أنه في الوقت الذي يتعلم فيه الآخر نظاما واحدا (هو النظام التركيبي) نجد أن متعلم اللغة العربية يتعين عليه ــ وحده دون غيره - أن يتعلم نظامين اثنين (**النظام التركيبي والنظام الإعرابي**)، وأن يدرك ما بينهما من علاقات قد لا تكون واضحة أو مستقرة في جميع الأحوال.

ومن حسن حظ متعلمي العربية من العرب أنهم لا يواجهون هذين النظامين في ذات الوقت بل في مرحلتين متتاليتين.

1 ــ النظام التركيبي فقط في المرحلة الأولي من المدرسة الابتدائية.
2 ــ النظام التركيبي والإعرابي في بقية المراحل الدراسية.

## في المنهج

يهدف الكتاب الأساسي بأجزائه الثلاثة وبمصاحباته التعزيزية إلى تقديم المتعلم من غير الناطقين بالعربية إلى أساسيات هذه اللغة في امتداديها التاريخي والجغرافي، والوصول به في فترة زمنية محدودة إلى مستوى من الإتقان لمهاراتها الأربع يستطيع معه أن يستقل في تعليم نفسه اللغة وفي التزود بما يشاء من ثرائها دون الحاجة إلى الاعتماد على درس أو مدرس.

والأساسيات، بهذا المعنى، لا تقتصر بالطبع على الأبجدية والصوتيات وبنية الكلمات وتركيب الجملة، بل تشمل إلى جانب ذلك ــ بل وفوق ذلك ــ المضمون الحضاري الذي تعبر عنه اللغة العربية بكل ما لديها من ثروة وفعالية تعبيرية تجمعت لدى أبنائها ورسخت فيهم من خلال عبقرية الزمان والمكان.

ولكن تحقيق ذلك ليس بالأمر السهل: فاللغة العربية تنفرد بأن مجموع محصولها اللغوي الذي يستخدمه أبناؤها في الوقت الحاضر يرجع في التاريخ إلى أكثر من **1600** عام. **ولا توجد لغة على ظهر الأرض لها مثل هذه الخاصية،** فالقرآن الكريم والحديث الشريف والشعر الجاهلي وأدب صدر الإسلام والأدب الأموي وتراث العصر العباسي وما تلاه، ليس مجرد تراث تاريخي مرحلي ، بل هو معين فكري – لغوي حي لا تغترف منه الثقافة العربية المعاصرة فحسب بل إنه هو ذاته قسم أساسي قائم برأسه من حصيلة الثقافة العربية المعاصرة.

وفي الوقت الذي يمثل فيه هذا الوضع الحضاري اللغوي الفريد بالنسبة إلى العرب عمقا وأصالة فكرية، فإنه يكلف المتعلم الأجنبي الجاد للغة العربية بذل مجهودات مضاعفة، كما يكلف واضع المنهج ومنفذه تخطيطا يختلف عن مقابله في اللغات الأخرى. ذلك أن على الأخير أن يأخذ في اعتباره، ليس فقط التدرج اللغوي التركيبي للمادة التعليمية( كما هو الحال في كتب تعليم اللغات الأخرى ) بل عليه أيضا أن يأخذ في اعتباره ثراء اللغة العربية وامتدادها التاريخي.

وقد اقتضت هذه الحقائق أن يصمم الكتاب الأساسي في ثلاث حلقات متساندة يخدم كل منها هدفا مختلفا من النواحي الحضارية ومتدرجا من النواحي اللغوية.

1) **الجزء الأول** (وهو الكتاب الحالي): يتناول الحياة اليومية وموضوعاتها من خلال التعامل التلقائي باللغة مع أبناء المجتمع العربي، ومن خلال مواقف طبيعية يترابط فيها النمط اللغوي بالظرف الاجتماعي المناسب ( سواء أكان ذلك شفاهيا في الحياة اليومية كالبيع والشراء أم كتابيا في مواقف التعامل الخاصة مثل ملء بطاقات السفر وكتابة عقود الإيجار وقراءة الصحيفة اليومية ... وغيرها)، ويركز أساسا على تنمية مهارتي الاستماع والحديث باعتبارهما المدخل الطبيعي لدراسة اللغات الحية.

وطبقا للمبادئ التي يقوم عليها هذا الكتاب فإن كلمات الدروس في المرحلة الصوتية الأبجدية وفي هذه المرحلة ( التي تنتهي بنهاية الدرس الحادي عشر من هذا الكتاب) **تضبط ضبط صيغة فقط،** مع ترك الأواخر منعا لإيقاع الطالب في ارتباك لا يجد له شرحا في تلك المرحلة.

وقد خصص كل درس لعرض مسألة تركيبية جديدة وتعزيز ما سبق عرضه من مسائل في الدرس السابق وما قبله.

وقد رؤي الأخذ بتوصيات الخبراء الذين تدارسوا موضوع الكتاب الأساسي في ندوات عقدتها المنظمة لهذا الغرض، وذلك فيما يتعلق بالابتعاد عن إثقال كاهل المتعلم بالشروح والقواعد والاصطلاحات النحوية. واكتفي، عوضا عن ذلك، بتقديم تلخيص بالأمثلة فقط في نهاية كل درس لما دار حوله الدرس من تراكيب.

ج- **المرحلة التركيبية الإعرابية البسيطة** : تبدأ هذه المرحلة مع بداية الدرس الثالث عشر من هذا الجزء من الكتاب وتنتهي في منتصف الجزء الثاني منه. ويبدأ تقديم الجانب الإعرابي بصورة متدرجة تتخذ مادتها من التراكيب البسيطة التي تدرب الطالب عليها في المرحلة السابقة وأتقنها، بحيث لا يجتمع عليه مجهولان في وقت واحد (أعني التركيب والإعراب) وبحيث تكون عملية الربط الثلاثي بين صورة التركيب وعلامة الإعراب والمحتوى الدلالي للجملة (وهي عملية صعبة للغاية ) ذات مغزى بالنسبة إلى الطالب. وفي منتصف هذه المرحلة يبدأ التعامل مع ظاهرة من أهم ظواهر اللغة العربية وأكثرها تعقيدا بالنسبة إلى المتعلم الأجنبي وهي ظاهرة الاشتقاق في الثروة اللغوية. ويتم ذلك باختصار شديد، وتشرح بطريقة عملية (بعيدة عن المصطلحات والقواعد) مسألة توازي الصيغة مع المعني، وتشابك الكلمات في جذر واحد، بدون إلحاح وبدون قصد إلى الإتقان في هذه المرحلة المبكرة.

ويتم ضبط أواخر الكلمات في هذه المرحلة طبقا لسير الدروس. ومن الملاحظ أنّه لا يضبط جزء من التركيب لم يتم تقديمه والتدريب عليه. ومع تقدم الدروس في هذه المرحلة، وتكرر المفردات في عملية التعزيز التي يسير عليها توزيعها، والاطمئنان إلى أن هذه المفردات قد دخلت في حصيلة الطالب وأصبحت في متناول قدراته، يحدث شيء هام جدا هو **بدء التخفف من ضبط الصيغة** لتلك المفردات تحديا للطالب، وإعدادا مبكرا له كي يتعود على خاصية الكتابة العربية وهي عدم الضبط بالشكل. وهذه ناحية يعتقد الكاتب، بناء على خبرته الشخصية، أنها في غاية الأهمية في إعداد الطالب للتعامل مع المادة اللغوية الحية في صورها المكتوبة.

د- **مرحلة التركيب والإعراب في صورتها المركبة** : وتبدأ في منتصف الجزء الثاني وتنتهي بانتهاء الأجزاء الثلاثة، ولذلك فهي تعد المرحلة الرئيسية للسلسلة . وتهتم هذه المرحلة بتدريب الطالب على ألوان التعبير العربي ذات البنية المركبة: مثل الجمل الشرطية والجمل المترابطة والمعترضة وأدوات الربط في الجملة وغيرها. وكذلك يتعامل مع النظام الاشتقاقي للغة العربية بما يستحقه من تفصيل، ويربط ذلك ربطا وثيقا بطريقة استخدام المعجم العربي. ونظرا إلى أن الجزء الثالث من الكتاب مخصص لموضوعات التراث فإن لغته صالحة بطبيعتها لهذا اللون من التدريب.

وبانتهاء الطالب من دراسة الأجزاء الثلاثة يكون، إلى جانب وصوله إلى مرحلة الاستقلال الدراسي التي اشرنا إليها فيما سبق، قد استعرض تنوعات اللغة العربية من الناحيتين الوظيفية والبنائية، كما يكون في وضع يمكنه من اختيار الطريق اللغوي الذي يسير فيه.

وقد استفاد المؤلفون في اختيارهم لمفردات الكتاب من العمل البناء الذي قام به طلاب معهد الخرطوم الدولي للغة العربية بإشراف الدكتور فتحي يونس والدكتور يوسف الخليفة حينما جمعوا وصنفوا قائمة كبرى تمثل – إلى جانب القوائم المنشورة– المفردات المستخدمة في عدد كبير من كتب تعليم العربية في الوطن العربي. ومع ذلك فقد اقتضت طبيعة الموضوعات التي تناولها الكتاب – وهي تختلف عن مثيلاتها في الكتب المشابهة– استخدام عدد كبير من المفردات التي لم ترد في تلك القوائم. وكان المرجع فيها قائمة الألفاظ المصنفة التي قام بإصدارها المرحوم الدكتور أرنست عبد المسيح بجامعة متشغان.

ولا يستطيع المؤلفون أن يسموا كل من ساعدهم بطريقة أو بأخرى في إخراج هذا العمل، فهم أكثر من أن يستوعبهم هذا الحيز المحدود. ولكنهم يخصون بالشكر الدكتور طه حسن النور والدكتور يوسف الخليفة والأستاذ أحمد عبد الحليم والأستاذ صالح أبو اليمن والأستاذ محمود موسى والأستاذ إدوار مهني والأستاذ إميل محارب وفريق الفنانين من زملائه الذين قاموا بتنفيذ الرسوم والجانب الفني من الكتاب في زمن قياسي. أما حسن السحتري فلولا عبقريته الإدارية وقدرته الساحرة على تذليل الصعاب لما خرج هذا العمل إلى الوجود.

وقد حاء هذا الكتاب ( وما سيتبعه من كتب ومعاجم ووسائل تعليمية هي الآن في مراحل مختلفة من الانجاز) ثمرة للسياسة التي اختطها وآمن بها الدكتور محي الدين صابر، والتي استهدفت تقوية العمل العربي، ومدّ جسوره في الخارج عن طريق نشر اللغة العربية خارج حدودها التقليدية. وإلى إصراره وتشجيعه ( ومؤاخذاته أحيانا) يعود الفضل في إكمال هذا العمل الأول ( وهو عادة أصعب الأعمال ).

**الدكتور السعيد محمد بدوي**

**طبعة 1 - تونس**

**1403هـ / 1983 م**

# الأَصْوَات وَالْأَبْجَدِيَّة الْعَرَبِيَّة

## الْوَحْدَة الْأُولَى :

(1) الْحَرَكَات وَأَصْوات الْمَدّ

(2) هَذَا / هَذِهِ

# أَوَّلاً – الْحَرَكَات الْقَصِيرَة والسُّكُون

َ الفَتْحَة

بَيْت — هَذَا بَيْت — بَـ

ِ الكَسْرَة

بِنْت — هَذِهِ بِنْت — بِـ

ُ الضَّمَّة

مُشْط — هَذَا مُشْط — مُـ

ْ السُّكُون

شَمْس — هَذِهِ شَمْس — ـمْـ

| | | | |
|---|---|---|---|
| ْ | ُ | ِ | َ |

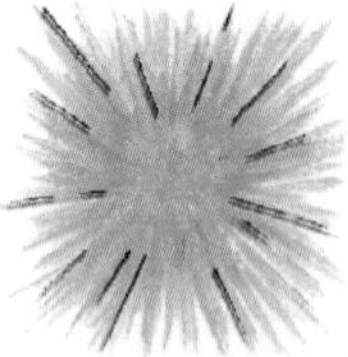

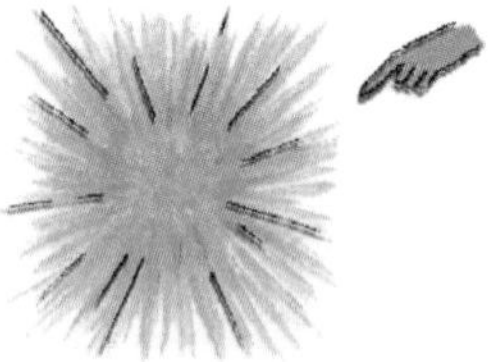

# ثَانِيًا – الْحَرَكَات الطَّـوِيلَة (الْمَـدّ)

ا أَلِف الْمَدّ

كِتَاب      هَذَا كِتَاب      ـا

ي يَاء الـمَدّ:

سَرِير      هَذَا سَرِير      يـ

و وَاو الْمَدّ:

سُور      هَذَا سُور      ـو

| | | |
|---|---|---|
| ـا | ـيـ | ـو |

تَدرِيب 1   اسْمع وَرَدِّد :

**1- بَيْت ، هَذَا بَيْت**　　**2- بِنْت ، هَذِهِ بِنْت**

**3- مُشْط ، هَذَا مُشْط**　　**4- شَمْس ، هَذِهِ شَمْس**

**5- كِتَاب ، هَذَا كِتَاب**　　**6- سَرِير ، هَذَا سَرِير**

**7- سُور ، هَذَا سُور**

تَدرِيب 2 : اسْمع وَضَع عَلاَمَة √ تَحْت الصُّورة الْمُطَابِقَة*:

* يسمع الطالب من القرص المضغوط أو من المعلم الكلمة أو الجملة الدالة على إحدى الصورتين، ويطلب منه أن يضع علامة √ تحت الصورة المقصودة بالكلمة أو بالجملة.

# الْوَحْدَة الثَّانِيَة :

(1) الْأَصْوَات الصَّحِيحَة  ب – م – ف- و

(2) هَلْ هَذَا ؟ / هَذِهِ ؟

(3) مَا هَذَا ؟ / هَذِهِ ؟

## ب (بَاء) :

بَيْت — هَلْ هَذَا بَيْت ؟ — نَعَمْ، هَذَا بَيْت — بـ

حَبْل — هَلْ هَذَا حَبْل ؟ — نَعَمْ، هَذَا حَبْل — ـبـ

مَكْتَب — هَلْ هَذَا مَكْتَب ؟ — نَعَمْ، هَذَا مَكْتَب — ـب

كِتَاب — هَلْ هَذَا كِتَاب ؟ — نَعَمْ، هَذَا كِتَاب — ب

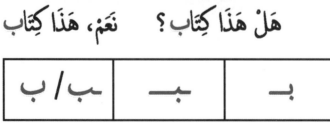

| | | |
|---|---|---|
| بـ | ـبـ | ـب / ب |

## ف (فَاء):

فِيل — هَلْ هَذَا فِيل ؟ — نَعَمْ، هَذَا فِيل — فـ

سَفِينَة — هَلْ هَذِهِ سَفِينَة ؟ — نَعَمْ، هَذِهِ سَفِينَة — ـفـ

أَنْف — هَلْ هَذا أَنْف ؟ — نَعَمْ، هَذا أَنْف — ـف

ظَرْف — هَلْ هَذَا ظَرْف ؟ — نَعَمْ، هَذَا ظَرْف — ف

| | | |
|---|---|---|
| فـ | ـفـ | ـف/ ف |

م (مِيم):

مِقَصّ — هَلْ هَذَا مِقَصّ؟ — نَعَمْ، هَذَا مِقَصّ — مـ

جَمَل — هَلْ هَذَا جَمَل؟ — نَعَمْ، هَذَا جَمَل — ـمـ

ـم

قَلَم — هَلْ هَذَا قَلَم؟ — نَعَمْ، هَذَا قَلَم — ـم

م

قَدَم — هَلْ هَذِهِ قَدَم؟ — نَعَمْ، هَذِهِ قَدَم — م

| | | |
|---|---|---|
| مـ | ـمـ | م / ـــم / ـم / م |

## و (وَاو):

وَرْدَة    هَلْ هَذِهِ وَرْدَة ؟ نَعَمْ، هَذِهِ وَرْدَة    و

ثَوْر    هَلْ هَذَا ثَوْر ؟ نَعَمْ، هَذَا ثَوْر    ـو

دَلْو    هَلْ هَذَا دَلْو ؟ نَعَمْ، هَذَا دَلْو    ـو

جَرْو    هَلْ هَذَا جَرْو ؟ نَعَمْ، هَذَا جَرْو    و

| | |
|---|---|
| و | ـو |

# تَدْرِيبَات

تَدْرِيب 1 : مَا هَذَا ؟

هَذَا / هَذِهِ

هَذَا / هَذِهِ

هَذَا / هَذِهِ

هَذَا / هَذِهِ

هَذَا / هَذِهِ

هَذَا / هَذِهِ

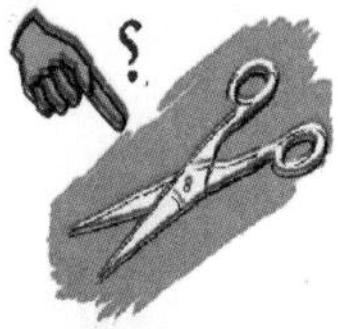

هَذَا / هَذِهِ

هَذَا / هَذِهِ

هَذَا / هَذِهِ

هَذَا / هَذِهِ

هَذَا / هَذِهِ

هَذَا / هَذِهِ

تَدْرِيب 2 : أَجِبْ كَمَا فِي النَّمُوذَج:

هَلْ هَذَا كِتَاب؟
نَعم هَذَا كِتَاب

هَلْ هَذَا مِقَصّ؟
لَا هَذَا مَكْتَب

هَلْ هَذِهِ شَمْش؟

هَلْ هَذِهِ قَدَم؟

هَلْ هَذَا سَرِير؟

هَلْ هَذِهِ شَمْش؟

هَلْ هَذَا قَلَم؟

هَلْ هَذَا كِتَاب؟

هَلْ هَذَا بَيْت؟

هَلْ هَذَا جَرْو؟

هَلْ هَذَا سَرِير؟

هَلْ هَذَا سُور؟

# الْوَحْدَة الثَّالِثَة :

(1) الْأَصْوَات الصَّحِيحَة  ث – ذ – ظ

(2) مُرَاجَعَة

ث (ثَاء) :

 ث

ثَوْر      مَا هَذَا  ؟     هَذَا ثَوْر

 ثـ

تِمْثَال     مَا هَذَا ؟     هَذَا تِمْثَال

 ثـ

مُثَلَّث     مَا هَذَا ؟     هَذَا مُثَلَّث

 ث

مِحْرَاث     مَا هَذَا ؟     هَذَا مِحْرَاث

| ـث / ث | ـثـ | ثـ |
|---|---|---|

13

ذ (ذَال) :

ذ

ذَيْل — مَا هَذَا ؟ — هَذَا ذَيْل

ذ

أُذُن — مَا هَذِهِ ؟ — هَذِهِ أُذُن

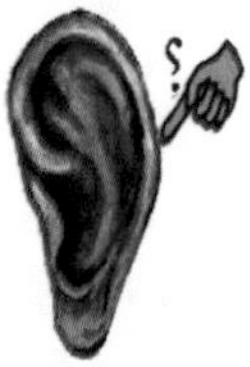

ـذ

فَخِذ — مَا هَذِهِ ؟ — هَذِهِ فَخِذ

| | | |
|---|---|---|
| ـذ/ ذ | ـذ | ذ |

## ظ (ظَاء) :

ظَرْف

مَا هَذَا ؟

هَذَا ظَرْف

ظ

مِحْفَظَة

مَا هَذِهِ ؟

هَذِهِ مِحْفَظَة

ـظـ

مَحَافِظ

مَا هَذِهِ ؟

هَذِهِ مَحَافِظ

ـظ

| | |
|---|---|
| ظ | ـظ |

# تـدْرِيبـَات

تَدْرِيب 1 : اسْمَعْ وَرَدِّد :

ثَوْر ، ذَيْل ، ظَرْف

مُثَلَّث ، أُذُن ، مِحْفَظَة

مِحْرَاث ، فَخِذ ، مَحَافِظ

تَدْرِيب 2 : ضَعْ دَائِرَة حَوْل رَمْز الصَّوْت الذِي تَسْمَعُه فِي أَوَّل الكَلِمَة * :

ظ ذ ث ز ث ظ

ب م ف م و ف

ث ز ظ و ف م

ب ف و

تَدْرِيب 3 : ضَعْ دَائِرَة حَوْل رَمْز الصَّوْت الذِي تَسْمَعُـه فِي آخِرِ الكَلِمَة ** :

ب م ف ذ ث ظ

ظ ذ ث و ف ب

ث ذ ظ م و ف

ب ف و

* تَدْرِيب على ربط الأصوات بالرموز من خلال كلمات ينطقها المعلم، وهي تبدأ على التوالي بالحروف : ب، ف، و، ث، ظ، ذ، م. والكلمات التي ينطقها المعلم هي على التوالي : بَيْت، فِيل، وَرْدَة، ثَوْر، ظَرْف، ذيل، مِقَصّ.

** تَدْرِيب على ربط الأصوات بالرموز من خلال كلمات ينطقها المعلم وتنتهي بالحروف الآتية على التوالي: ب، ف ، و ، ث ، ظ ، ذ ، م .

والكلمات هي : مَكْتَب، أنْف، دَلْو، مثلث، محافظ، فخذ، قَدَم.

تَدْرِيب 4 : ضَعْ دَائِرَة حَوْل رَمْز الْحَرَكَة الْقَصِيرَة الَّتِي تَسْمَعُهَا فِي أَوَّل الْـكَلِمَة* :

| | | |
|---|---|---|
| ـَـ ______ | ـُـ ______ | ـَـ ______ |
| ـُـ ______ | ـْـ ______ | ـُـ ______ |
| ______ ـِـ | ـَـ ______ | ـْـ ______ |
| ______ ـِـ | ـُـ ______ | ______ ـِـ |

تَدْرِيب 5 : ضَعْ دَائِرَة حَوْل رَمْز الْحَرَكَة الطَّوِيلَة الَّتِي تَسْمَعُهَا فِي الْـكَلِمَة** :

| | | |
|---|---|---|
| ـَا | ـِيـ | ـو |
| ـِي | ـُو | ـَا |
| ـُو | ـَا | ـِيـ |
| ـُو | ـِيـ | ـَا |

تَدْرِيب 6 : انْطِق الْحُرُوف الْآتِيَة مَضْبُوطَة بِالْحَرَكَات الَّتِي فَوْقَـهَا أَوْ تَحْتَهَا :

| | | | | | |
|---|---|---|---|---|---|
| بَ | بِ | بُثْ | وَ | وَمْ | ثَوْ |
| فَ | فُ | فِ | تَمْ | مَثْ | ذُ |
| مِفْ | مُـ | مَـ | أُذُ | نَا | فَذْ |
| | | ظَزْ | ظُ | ظِ | |

* تَدْرِيب 4 يقصد به تعرف رمز الحركة القصيرة الذي يأتي في أول الكلمة، وذلك من خلال نطق المعلم للكلمات الآتية على التوالي : بَيْت، مُشْط، بِنْت، شَمْس.

** تَدْرِيب 5 يقصد به تعرف رمز الحركة الطويلة الذي ورد في الكلمات التي قُدِّمت للدارس، وذلك من خلال نطق المعلم للكلمات الآتية على التوالي : كِتَاب، سَرِير، سُور، محافظ.

تَدْرِيب 7 : **انْطِق** الْكَلِمَة الـمُعَبِّرَة عَن الصُّورة:

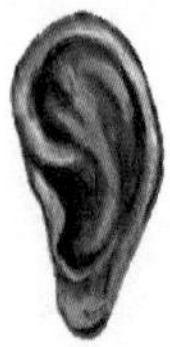

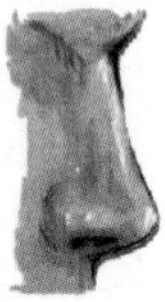

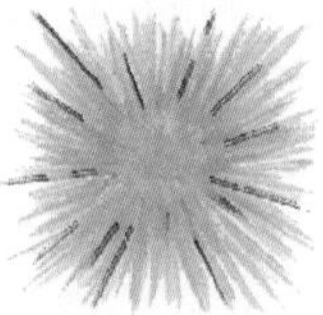

تَدْرِيب 8 : **أَكْمِل** كَمَا فِي النَّمُوذَج* :

| | | | |
|---|---|---|---|
| **قَمَر** | **الْقَمَر** | **شَمْس** | **الشَّمْس** |
| **بِنْت** | ___________ | **دَلْو** | ___________ |
| **أُذُن** | ___________ | **سَرِير** | ___________ |
| **كِتَاب** | ___________ | **ظَرْف** | ___________ |

* يدرب المعلم الطالب على ظاهرة إدخال ال القمرية والشَّمسِية على الاسم، وتأثير ذلك من الناحية الصوتية عليه.

# الْوَحْدَة الرَّابِـعَـة :

(1) الْأَصْوَات الصَّحِيحَة  ت – د – ط- ض

(2) أَيْــن ؟

(3) فَوْق – تَحْت – أَمَـام – خَلْف – عَلَى - فِي

## ت (تَاء):

تِين

مَكْتَب

بَيْت

بَنَات

سَمَكَة

سَيَّارَة

| | | |
|---|---|---|
| تـ | ـتـ | ـت / ت / ـة / ة |

## ط (طَاء):

طِفْل

قِطَّة

قِطَط

أمْشَاط

| | |
|---|---|
| ط | ـط |

## د (دَال) :

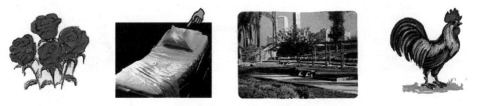

دِيك    حَدِيقَة    وِسَادَة    وَرْد

| | |
|---|---|
| د | ـد |

## ض (ضَاد) :

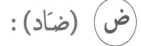

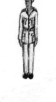

ضَابِط    يَضْحَك    بَيْض    حَوْض

| | | |
|---|---|---|
| ضـ | ـضـ | ـض / ض |

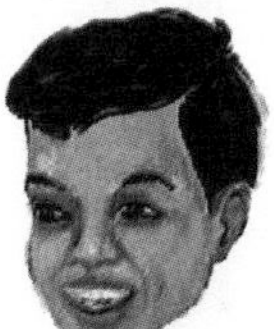

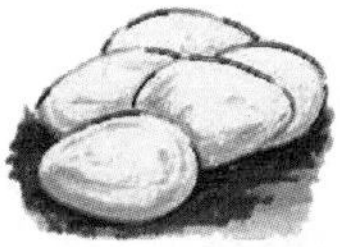

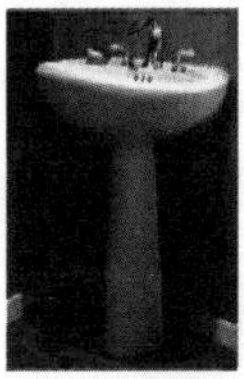

# أَيْــنَ ؟

أَيْنَ الْكِتَاب ؟

الْكِتَاب عَلَى الْمَكْتَب.

أَيْنَ الْفَانُوس ؟

الْفَانُـوس فَوْقَ الْـمَكْـتَب.

أَيْنَ الْقِطَّة؟

الْقِطَّة تَحْتَ السَّرِير.

أَيْنَ السَّيَّارَة ؟

السَّيَّارَة أَمَامَ الْبَيْت.

أَيْنَ الثَّوْر ؟

الثَّوْر خَلْفَ السُّور .

أَيْنَ الْوِسادَة ؟

الْوِسَادَة عَلَى السَّرِير.

أَيْنَ الْوَرد؟

الْوَرْد فِي الحَدِيقَة.

# تَدْرِيبَات

تَدْرِيب 1 : اسْمَع وَضَع الْعَلاَمَة √ عَلَى الصُّورَة الْمُطَابِقَة :

الْبِنْت أَمَامَ التِّمْثَال

السَّمَكَة فِي الدَّلْو

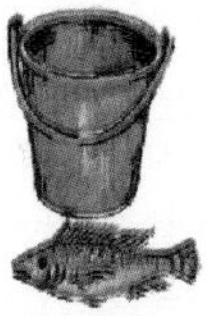

الدَّلْو تَحْتَ الْحَوْض

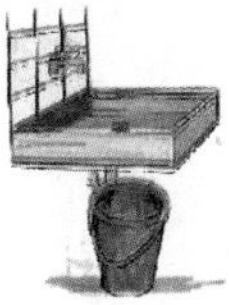

الْوِسَادَة تَحْتَ الطِّفْل

الْقَلَم فَوْقَ الظَّرْف

الضَّابِط خَلْفَ الْمَكْتَب

تَدْرِيب 2 : ضَعْ دَائِرَة حَوْلَ رَمْز الصَّوْت الَّذِي تَسْمَعُه في أَوَّل الْـكَلِمة* :

| | | | | |
|---|---|---|---|---|
| ط | د | ظ | ض | ت |
| ظ | ط | د | ض | ت |
| ظ | د | ط | ت | ض |
| ض | ت | ظ | د | ط |
| ظ | ت | ض | ط | د |

تَدْرِيب 3 : ضَعْ دَائِرَة حَوْلَ رَمْز الصَّوْت الَّذِي تَسْمَعُه في آخِر الْـكَلِمة * :

| | | | | |
|---|---|---|---|---|
| ت | ط | ض | د | ظ |
| ظ | د | ض | ط | ت |
| د | ض | ت | ظ | ط |
| ض | ت | ط | د | ظ |
| ط | ظ | د | ت | ض |

* يسير المعلم في تَدْرِيب 1، 2 بنفس الطريقة التي أشرنا إليها سابقا في تَدْرِيبات مشابهة على أن تكون رموز تَدْرِيب 1 هي على التوالي:( ت، ط، ض، ظ، د ) والكلمات التي ينطق بها المعلم هي على التوالي : ( توت، طفل، ضابط، ظرف، ديك ) أما تَدْرِيب 2 فالرموز هي على التوالي : (د، ظ، ض، ط، ت) والكلمات التي ينطق بها المعلم هي : (أذن، محافظ، بيض، مُشط، بَيْت ).

# الْوَحْدَة الْخَامِسَة :

(1) الْأَصْوَات الصَّحِيحَة  س – ص – ز

(2) مُرَاجَعَة وَتَدْرِيب عَلَى الْكِتَابَة

## س (سِين) :

سَمَكَة

مَسْجِد

يَجْلِس

رَأْس

| | | |
|---|---|---|
| سـ | ـسـ | ـس / س |

## ص (صَاد) :

صُنْدُوق

حِصَان

مِقَصّ

قُرْص

| | | |
|---|---|---|
| صـ | ـصـ | ـص / ص |

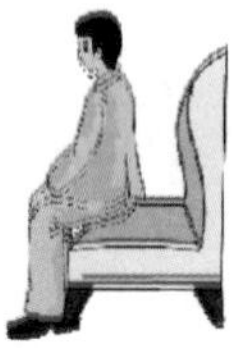

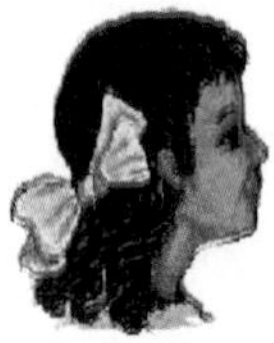

## ز (زَاي) :

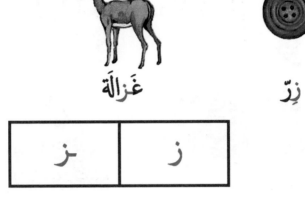

زِرّ

غَزالَة

مَوْزَة

| | |
|---|---|
| ز | ـز |

### تَدْرِيبَات:

تَدْرِيب 1 : ضَعْ دَائِرَة حَوْلَ رَمْز الصَّوْت الَّذِي تَسْمَعُه فِي أَوَّل الْكَلِمة *:

س ص ز ذ

ذ ز ص س

ذ ص س ز

تَدْرِيب 2 : ضَعْ دَائِرَة حَوْلَ رَمْز الصَّوْت الَّذِي تَسْمَعُه فِي نِهَايَة الْكَلِمة *:

س ز ص ذ

ز ذ ص س

س ص ز ذ

* يعالج تَدْرِيب 1، 2 كالتدريبات السابقة من هذا النوع. ورموز تَدْرِيب رقم 1 هي على التوالي : ( س، ص، ز) والكلمات هي على التوالي : (سمكة، صندوق، زر). أما رموز رقم 2 فهي على التوالي: (ز، س، ص) والكلمات هي على التوالي: ( موز، رأس، قرص).

تَدْرِيب 3 : أَجِب عَن الْأَسْئِلَة كَمَا فِي الصُّوَر :

أَيْنَ الْبِنْت؟

أَيْنَ الْقِطَّة ؟

أَيْنَ الْجَرْو ؟

أَيْنَ الثَّوْر؟

أَيْنَ الدِّيك؟

أَيْنَ الضَّابِط ؟

أَيْنَ الْمَوْز؟

أَيْنَ الْغَزَالَة؟

تَدْرِيب 4 : اكْتُب الْجُمَل الَّتِي في تَدْرِيب 3 :

.................... ....................

.................... ....................

.................... ....................

.................... ....................

.................... ....................

.................... ....................

.................... ....................

.................... ....................

الْوَحْدَة السَّادِسَة :

(1) الْأَصْوَات الصَّحِيحَة  ل – ر – ن

(2) مَنْ ؟

(3) أَنَا – أَنْتَ – هُوَ – هِيَ

(4) مَا / مَنْ هَذَا ؟

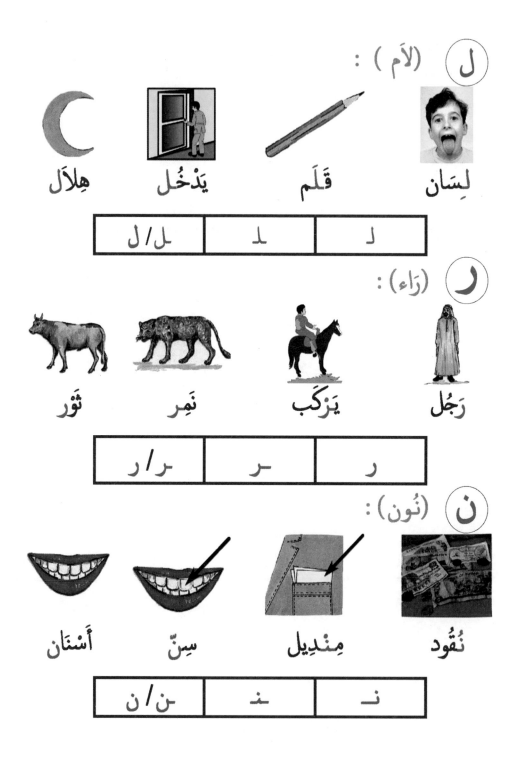

## ل (لاَم ) :

لِسَان

قَلَم

يَدْخُل

هِلاَل

| | | |
|---|---|---|
| لـ | ـلـ | ـل/ل |

## ر (رَاء) :

رَجُل

يَرْكَب

نَمِر

ثَوْر

| | | |
|---|---|---|
| ر | ـر | ـر/ر |

## ن (نُون) :

نُقُود

مِنْدِيل

سِنّ

أَسْنَان

| | | |
|---|---|---|
| نـ | ـنـ | ـن/ن |

## تَدْرِيبَات:

تَدْرِيب 1 : ضَعْ دَائِرَة حَوْلَ رَمْزِ الصَّوْت الَّذِي تَسْمَعُه في أوَّل الْكَلِمَة* :

| | | | |
|---|---|---|---|
| ر | ل | م | ن |
| ن | م | ر | ل |
| ن | ل | م | ر |

تَدْرِيب 2 : ضَعْ دَائِرَة حَوْلَ رَمْزِ الصَّوْت الَّذِي تَسْمَعُه في نِهَايَة الْكَلِمَة* :

| | | | |
|---|---|---|---|
| ل | م | ر | ن |
| ر | م | ل | ن |
| م | ن | ر | ل |

تَدْرِيب 3: أُكْتُب الْكَلِمَات الْآتِيَة* :

| | | |
|---|---|---|
| مِحْرَاث | تِمْثَال | وِسَادَة |
| ............ | ............ | ............ |
| حَبْل | جَـزْو | ضَـابِط |
| ............ | ............ | ............ |
| مَكْتَب | قِطَط | يَضْحَك |
| ............ | ............ | ............ |
| سَفِينَة | أَمْشَاط | سَيَّارَة |
| ............ | ............ | ............ |
| ظَرْف | حَـدِيقَة | مِقَصّ |
| ............ | ............ | ............ |

* يعالج تدريب 1، 2 بنفس الطريقة التي أشرنا إليها في التدريبات السابقة المشابهة. وكلمات تدريب رقم 1 هي على التوالي : ( لسان، رجل، نقود)، أما كلمات التدريب 2 فهي على التوالي : ( سن، نمر، يدخل).

تَدْرِيب 4 : أَجِب عَنِ الْأَسْئِلَة:

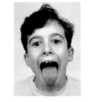

مَا هَذَا ؟

هَلْ هَذَا ضَابِط ؟

مَا هَذَا ؟

هَلْ هَذَا نَمِر ؟

مَا هَذَا ؟

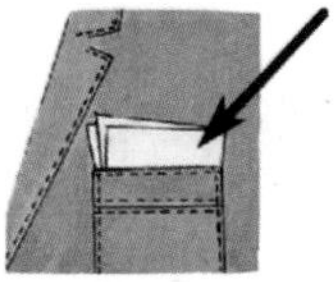

هَلْ هَذَا مِنْدِيل ؟

مَا هَذِهِ ؟

هَلْ هَذِهِ سِنّ ؟

مَا هَذِهِ ؟

## مَنْ أنَــا ؟

أَنَا كَمَال. مَنْ أَنْتَ ؟

أَنَا سَمِير.

أَنَا كَمَال . مَنْ أَنْتِ ؟

أَنَا لَيْلَى.

أَنَا كَمَال. مَنْ هُوَ ؟

هُوَ حَسَن.

أَنَا كَمَال. مَنْ هِيَ ؟

هِيَ سَمِيرَة .

تَدْرِيب 5 : إِخْتَرْ أَدَاةَ الْاسْتِفْهَام الْمُنَاسِبَة لِلصُّورَة :

مَنْ / مَا هَـذَا ؟

مَنْ / مَا هَـذِهِ ؟

مَنْ / مَا هَـذِهِ ؟

مَنْ / مَا أَنْتَ ؟

مَنْ / مَا هَـذِهِ ؟

مَنْ / مَا هَـذَا ؟

# الْوَحْدَة السَّابِعَة :

(1) الْأَصْوَات الصَّحِيحَة ش – ج – ي

(2) مَاذَا يَفْعَل ؟

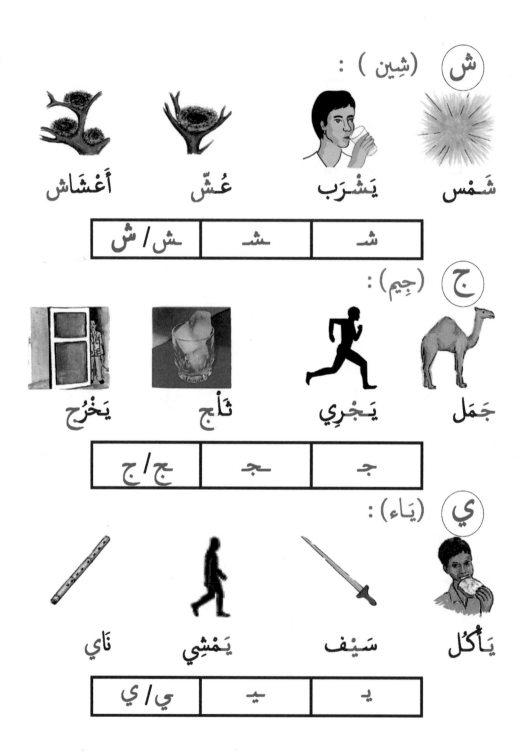

## ش (شِين ) :

شَمْس

يَشْرَب

عُشّ

أَعْشَاش

| | | |
|---|---|---|
| شـ | ـشـ | ـش / ش |

## ج (جِيم) :

جَمَل

يَجْرِي

ثَلْج

يَخْرُج

| | | |
|---|---|---|
| جـ | ـجـ | ـج / ج |

## ي (يَاء) :

يَأْكُل

سَيْف

يَمْشِي

نَاي

| | | |
|---|---|---|
| يـ | ـيـ | ـي / ي |

## تَـدْرِيـبَـات:

تَدْرِيب1: ضَعْ دَائِرَة حَوْل رَمْز الصَّوْت الَّذِي تَسْمَعُه فِي وَسَط الْـكَلِمَة*:

| | | | | | | | | |
|---|---|---|---|---|---|---|---|---|
| جـ | ن | س | ش | | ف | ي | س | جـ |
| ش | ي | ر | ف | | س | ع | م | ب |

تَدْرِيب2: ضَعْ دَائِرَة حَوْل رَمْز الصَّوْت الَّذِي تَسْمَعُه فِي نِهَايَة الْـكَلِمَة*:

| | | | | | | | | |
|---|---|---|---|---|---|---|---|---|
| ي | س | ش | جـ | | ش | ي | س | ح |
| م | ي | ش | جـ | | س | د | ف | و |

تَدْرِيب3 : اُكْتُب الْـكَلِمَات الْآتِيَة :

| | | | |
|---|---|---|---|
| مِنْدِيل | مُثَلَّث | مِحْرَاث | هَذَا |
| ---------------- | ---------------- | ---------------- | ---------------- |
| ذَيْل | مَكْتَب | يَشْرَب | عُشّ |
| ---------------- | ---------------- | ---------------- | ---------------- |
| أَعْشَاش | يَجْرِي | يَخْرُج | ثَلْج |
| ---------------- | ---------------- | ---------------- | ---------------- |
| يَأْكُل | سَيْف | يَمْشِي | نَاي |
| ---------------- | ---------------- | ---------------- | ---------------- |

* يعالج التدريبان 1، 2، كالتدريبات المشابهة، وكلمات كل تَدْرِيب هي كالآتي :

تدريب1 : (بنت، جرو، طفل، حبل)

تدريب2 : (ناي، أعشاش، يخرج، رأس) .

# مَاذَا يَفْعَل ؟

طِفْل يَضْحَك

حِصَان يَجْرِي

سَمِير يَجْلِس

حَسَن يَشْرَب

جَمَل يَأْكُل

سَمِير يَرْكَب

رَجُل يَدْخل

كَمَال يَخْرج

مَاذَا يَفْعَل ؟

غَزَالَة . . . . . . . . .

ضَابِط . . . . . . . .

طِفْل . . . . . . . .

جَمَل . . . . . . . .

نَمِر . . . . . . . .

كَمَال . . . . . . . .

طِفْل . . . . . . . .

حَسَن . . . . . . . .

# الْوَحْدَة الثَّامِنَة :

(1) الْأَصْوَات الصَّحِيحَة ك – ق – خ – غ

(2) مُرَاجَعَة عَامَّة

(3) تَدْرِيب عَلَى الْكِتَابَة

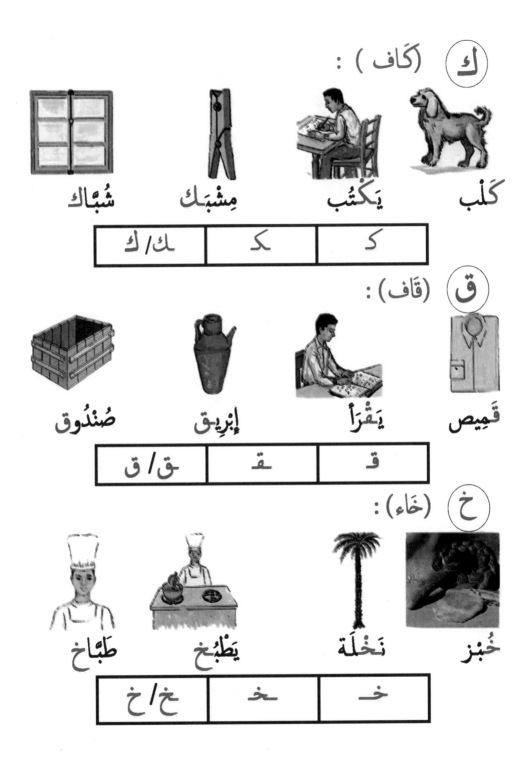

## ك (كَاف) :

كَلْب

يَكْتُب

مِشْبَك

شُبَّاك

| | | |
|---|---|---|
| كـ | ـكـ | ـك/ ك |

## ق (قَاف) :

قَمِيص

يَقْرَأ

إِبْرِيق

صُنْدُوق

| | | |
|---|---|---|
| قـ | ـقـ | ـق/ ق |

## خ (خَاء) :

خُبْز

نَخْلَة

يَطْبُخ

طَبَّاخ

| | | |
|---|---|---|
| خـ | ـخـ | ـخ/ خ |

## غ (غَيْن) :

غَزَالَة

مِغْرَفَة

صَمْغ

فارِغ

| | | |
|---|---|---|
| غـ | ـغـ | ـغ/غ |

تَدْرِيب1 : ضَعْ دَائِرَة حَوْل رَمْز الصَّوْت الَّذِي تَسْمَعُه* :

أ : أَوَّل الْكَلِمَة

| | | | |
|---|---|---|---|
| ق | خ | غ | ك |
| غ | ق | خ | ك |
| غ | ق | ك | خ |
| غ | خ | ق | ك |

ب : آخِر الْكَلِمَة

| | | | |
|---|---|---|---|
| ق | غ | خ | ك |
| ك | خ | غ | ق |
| ك | ق | غ | خ |
| ق | غ | خ | ك |

تَدْرِيب2 : ضَعْ دَائِرَة حَوْل رَمْز الصَّوْت الَّذِي تَسْمَعُه** :

| | | | | |
|---|---|---|---|---|
| ق | غ | خ | ج | ش |
| ك | خ | ك | ي | ك |

تَدْرِيب3 : اُكْتُب الْـكَلِمَات الْآتِيَة :

| | | | | |
|---|---|---|---|---|
| كَلْب | مِشْبَك | شُبَّاك | قَمِيص | يَكْتُب |
| يَقْرَأ | إِبْرِيق | خُبْز | يَطْبُخ | طَبَّاخ |

تَدْرِيب4 : أَجِب عَن الْأَسْئِلَة الْآتِيَة :

مَاذَا يَفْعَل الطَّبَّاخ ؟

مَاذَا يَفْعَل سَمِير ؟

مَاذَا يَفْعَل الطِّفْل ؟

مَاذَا يَفْعَل الضَّابِط ؟

مَاذَا يَفْعَل الْـكَلْب ؟

مَاذَا يَفْعَل كَمَال ؟

# الْوَحْدَة التَّاسِعَة :

(1) الْأَصْوَات الصَّحِيحَة  ع – ح

(2) هُنَا - هُنَاك

## ع (عَيْن) :

عَيْن　　ثُعْبَان　　أُصْبُع　　ذِرَاع

| | | |
|---|---|---|
| عـ | ـعـ | ـع/ع |

## ح (حَاء) :

حِذَاء　　لَحْم　　يَفْتَح　　مِفْتَاح

| | | |
|---|---|---|
| حـ | ـحـ | ـح/ح |

# تَدرِيبَات

تَدْرِيب1 : مَيِّز الْكَلِمَات الَّتي **أَوَّلُهَا حَاء** مِمَّا تَسْمَع :

| | | | |
|---|---|---|---|
| غَزَالَة | خَلْف | حَدِيقَة | حِصَان |
| خُبْز | عَيْن | حِذَاء | فَارِغ |

تَدْرِيب2 : مَيِّز الْكَلِمَات الَّتي **أَوَّلُهَا عَيْن** مِمَّا تَسْمَع :

| | | | |
|---|---|---|---|
| حَدِيقَة | عَيْن | حَوْض | عَيْن |
| جَمَل | ثُعْبَان | قَلَم | قَدَم |

تَدْرِيب3 : مَيِّز الْكَلِمَات الَّتي **آخِرُهَا حَاء** مِمَّا تَسْمَع :

| | | | |
|---|---|---|---|
| مِفْتَاح | أُصْبُع | ذِرَاع | حِذَاء |
| بِطِّيخ | يَفْتَح | حَدِيقَة | وِسَادَة |

تَدْرِيب4 : بَيِّن الْكَلِمَات الَّتِي **آخِرُهَا عَيْن** مِمَّا تَسْمَع :

| | | | |
|---|---|---|---|
| وِسَادَة | يَفْتَح | أُصْبُع | حِذَاء |
| ذِرَاع | ثُعْبَان | حَدِيقَة | صَمْغ |

# هُنَا وَهُنَاك

الْقِطَّة هُنَا وَالْكَلْب هُنَاك

مَاذَا هُنَا ؟ وَمَاذَا هُنَاك ؟

الْقِطَّة هُنَا وَالْكَلْب هُنَاك

أَنَا وَسَمِيرَة هُنَا وَكَمَال وَسَمِير هُنَاك

مَنْ هُنَا ؟ وَمَنْ هُنَاك ؟

حَسَن وَسَمِيرَة هُنَا كَمَال وَسَمِير هُنَاك

## تَدْرِيب:

أَيْنَ السَّيَّارَة ؟

. . . . . . . . . . . . . .

وأَيْنَ الْبَيْت ؟

. . . . . . . . . . . . . .

مَنْ هُنَا ؟

. . . . . . . . . . . . . .

ومَنْ هُنَاك ؟

. . . . . . . . . . . . . .

مَاذَا يَعْمَل حَسَن هُنَا ؟

. . . . . . . . . . . . . .

مَنْ يأْكُل هُنَاك ؟

. . . . . . . . . . . . . .

# الْوَحْدَة العَاشِـرَة :

(1) الْأَصْوَات الصَّحِيحَة: ه — ء

(2) مُرَاجَعَة : ع — ح

## ه (هَـاء) :

هَـــرَم

سَــهْم

وَجْـه

وُجُــوه

| | | |
|---|---|---|
| هـ | ـهـ | ـه / ه |

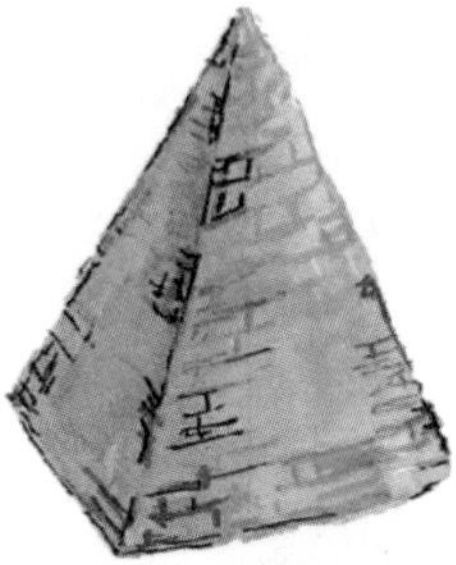

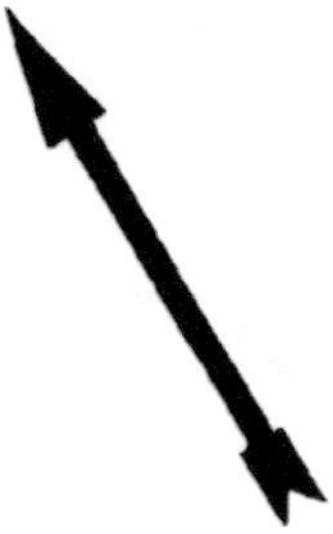

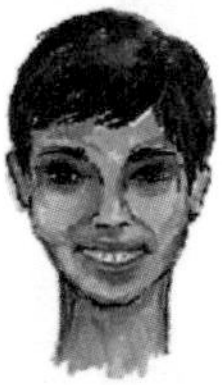

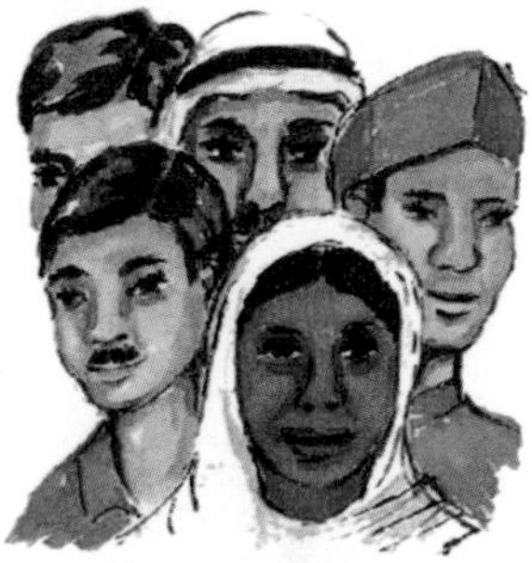

## ء (هَمْزَة) :

أَسَـد

آسْـيَـا

مِـئْذَنَة

يَـأْكُل

لُؤْلُـؤَة

يَـقْرَأ

حِذَاء

| | | |
|---|---|---|
| أ/آ | ـأ/ ـئـ / ـؤ | ء/ ـؤ |

## تَـدْرِيـــبات

تَدْرِيب1 : مَيِّز الْكَلِمَات الَّتِي **أَوَّلُهَا هَاء** مِمَّا تَسْمَع :

| | | | |
|---|---|---|---|
| هَرَم | وَجْه | هَذَا | أَسَد | آسْيا |
| هَذِه | عَيْن | حِصَان | هِلاَل | هَذِه |

تَدْرِيب2 : مَيِّز الْكَلِمَات الَّتِي **أَوَّلُهَا هَمْزَة** مِمَّا تَسْمَع :

| | | | |
|---|---|---|---|
| إِبْرَة | هَرَم | عَيْن | أَسَد |
| عُشّ | آسْيا | حِذَاء | حَدِيقَة |

تَدْرِيب3 : مَيِّز الْكَلِمَات الَّتِي **آخِرُها هَاء** مِمَّا تَسْمَع :

| | | | | |
|---|---|---|---|---|
| حِذَاء | لُؤْلُؤَة | ذِرَاع | أُصْبُع | وَجْه |
| يَقْرَأ | وُجُوه | مِفْتَاح | يَفْتَح | يَطْبُخ |

تَدْرِيب4 : مَيِّز الْكَلِمَات الَّتِي **آخِرُها هَمْزَة** مِمَّا تَسْمَع :

| | | | | |
|---|---|---|---|---|
| أُصْبُع | ذِرَاع | حِذَاء | لُؤْلُؤَة | مِئْذَنَة |
| يَقْرَأ | طَبَّاخ | يَطْبُخ | مِفْتَاح | يَفْتَح |

تَدْرِيب5 : ضَعْ دَائِرَة حَوْل رَمْز الصَّوْت الَّذِي تَسْمَعُه فِي **أَوَّل** الْكَلِمَة:

| | | | | | | | |
|---|---|---|---|---|---|---|---|
| هـ | ح | ع | ء | ء | ع | هـ | ح |
| ح | هـ | ء | ع | هـ | ء | ع | ح |

تَدْرِيب6 : ضَعْ دَائِرَة حَوْل رَمْز الصَّوْت الَّذِي تَسْمَعُه فِي **نِهَايَة** الْكَلِمَة:

| | | | | | | | |
|---|---|---|---|---|---|---|---|
| ح | هـ | ع | ء | ع | ء | هـ | ح |
| هـ | ح | ء | ع | ح | ء | ع | هـ |

* يعالج التدريبان 5، 6 كما سبق أن أشرنا في تدريبات مشابهة، وكلمات التدريبين هي :
تَدْرِيب رقم 5 : ( عين، هرم، أنف، حذاء )
تَدْرِيب رقم 6 : ( مفتاح ، يقرأ، ذراع، وجه ).

# الْوَحْدَة الحَادِيَة عَشْرَة:

(1) ّ (الشَّدَّة)

(2) مُرَاجَعَة عَامَّة

(3) تَدْرِيب عَلَى الْكِتَابَة

## ّ (الشَّـدَّة) :

سَيَّارة

(يّ = يْ يَ)

مُكَيِّف

(يِّ = يْ يِ)

يَشُمُّ

(مُّ = مْ مُ)

مُثَلَّث

(لَّ = لْ لَ)

مُعلِّم

(لِّ = لْ لِ)

سَبُّورَة

(بُّ = بْ بُ)

| | | |
|---|---|---|
| ـَّ | ـِّ | ـُّ |

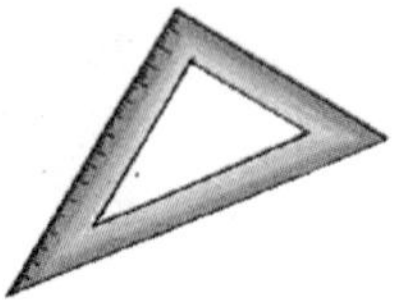

## تَدْرِيب 1: اِسْمَع وَكَرِّر :

| | | | |
|---|---|---|---|
| شَمْس | الشَّمْس | سَفِينَة | السَّفِينَة |
| ظَرْف | الظَّرْف | دِيك | الدِّيك |
| صُنْدُوق | الصُّنْدُوق | نَافِذَة | النَّافِذَة |
| نَبَات | النَّبَات | سَيَّارَة | السَّيَّارَة |
| ضَابِط | الضَّابِط | تِمْثَال | التِّمْثَال |
| زِرّ | الزِّرّ | ثَوْر | الثَّوْر |
| شُبَّاك | الشُّبَّاك | ذِرَاع | الذِّرَاع |
| سَهْم | السَّهْم | طَبَّاخ | الطَّبَّاخ |

## تَدْرِيب2: اِنْطِق الْكَلِمَة الْمُعَبِّرَة عَنْ الصُّورة كَمَا فِي النَّمُوذَج :

**هَذَا دِيك**

**هَذِهِ........**

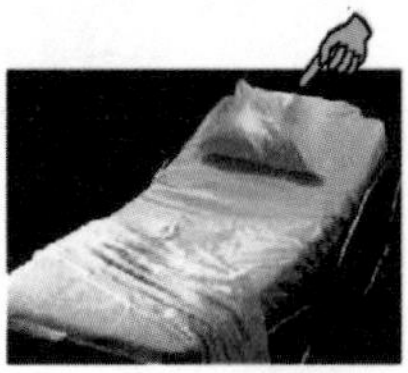

**هَذِهِ........**

**هَذَا........**

**هَذَا........**

**هَذِهِ........**

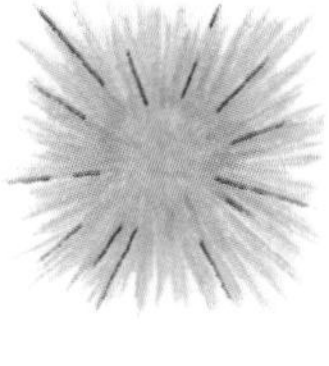

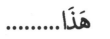

هَذَا........

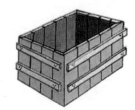

هَذَا........

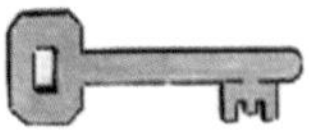

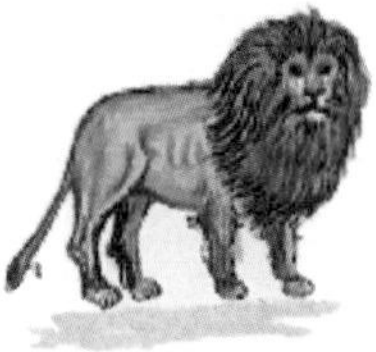

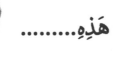

هَذِهِ........

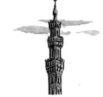

هَذَا........

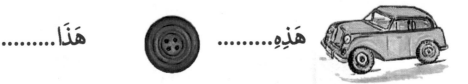

هَذِهِ........

هَذَا........

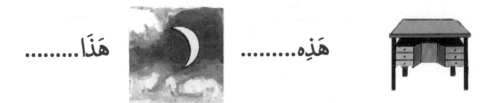

هَذِه........

هَذَا........

تَدْرِيب3 : **اِنْطِق** اِسم الإِشَارَة الْمُرْتَبِط بِالصُّورَة كَمَا فِي النَّمُوذَج:

هَذَا كِتَاب

.... وَرْدَة

.... نَظَّارَة

.... طِفْل

.... قِطَّة

.... نَخْلَة

.... دِيك

.... حَوْض

.... مُثَلَّث

... مِحْرَاث

.... لُؤْلُؤَة

.... قَلَم

.... جَمَل

.... مِقَصّ

.... أُصْبُع

.... سَيْف

## تَدْرِيب4 : اكْتُب الْجُمَل الآتِيَة :

كَمَال يَقْرَأ الكِتَاب

سَلِيم يَشُمّ الْوَرْدَة

الْكَلْب يَجْرِي وَرَاءَ الْقِطَّة

الطِّفْل يَأْكُل الْمَوْز

# قَـائِمَة الحُرُوف العَرَبِـيَّة بِجَمِيع أَشْكَالها

## كَمَرْجِع وَتَذْكِـرَة لِلطَّـالِب

## الْأَلِفْبَائِيَّة الْعَرَبِيَّة

| الرَّقْم | اسْم الْحَرْف | شَـكْـــل الْـحَـــرْف | | | | |
|---|---|---|---|---|---|---|
| | | مُنْفَرِدًا | مُتَّصِلًا فِي أَوَّل الْكَلِمَة | مُتَّصِلًا مِنَ الْجَانِبَيْن | مُتَّصِلًا فِي نِهَايَة الْكَلِمَة | مُنْفَرِدًا فِي نِهَايَة الْكَلِمَة |
| 1 | الْهَمْزَة | ء أ | | ـئـ | ئ ؤ ـأ | أ/ء/ئ |
| 2 | الْبَاء | ب | بـ | ـبـ | ـب | ب |
| 3 | التَّاء | ت | تـ | ـتـ | ـت/ ـة | ت / ة |
| 4 | الثَّاء | ث | ثـ | ـثـ | ـث | ث |
| 5 | الْجِيم | ج | جـ | ـجـ | ـج | ج |
| 6 | الْحَاء | ح | حـ | ـحـ | ـح | ح |
| 7 | الْخَاء | خ | خـ | ـخـ | ـخ | خ |
| 8 | الدَّال | د | | | ـد | د |
| 9 | الذَّال | ذ | | | ـذ | ذ |
| 10 | الرَّاء | ر | | | ـر | ر |
| 11 | الزَّاي | ز | | | ـز | ز |
| 12 | السِّين | س | سـ | ـسـ | ـس | س |
| 13 | الشِّين | ش | شـ | ـشـ | ـش | ش |

| شَكْـــل الْحَـــرْف | | | | | اسْم الْحَرْف | الرَّقْم |
|---|---|---|---|---|---|---|
| مُنْفَرِدًا فِي نِهَايَة الْكَلِمَة | مُتَّصِلًا فِي نِهَايَة الْكَلِمَة | مُتَّصِلًا مِنَ الْجَانِبَيْن | مُتَّصِلًا فِي أَوَّل الْكَلِمَة | مُنْفَرِدًا | | |
| ص | ـص | ـصـ | صـ | ص | الصَّـاد | 14 |
| ض | ـض | ـضـ | ضـ | ض | الضَّـاد | 15 |
| ط | ـط | ـطـ | طـ | ط | الطَّـاء | 16 |
| ظ | ـظ | ـظـ | ظـ | ظ | الظَّـاء | 17 |
| ع | ـع | ـعـ | عـ | ع | الْعَيْن | 18 |
| غ | ـغ | ـغـ | غـ | غ | الْغَيْن | 19 |
| ف | ـف | ـفـ | فـ | ف | الْفَاء | 20 |
| ق | ـق | ـقـ | قـ | ق | الْقَاف | 21 |
| ك | ـك | ـكـ كك | كـ كك | ك | الْكَاف | 22 |
| ل | ـل | ـلـ | لـ | ل | اللَّام | 23 |
| م | ـم | ـمـ | مـ | م | الْمِيم | 24 |
| ن | ـن | ـنـ | نـ | ن | النُّـون | 25 |
| ه | ـه | ـهـ | هـ | ه | الْهَاء | 26 |
| و | ـو | | | و | الْوَاو | 27 |
| ي | ـي | ـيـ | يـ | ي | الْيَاء | 28 |
| ا | ـا | | | ا | الْأَلِف | 29 |

الدَّرْس الأَوَّل

التَّعَارُف

السَّلَامُ عَلَيْكُم

السَّلَامُ عَلَيْكُم.

عَلَيْكُم السَّلَام .

أَنَا كَمَال ابراهِيم ... مَن أَنْتَ ؟

سمِير : أَنَا سَمِير مُحَمَّد.

كمال:  وَمَن هِيَ؟

هِيَ لَيْلَى أَحْمَد.

كَمَال:  كَيْفَ الْحَال يَا لَيْلَى ؟  لَيْلَى :  بِخَيْر. الْحَمْد لله.

61

سَمِير:

لَيْلَى:

أَنا مِن مِصْر ، ولَيْلَى مِن لُبْنَان

..... مِن أَيْنَ أَنْتَ يا كَمَال ؟

كَمَال :

أَنَا مِن السُّودَان

لَيْلَى :

أَنَا لُبْنَانِيَّة ، وسَمِير مِصْرِيّ ، وأَنْتَ يَا كَمَال سُودَانِيّ

سَمِير:

أَنَا مُهَنْدِس

وَلَيْلَى مُدَرِّسَة ،

وَأَنْتَ يَا كَمَال

مَاذَا تَعْمَل ؟

كَمَال:

أَنَا طَبِيب فِي الْجَامِعَة

سَمِير:

فُرْصَة طَيِّبَة

كَمَال:

مَعَ السَّلَامَة

# التَّعارُف
## السَّلَامُ عَلَيْكُم

كَمَال: السَّلاَمُ عَلَيْكُم سَمِير: عَلَيْكُم السَّلَام .

كَمَال: أَنَا كَمَال إِبْرَاهِيم ... مَنْ أَنْتَ ؟

سَمِير: أَنَا سَمِير مُحَمَّد

كَمَال: وَمَنْ هِيَ ؟ سَمِير: هِيَ لَيْلَى أَحْمَد

كَمَال كَيْفَ الْحَال يَا لَيْلَى؟

لَيْلَى: بِخَيْر. الْحَمْد لِلّه.

سَمِير:

أَنَا مِن مِصْر، وَلَيْلَى مِن لُبْنَان.... مِن أَيْنَ أَنْتَ يَا كَمَال؟

كَمَال: أَنَا مِنَ السُّودَان.

لَيْلَى:

أَنَا لُبْنَانِيَّة، وَسَمِير مِصْرِي، وَأَنْتَ يَا كَمَال سُودَانِيّ.

سَمِير:

أَنَا مُهَنْدس، وَلَيْلَى مُدَرِّسَة، وَأَنْتَ يَا كَمَال مَاذَا تَعْمَل؟

كَمَال: أَنَا طَبِيب فِي الْجَامِعَة.

سَمِير: فُرْصَة طَيِّبَة. كَمَال: مَعَ السَّلاَمَة .

## الكَلِمَات الْجَدِيدَة

السَّلَامُ عَلَيْكُم - عَلَيْكُمْ السَّلَام - كَيْفَ الْحَال - بِخَيْر - الْحَمْدُ لِلّه - مِصْر - لبْنَان - السُّودَان - مِصرِيّ - مِن أَيْن؟ - لُبْنَانِيّ - سُودَانِيّ - طَبِيب - مُهَنْدِس - مُدَرِّسَة - فُرْصَة - طَيِّبَة - مَعَ السَّلامَة - الْجامِعَة - مِن - فِي.

تَدْرِيب 1 : اِقْرأ وَضَعْ خَطًّا تَحْت الْجُمْلَة الْمُماثِلَة:

1- أَنَا لُبْنَانِيَّة

أَنَا لُبْنَانِيّ

أَنَا لُبْنَانِيَّة

أَنَا مِصْرِي

2- أَنَا مِصْرِيَّة

أَنَا مِصْرِيَّة

أَنَا سُودَانِيّ

أَنْتِ مِصْرِيَّة

3- هُوَ مُهَنْدِس

هِيَ مُهَنْدِسَة

هِيَ طَبِيبَة

هُو مُهَنْدِس

4- هَذِهِ بِطَاقَة

هَذِهِ لَيْلَى

هَذِهِ بِطَاقَة

هَذِهِ سُودَانِيَّة

تَدْرِيب2 : أَكْمِل حَسَب النَّمُوذج:

| | |
|---|---|
| مُهَنْدِس | الْمُهَنْدِس |
| طَبِيب | ........................ |
| مُدَرِّسَة | ........................ |
| جَامِعَة | ........................ |

تَدْرِيب3 : أَكْمِل بالْكَلِمَات الَّتِي تَدُلُّ عَلَيْهَا الصُّوَر :

هَذَا ..........    هَذَا .........    هَذِهِ...........    هَذِهِ ...........

تَدْرِيب4 : اُكْتُب الْكَلِمَة الْمُنَاسِبَة:

1- السَّلَام ..................
2- وَعَلَيْكُم ..................
3- ...........السَّلاَمَة
4- عَلَيْكُم السَّلَام. كَيْف.........يَا كَمَال ؟
5- أَنَا ............ الْحَمْد ............
6- ..............طَبِيبَة

تَدْرِيب5 : أَكْمِل كَمَا فِي النَّمُوذَج:

سَمِير مُهَنْـدِس
1- كَمَال......................
2- لَيْلَى .....................
3- فَاطِمَة .....................
4- أَحْمَد .....................
5- زَيْنَب .....................

تَدْرِيب6 : أَكْمِل كَمَا فِي النَّمُوذَج:

سَـمِير مِـن مِـصْر هُوَ مِصْرِيّ

1- كَـمَال مِـن العِـرَاق ...........

2- أَحْـمَد مِن السُّعُودِيَّة ...........

3-لَـيْلَى مِـن لِيبيَـا ...........

4-فَاطِمَـة مِـن سُـورِيَا ...........

5-يُوسُـف مِن الكُوَيْـت ...........

6-أَنْـتِ مِـن عُـمَان ...........

تَدْرِيب7 : أَجِبْ عَنِ الأَسْئِلَة:

1- مَـنْ الْمُهَنْـدِس ؟

2- مَـنْ الطَّبِيـب ؟

3- مَـنْ الْمُدَرِّسَـة ؟

4- مِـنْ أَيْـنَ لَـيْلَى ؟

5- مِـنْ أَيْـنَ كَـمَال ؟

6- مِـنْ أَيْـنَ سَـمِير ؟

7-كَيْـف حَـالُك ؟

تَدْرِيب8 : أَكْمِل كَمَا فِي النَّمُوذَج:

- أَنَا طَبِيب / أَنْتِ طَبِيبَة

1- أَنَا مُهنْدِس / أَنْتِ .......

2- أَنَا مُدَرِّسَة / أَنْتَ ........

3-هُوَ طَبِيب/ هِيَ ...............

4-هُوَ مُهَنْدِس/ هِيَ ...............

5-هُوَ مُدَرِّس/ هِيَ ...............

اقْرَأ الْجُمَل الآتِيَة جَهْرًا واكْتُبْهَا مَرَّتَيْن :

| | |
|---|---|
| 1- هَذَا كَمَال | هَذِهِ لَيْـلَى |
| 2- كَمَال طَبِيب | لَيْـلَى طَبِيبَـة |
| 3- كَمَال سُودَانِيّ | لَيْـلَى سُودَانِيَّة |
| 4- كَمَال مِن السُّودَان | لَيْـلَى مِن السُّودَان |
| 5- كَمَال طَبِيب فِي الْجَامِعَة | لَيْـلَى طَبِيبَة فِي الْجَامِعَة |

# الدرس الثاني

## فِي الْمَطَار - 1

هَـذَا هُوَ مَطَار الْخُرْطُوم

هَـذِهِ هِيَ طَائِـرَةُ الْكُوَيْت

يُوسُــف يَــدْخُل

صَــالَة الْوُصُــول

يُوسُف أَمَام مَكْتَب الْجَوَازَات

مُوَظَّف الْجَوَازَات :

بِطَاقَة الْوُصول مِنْ فَضْلِك.

يُوسُف :

هَـذِه هِــيَ.

مُوَظَّف الْجَوَازَات :

جَوَاز السَّفَر مِنْ فَضْلِك.

يُوسُف :

هَـذَا هُــوَ.

مُوَظَّف الْجَوَازَات :

مَا سَبَبُ الـزِّيَـارَة ؟

يُوسُف :

الـدِّرَاسَة فِي مَعْهَـد

الْلُّــغَة الْعَرَبِيَّــة .

مُوَظَّف الْجَوَازَات :
مَا الْعُنْوَان فِي الْخُرْطُوم ؟

يُوسُف :
مَعْهَد اللُّغَة الْعَرَبِيَّة

مُوَظَّف الْجَوَازَات :
هَذَا هُوَ الْجَوَاز.

يُوسُف : شُكْرًا.

مُوَظَّف الْجَوَازَات : مَعَ السَّلَامَة.

# فِي الْمَطَـــــــار

هَــذَا هُــوَ مَطَــار الْخُرْطُــوم

هَــذِهِ هِيَ طَــائِرَة الكُوَيْــت

يُوسُـف يَـدْخُل صَالَة الْوُصُـول

يُوسُـف أَمَـام مَكْتَـب الْجَـوَازَات

مُوَظَّف الْجَوَازَات : بِطَاقَــة الْوُصُــول مِــنْ فَــضْلِكَ!

يُــوسُـــف : هَـــذِهِ هِيَ.

مُوَظَّف الْجَوَازَات : جَـوَاز الـسَّفَر مِـنْ فَـضْلِكَ !

يُــوسُـــف : هَـــذَا هُـــوَ.

مُوَظَّف الْجَوَازَات : مَــا سَــبَبُ الــزِّيَارَة ؟

يُــوسُـــف : الدِّرَاسَــة فِي مَعْهَــد اللُّغَــة الْعَرَبِيَّــة.

مُوَظَّف الْجَوَازَات : مَــا الْــعُنْوَان فِي الْخُرْطُــوم ؟

يُــوسُـــف : مَعْهَــد اللُّغَــة الْعَرَبِيَّــة .

مُوَظَّف الْجَوَازَات : هَــذَا هُــوَ الْجَــوَاز.

يُــوسُـــف : شُكْــــرًا.

مُوَظَّف الْجَوَازَات : مَــعَ الــسَّلاَمَة.

# الْـكَـلِمَات الْجَدِيدة

مَطَــار – الْخُرْطُــوم- طَــائِرَة – الْكُــوَيْت – صَالَــة الْوُصُــول - الْجَـــوَازَات – مُوَظَّــــف -مِـــنْ فَـــضْلِكَ – بِطَاقَــــة- جَـــوَاز الـــسَّفَر -سَـــبَب – الـــزِّيَارَة- الدِّرَاسَـــة- مَعْهَـــد- اللُّغَـــة – الْعَرَبِيَّـــة -الْعُنْـــوَان- شُـــكْرًا -

تَدْرِيب 1: ضَعْ خَطًّا تَحْت الْعِبَارَة الْمُمَاثِلَـة:

1- بِطَاقَة الْوُصُول
بِطَاقَة الْمَعْهَد
بِطَاقَة الْوُصُول
بِطَاقَة السَّفَر

2-مَطَار الْخُرْطُوم
مَطَار الكُوَيْت
مَطَار الْخُرْطُوم
مَطَار لُبْنَان

3- مُوَظَّف الْجَوَازَات
مُوَظَّف الْمَعْهَد
مُوَظَّف الْجَوَاز
مُوَظَّف الْجَوَازَات

4-وَظِيفَة يُوسُف
يُوسُف وَوَظِيفَتُه
وَظِيفَة يُوسُف
يُوسُف مُهَنْدِس

تَدْرِيب2 : أَكْمِل بِالْكَلِمَة الْمُنَاسِبَة:

1- مَعْهَد اللُّغَة الْعَرَبِيَّة فِي ----

تُونِس

الْخُرْطُوم

مِصْر

2-سَبَب الزِّيَارَة ------------

زِيَارَة الْمَعْهَد

زِيَارَة السُّودَان

الدِّرَاسَة

3-يُوسُف ---------------

مُهَنْدِس

طَالِب

مُدَرِّس

4- يُوسُف يَدْخُل -----------

صَالَة الْمَطَار

صَالَة الْمَعْهَد

صَالَة الْوُصُول

تَدْرِيب 3 : أَكْمِل الْجُمَل الآتِيَة مِن الصُّور:

1- 
هَذِه......

2- 
هَذَا............

3- 
هَذِه............

4- 
هَذَا ...........

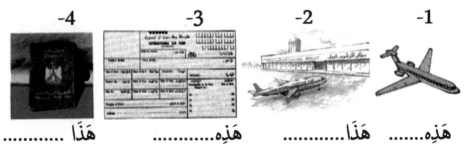

تَدْرِيب4 : أَكْمِل كَمَا فِي النَّمُوذَج وانْطِق الْكَلِمَة بَعْدَ إِدْخَال "الْ":

| الْبِطَاقَة | | بِطَاقَة | |
|---|---|---|---|
| 1- مُوَظَّف | .......... | 5- جَوَاز | .......... |
| 2- مَكْتَب | .......... | 6- سَفَر | .......... |
| 3- مَعْهَد | .......... | 7- سَبَب | .......... |
| 4- دِرَاسَة | .......... | 8- صَالَة | .......... |

تَدْرِيب5 : أَكْمِل كَمَا فِي النَّمُوذَج:

أَنْتَ يَا يُوسُف مِن لُبْنَان — أَنْتِ يَا لَيْلَى مِنْ لُبْنَان

1-....... يَا كَمَال........... ....... يَا فَاطِمَة.......

2-....... يَا سَمِير.......... ....... يَا سَمِيرَة.........

3-....... يَا أَشْرَف....... ....... يَا أَمَل..........

تَدْرِيب6 : أَكْمِل كَمَا فِي النَّمُوذَج:

هَذَا هُوَ الْمَطَار — هَذِهِ هِيَ الطَّائِرَة

1- هَذَا هُوَ............ هَذِهِ هِيَ............

2- هَذَا هُوَ............ هَذِهِ هِيَ............

3- هَذَا هُوَ............ هَذِهِ هِيَ............

تدريب 7 : أَجِب عَن الْأَسْئِلَة :

1- مَا سَبَبُ الزِّيَارَة ؟

2- أَيْن مَعْهَد اللُّغَة الْعَرَبِيَّة ؟

3-مَا عُنْوَان يُوسُف ؟

4-هَلْ مَع يُوسُف جَوَاز سَفَر ؟

اِقْرَأ الْجُمَل الآتِيَة جَهْرًا واكْتُبْهَا مَرَّتَيْن :

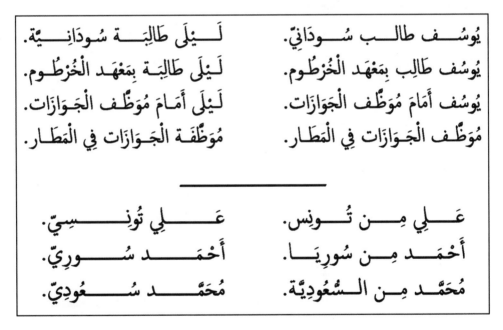

| | |
|---|---|
| يُوسُف طالب سُودَانِيّ. | لَيْلَى طَالِبَة سُودَانِيَّة. |
| يُوسُف طَالِب بِمَعْهَد الْخُرْطُوم. | لَيْلَى طَالِبَة بِمَعْهَد الْخُرْطُوم. |
| يُوسُف أَمَامَ مُوَظَّف الْجَوَازَات. | لَيْلَى أَمَامَ مُوَظَّف الْجَوَازَات. |
| مُوَظَّف الْجَوَازَات فِي الْمَطَار. | مُوَظَّفَة الْجَوَازَات فِي الْمَطَار. |
| عَلِي مِن تُونِس. | عَلِي تُونِسِيّ. |
| أَحْمَد مِن سُورِيَا. | أَحْمَد سُورِيّ. |
| مُحَمَّد مِن السُّعُودِيَّة. | مُحَمَّد سُعُودِيّ. |

# الدَّرْسُ الثَّالِثُ

## في الْمَطَار - 2 -

## بِطَاقَة الْوُصُول

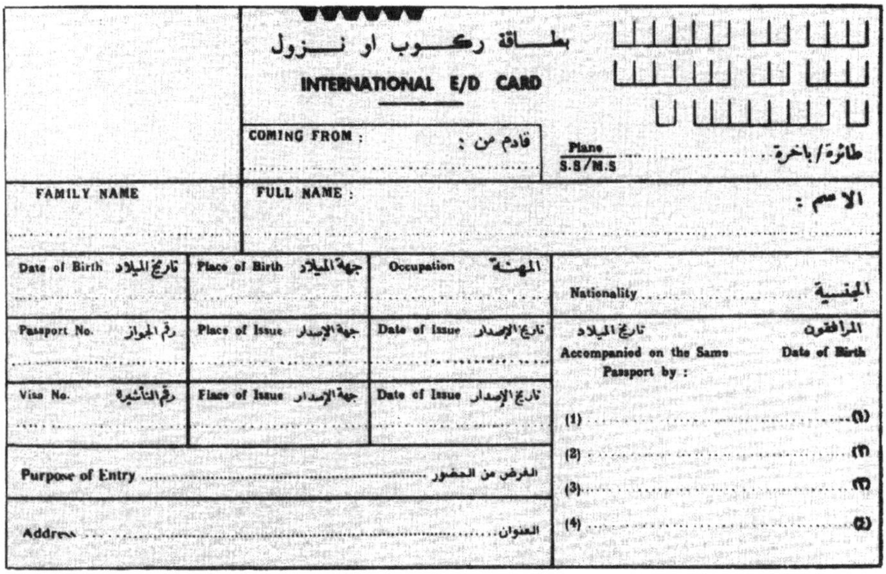

```
بِطَاقَة ركـوب او نـزول          |||||| || |||
INTERNATIONAL E/D CARD          |||||| || |||
                                || |||||| |
COMING FROM :    قادم من :    Plane    طائرة / باخرة :
                              S.S/M.S
FAMILY NAME      FULL NAME :              الاسم :

Date of Birth تاريخ الميلاد | Place of Birth جهة الميلاد | Occupation المهنة | Nationality الجنسية
Passport No. رقم الجواز | Place of Issue جهة الإصدار | Date of Issue تاريخ الإصدار | تاريخ الميلاد  المرافقون
                                                                              Accompanied on the Same  Date of Birth
                                                                              Passport by :
Visa No. رقم التأشيرة | Place of Issue جهة الإصدار | Date of Issue تاريخ الإصدار | (1) ........................... (١)
                                                                              (2) ........................... (٢)
Purpose of Entry الغرض من الحضور ...................           (3) ........................... (٣)
Address العنوان ........................                        (4) ........................... (٤)
```

يُوسُف فِي الْمَطَار

يُوسُف يَكْتُب بِطَاقَة الْوُصُول

| | | |
|---|---|---|
| الاسم | : | يُوسُف عَلِي |
| الْوَظِيفَة ( الْمِهْنَة ) | : | طَالِب |
| مَحَلّ الْمِيلَاد | : | بَاكِسْتَان |
| تَارِيخ الْمِيلَاد | : | 1985/5/10 |
| الْجِنْسِيَّة | : | بَاكِسْتَانِيّ |

76

| | | | |
|---|---|---|---|
| الْاسْم | : يُوسُف عَلي | رَقْم الْجَوَاز | : 3956 |
| الْوَظِيفَة (الْمِهْنَة) | : طَالِب | تَارِيخ الْجَوَاز | : 2001/2/7 |
| مَحَلّ الْمِيلَاد | : بَاكِسْتَان | تَارِيخ الْوُصول | : 2002/8/10 |
| تَارِيخ الْمِيلَاد | : 1985/5/10 | سَبَب الزِّيَارَة | : الدِّرَاسَة |
| الْجِنْسِيَّة | : بَاكِسْتَانِيّ | الْعُنْوَان فِي السُّودَان : | |
| | | مَعْهَد اللُّغَة الْعَرَبِيَّة | |

## الْكَلِمَات الْجَدِيدة

| | | | |
|---|---|---|---|
| الْاسْم | الْوَظِيفَة ( الْمِهْنَة ) | طَالِب | مَحَلّ |
| الْمِيلَاد | بَاكِسْتَان | بَاكِسْتَانِيّ | تَارِيخ | الْجِنْسِيَّة |
| رَقْم | اسْم | اسْمِي | اسْمُكَ | اسْمُكِ |
| يفْعَل | لِيبِيَا | الْعِرَاق | البَحْرَيْن | فَرَنْسَا |
| الْهِنْد | أَمْرِيكَا | بريطانيا | الصِّين | الْيَابَان |
| الْمَغْرِب | | | | |

تَدْرِيب1 : أَكْمِل الْجُمل الآتِيَـة بالكَـلِمَة الْمُنَاسِبَة:

1-يُوسُف مِن .....

لُبْـنَـان

بَاكِسْـتَـان

السُّـودَان

2- يُوسُف

بَاكِسْـتَـان

بَاكِسْـتَـانِيّ

مِن بَـاكِسْـتَـان

3- مَعْهَد اللُّغَـة الْعَرَبِيَّـة

سُـودَانِيّ

فِي السُّـودَان

مِن السُّـودَان

4- اسْـمِي

مِن بَاكِسْـتَـان

بَـاكِسْـتَـانِيّ

يُوسُف

تَدْرِيب2 : أَكْمِل كَمَا فِي النَّمُوذَج:

| | |
|---|---|
| يُوسُف مِن بَاكِسْتَان. | يُوسُف بَاكِسْتَانِيّ. |
| 1- ............مِن السُّـعُودِيَّـة | ................................... |
| 2- ............مِن الْمَغْـرِب | ................................... |
| 3- ............مِن لِـيبِـيَـا | ................................... |
| 4- ............مِن الْبَحْـرَيْن | ................................... |
| 5- ............مِن الْعِــرَاق | ................................... |

## تَدْرِيب 3 : أَكْمِل كَمَا فِي النَّـمُوذَج:

| | | |
|---|---|---|
| (مِصْر ) أَنَا مِصْرِيّ | أَنْتَ مِصْرِي | أَنْتِ مِصْرِيَّة |
| 1- (فَـرَنْسَـا) أَنَا .......... | أَنْتَ ........ | أَنْتِ .......... |
| 2- (الْـهِـنْد) أَنَا .......... | أَنْتَ.......... | أَنْتِ .......... |
| 3- (أَمْـرِيكَا) أَنَا ......... | أَنْتَ.......... | أَنْتِ .......... |
| 4- (بِرِيطَانْيَا) أَنَا .......... | أَنْتَ.......... | أَنْتِ .......... |
| 5- (الصِّين ) أَنَا.......... | أَنْتَ.......... | أَنْتِ .......... |
| 6- (الْيَابَان) أَنَا .......... | أَنْتَ.......... | أَنْتِ .......... |

## تَدْرِيب 4 : أَكْمِل كَمَا فِي النَّمُوذَج:

| | |
|---|---|
| (العِرَاق) هُوَ عِـرَاقِيّ | هِيَ عِـرَاقِـيَّة |
| 1 – (بِرِيطَانْيَا) هُوَ......... | هِيَ.................... |
| 2 – (الصِّين) هُوَ ......... | هِيَ.................... |
| 3 – (الْيَابَان) هُوَ......... | هِيَ.................... |
| 4 – (فَـرَنْسَـا) هُوَ ......... | هِيَ.................... |
| 5 – (الْـهِـنْد) هُوَ ......... | هِيَ.................... |
| 6 – (أَمْـرِيكَـا)هُوَ .......... | هِيَ.................... |

تَدْرِيب 5 : أَكْمِل كَمَا فِي النَّمُوذَج:

يُوسُف يَكْتُب

1 – كَمَال ..............

2 – سَمِير ..............

3 – الْكَلْب ............

4 – الْفِيل .............

5 – الضَّابِط ............

6 – الطِّفْل ............

تَدْرِيب 6 : أَكْمِل كَمَا فِي النَّمُوذَج:

| | | | |
|---|---|---|---|
| اسْم | اسْمِي | اسْمُكَ | اسْمُكِ |
| زِيَارَة | زِيَارَتِي | زِيَارَتُكَ | زِيَارَتُكِ |
| 1- عُنْوَان | .......... | .......... | .......... |
| 2- سَفَر | .......... | .......... | .......... |
| 3- وَظِيفَة | .......... | .......... | .......... |
| 4- جِنْسِيَّة | .......... | .......... | .......... |
| 5- جَوَاز | .......... | .......... | .......... |

## تَدْرِيب 7 : أَكْمِل كَمَا فِي النَّمُوذَج:

| | | |
|---|---|---|
| مَا اسْمُكَ | مَا اسْمُه | مَا اسْمُهَا |
| 1- مَا عُنْوَانُكَ | .......... | .......... |
| 2- مَا وَظِيفَتُكَ | .......... | .......... |
| 3- مَا جِنْسِيَّتُكَ | .......... | .......... |
| 4- مَا رَقْم جوازِكَ | .......... | .......... |
| 5- مَا تَارِيخ جَوَازِكَ | .......... | .......... |

## تَدْرِيب 8 : أَكْمِل كَمَا فِي النَّمُوذَج:

| | | |
|---|---|---|
| بِطَاقَة ← | الْوُصول | بِطَاقَة الْـوُصُـول |
| الزِّيَارَة → | سَبَب | سَبَب الـزِّيَارَة |
| 1- الْجَواز | تَارِيخ | .................... |
| 2- رَقْـم | الْجَوَاز | .................... |
| 3- الْمِيلَاد | تَارِيخ | .................... |
| 4- الْمِيلَاد | مَحَلّ | .................... |
| 5- اللُّغَة | مَعْهَد | .................... |

تَدْرِيب9 : أَجِب عَن الْأَسْئِلَة التَّالِيَـة:

1- أَيْــنَ يُوسُــف ؟

2- مَاذَا يَفْعَـل يُـوسُـف ؟

3- هَـــلْ يُـوسُـف مِـصْـرِيّ ؟

4- مَـا رَقْـم جَـوَاز يُـوسُـف ؟

5- أَيْـنَ مَـعْـهَـد  اللُّغَة الْعَرَبِيَّـة ؟

6- مَاذَا يَكْتُب يُـوسُـف فِي الْـمَطَـار ؟

تَدْرِيب10 : عَـبِّـر عَن الصُّوَر الْآتِيَـة بِجُمَل تَامَّـة :

(1)

(2)

(3)

(4)

## اِقْرَأ الْجُمَل الآتِيَة جَهْرًا واكْتُبْهَا مَرَّتَيْـن :

يُوسُف يَكْتُب بِطَاقَة الْوُصُـول

أَنَا طَالِب

أَنَا مِن بَاكِسْتَان

تَارِيخ الْمِيلَاد : 1985/5/10

سَبَب الزِّيَارَة : الدِّرَاسَـة

الْعُنْوَان فِي السُّودَان : مَعْهَد اللُّغَة الْعَرَبِيَّـة

| | | | | |
|---|---|---|---|---|
| أَنَا يُوسُف | (أَنَا) | اسْمِي | يُوسُف | (ي) |
| أَنْتَ عَادِل | (أَنْتَ) | اسْمُكَ | عَــادِل | (كَ) |
| أَنْتِ لَيْلَى | (أَنْتِ) | اسْمُكِ | لَيْـلَى | (كِ) |
| هُو أَحْمَد | (هُو) | اسْمُهُ | أَحْمَد | (ـهُ) |
| هِيَ زَيْنَب | (هِيَ) | اسْمُهَا | زَيْنَب | (ـهَا) |

## الدرس الرابع

# فِي الْفُنْدُق

هَذَا فُندق السُّودَان – الْفُنْدُق فِي شَارِعِ النِّيل- يُوسُف فِي الْفُنْدُق أَمَام مَكْتَب الْاسْتِقْبَال

مُوَظَّف الْاسْتِقْبَال : أَهْلًا وَسَهْلًا

يُوسُف : حُجْرَة مِن فَضْلِكَ .

الْمُوَظَّف : لِشَخْص وَاحِد ؟

يُوسُف : نَعَمْ وَفِيهَا حَمَّام.

الْمُوَظَّف : حُجْرَة لِشَخْص وَاحِد ، فِيهَا حَمَّام، سِعْرُها 80 000 (ثَمَانُون أَلْف ) جُنَيْه.

يُوسُف : حَسَنًا .

الْمُوَظَّف : مِن فَضْلِكَ ، إِسْمكَ ، وَعُنْوَانكَ ، وَوَظِيفَتكَ ، وَجِنْسِيَّتكَ، وَرَقْم جَــوَاز السَّــفَــر.

(يَكْتُب يُوسُف اسْمَهُ ، وَعُنْوَانَهُ، وَوَظِيفَتَهُ ، وَجِنْسِيَّتَهُ، وَرَقْم الْجَــوَاز )

الْمُوَظَّف : حُجْرَة رَقْم 105 (مِائَة وَخَمْسَة )

(يُوسُف يَدْخُل الْحُجْرَة . فِي الْحُجْرَة سَرِير ، وخِزَانَة مَلابِس، وَطَاوِلَة، وكُرْسِيّ، وَهَاتِف، وَرَادْيُو، وَحَمَّام. الْحُجْرَة مُرِيحَة وَجَمِيلَة ).

## فِي الْفُنْدُق

هَذَا فُنْدُق السُّودَان – الْفُنْدُق فِي شَارِع النِّيل- يُوسُف فِي الْفُنْدُق أَمَام مَكْتَب الْاسْتِقْبَال.

مُوَظَّف الْاسْتِقْبَال : أَهْلًا وَسَهْلًا

يُوسُف : حُجْرَة مِن فَضْلِك .

الْمُوَظَّف : لِشَخْص وَاحِد ؟

يُوسُف : نَعَمْ وَفِيهَا حَمَّام.

الْمُوَظَّف : حُجْرَة لِشَخْص وَاحِد ، فِيهَا حَمَّام، سِعْرُهَا 80 000 (ثَمَانُون أَلْف) جُنَيْه.

يُوسُف : حَسَنًا .

الْمُوَظَّف : مِن فَضْلِكَ ، اسْمُكَ ، وَعُنْوَانك، وَوَظِيفَتك ، وَجِنْسِيَّتكَ، وَرَقْم جَوَاز السَّفَر.

(يَكْتُب يوسُف اِسْمَهُ ، وَعُنْوَانَهُ، وَوَظِيفَتَهُ ، وَجِنْسِيَّتهُ، وَرَقْم الْجَوَاز )

الْمُوَظَّف : حُجْرَة رَقْم 105 (مِائَة وَخَمْسَة ).

(يُوسُف يَدْخُل الْحُجْرَة . فِي الْحُجْرَة سَرِير ، وخِزَانَة مَلَابِس، وَطَاوِلَة، وكُرْسِيّ، وَهَاتِف ، وَرَادْيُو، وَحَمَّام. الْحُجْرَة مُرِيحَة وَجَمِيلَة ).

# الْـكَلِمَات الْجَدِيدَة

فُنْــدُق - النِّيـــل- شَـــارِع - اسْــتِقْبَال - أَهْـــلاً وَسَـــهْلاً
حُجْــرَة - لِــــ - مَــع - حَمَّــام - عِنْــدي - سِــعْرُهَا - ثَــمَانُون-
خِزَانَــة مَلابِــس - مُرِيحَــة - جُنَيْــه - حَــسَنًا – طَــاوِلَة-
هَــاتِف ( تِلِيفُــون ) - رَادْيُــو - كُــرْسِيّ - عَــشْرَة – عِــشْرُون-
ثَلاَثُــون - خَمْــسُون - جَمِــيلَة – تِلِيفِزْيُــون – غَــدَاء-
الْجَزَائِـــر - الأَرْدُن - عُمَــان - الْـــيَمَن – تُــونِس-
1 وَاحِــد - 2 اثْنَــان - 3 ثَلاثَــة - 4 أَرْبَعَــة - 5 خَمْــسَة-
6 سِــتَّة - 7 سَــبْعَة - 8 ثَمَانِيَــة - 9 تِــسْعَة - 10 عَــشْرَة.

تَدْرِيب1 : أَكْمِل الْجُمل الآتِيَة بالْكَلِمَات الْمُنَاسِبَة:

1- الفُنْدُق فِي....
السُّودَان
سُودَانِيّ
السُّودَانِيّ

2- يُوسُف يَكْتُب
اسْمهَا
اسْمُهُ
اسْمكَ

3- الْحُجْرَة
سَـرِيـر
مُرِيحَة
هَاتِـف

4- أَنَا أَكْتُب فِي البِطَاقَة .......
اسْمِي
اسْمهَا
اسْمكَ

5- أَنتَ تَكْتُب فِي البِطَاقَة .......
اسْمكِ
اسْمكَ
اسْمِي

## تَدْرِيب2 : أَكْمِل الْجُمَل الآتِيَة بالْكَلِمَة الْمُنَاسِبَة:

عِــرَاقِيّ - خِزَانَــة مَلَابِــس – أَمَــام - مُرِيحَــة- عِرَاقِيَّــة
شَــارِع – الــزِّيَارَة – أُكْــتُب – صَــالَة.

1-يُوسُــف - - - - - - - مَكْتَــب الإِسْــتِقْبَال.

2- فِي الْحُجْــرَة - - - - - - -

3- - - - - - - - اسْمَــك وعُنْوَانَــك.

4- الْحُجْــرَة - - - - - - - وَجَمِــيلَة

5- نِــزَار - - - - - - - وَهِيَ - - - - - - -

6- الْفُنْــدُق فِي - - - - - - - النِّيــل.

7-يُوسُــف يَــدْخُل - - - - - - - الْوُصُــول.

8- مَــا سَــبَب - - - - - - - ؟

## تَدْرِيب3: أَكْمِل كَمَا فِي النَّمُوذَج :

| | | |
|---|---|---|
| (مُهَنْدِس) أَنَا مُهَنْدِس | أَنْتَ مُهَنْدِس | أَنْتِ مُهَنْدِسَة |
| 1- (مُوَظَّف) أَنَا - - - - - - - | أَنْتَ- - - - - - - | أَنْتِ- - - - - - - |
| 2- (طَالِب) أَنَا - - - - - - - | أَنْتَ- - - - - - - | أَنْتِ- - - - - - - |
| 3- (طَبِيب) أَنَا - - - - - - - | أَنْتَ- - - - - - - | أَنْتِ- - - - - - - |
| 4- (مُدَرِّس) أَنَا - - - - - - - | أَنْتَ- - - - - - - | أَنْتِ- - - - - - - |

تَدْرِيب4: أَكْمِل كَمَا فِي النَّمُوذَج :

| | |
|---|---|
| يُوسُف مِن بَاكِسْتَان | هُوَ بَاكِسْتَانِيّ |
| نَجَاة مِن تُونِس | هِيَ تُونِسِيَّة |
| 1- سَامِي مِن الجَزَائِر | .............................. |
| 2- سَامِيَة مِن الْمَغْرِب | .............................. |
| 3- فَوْزِي مِن الأُرْدُن | .............................. |
| 4- زَيْنَب مِن سُورِيَا | .............................. |
| 5- سُعَاد مِن السُّعُودِيَّة | .............................. |
| 6- فَهْد مِن الْيَمَن | .............................. |
| 7- خَلِيل مِن عُمَان | .............................. |
| 8- حِصَّة مِن الْبَحْرَيْن | .............................. |
| 9- نَعِيمَة مِن مِصْر | .............................. |
| 10- كَمَال مِن لِيبِيَا | .............................. |

تَدْرِيب5: أَكْمِل كَمَا فِي النَّمُوذَج :

| | |
|---|---|
| فِي الْحُجْرَة حَمَّام | الْحَمَّام فِي الْحُجْرَة |
| 1- فِي الْحُجْرَة هَاتِف | .......................... |
| 2- فِي الْحُجْرَة خِزَانَة مَلَابِس | .......................... |
| 3- فِي الْحُجْـرَة سَـرِيـر | .......................... |
| 4- فِي الْحَدِيقَـة كَلْـب | .......................... |
| 5- فِي الرَّأْس مُشْـط | .......................... |
| 6- فِي الْمَكْتَب ضَابِط | .......................... |
| 7- فِي الصَّالَة كُرْسِيّ | .......................... |
| 8- فِي شَارِع النِّيل فُنْدُق | .......................... |
| 9- فِي الْبَـيْت بِنْت | .......................... |
| 10- أَمَـام السَّيَّارَة طِفْـل | .......................... |
| 11- تَحْت السَّـرِيـر قِطّ | .......................... |
| 12- فَوْقَ السَّـرِيـر فَانُوس | .......................... |

تَدْرِيب6: أَكْمِل كَمَا فِي النَّمُوذَج :

| | |
|---|---|
| هَذَا الْبَيْت لِي | هَذَا بَيْـتِي |
| 1- هَذَا الْمُشْـط لِي | .......................... |
| 2- هَذَا الكِتَـاب لِي | .......................... |

3- هَذَا السَّـرِير لِي ..........................

4- هَذَا الْقَلَـم لِي ..........................

5- هَذَا الْحَبْـل لِي ..........................

6- هَذَا الْمَكْـتَب لِي ..........................

7- هَذَا الظَّـرْف لِي ..........................

8- هَذَا الْمِقَـصّ لِي ..........................

9- هَذِه السَّفِيـنَة لِي ..........................

تَدْرِيب7: أَكْمِل كَمَا فِي النَّمُوذَج :

هَذَا الْقَلَـم لَكَ هَذَا قَـلَمكَ

هَذِه الْوَرْدَة لَكَ هَذِهِ وَرْدَتـكَ

1- هَذَا الْـجَرْو لَكَ ..........................

2- هَذَا التِّـمْثَال لَكَ ..........................

3- هَذَا الْمُثَلَّث لَكَ ..........................

4- هَذَا الْمِحْرَاث لَكَ ..........................

5- هَذِه الْمِحْفَظَة لَكَ ..........................

6- هَذَا التِّـيـن لَكَ ..........................

7- هَذَا الْـجَوَاز لَكَ ..........................

8- هَذِه السَّـمَكَة لَكَ ..........................

9- هَذِه السَّيَّـارَة لَكَ ..........................

تَدْرِيب8: أَكْمِل كَمَا فِي النَّمُوذَج :

| | |
|---|---|
| هَذَا الطِّفْـل لَكِ | هَذا طِفْلُكِ |
| 1- هَذِه الْقِطَّة لَكِ | ........................... |
| 2- هَذِه الطَّاوِلَة لَكِ | ........................... |
| 3- هَذَا الـدِّيك لَكِ | ........................... |
| 4- هَذِه الحَدِيقَة لَكِ | ........................... |
| 5- هَذِه الوِسَادَة لَكِ | ........................... |
| 6- هَذِه الوَرْدَة لَكِ | ........................... |
| 7- هَذَا الْـقَـلَـم لَكِ | ........................... |
| 8- هَذَا الصُّنْدُوق لَكِ | ........................... |
| 9- هَذَا السَّـرِير لَكِ | ........................... |
| 10- هَذَا البَيْت لَكِ | ........................... |

تَدْرِيب9: أَكْمِل كَمَا فِي النَّمُوذَج :

| | |
|---|---|
| هَذَا النَّـاي لَـهُ | هَذا نـايُـهُ |
| 1- هَذَا الْـكَلْب لَهُ | ........................... |
| 2- هَذَا الشِّيـك لَـهُ | ........................... |
| 3- هَذَا الْـكِتَاب لَـهُ | ........................... |
| 4- هَذَا الشُّبَّـاك لَـهُ | ........................... |

5- هَذَا الْمِفْتَاح لَهُ ..........................

6- هَذَا الْعُـــشّ لَهُ ..........................

7- هَذِه السِّـــنّ لَهُ ..........................

8- هذَا الْمِنْـدِيل لَهُ ..........................

9- هَذِه الْحُجْـرَة لَهُ ..........................

10- هَذِه النُّـقُود لَهُ ..........................

تَدْرِيب10: أَكْمِل كَمَا فِي النَّمُوذَج :

هَذَا الْمِندِيل لَـهَا هَذَا مِنْدِيلـهَا

1- هَذَا الْكَلْب لَـهَا ..........................

2- هَذِهِ الْقِطَّـة لَـهَا ..........................

3- هَذَا الـزِّر لَـهَا ..........................

4- هَذَا الْبَيْت لَـهَا ..........................

5- هَذَا الطِّفْل لَـهَا ..........................

6- هَذِهِ اللُّؤْلُؤَة لَـهَا ..........................

7- هَذَا الْحِـذَاء لَـهَا ..........................

8- هذَا الْجَوَاز لَـهَا ..........................

9- هَذِهِ الْحُجْرَة لَـهَا ..........................

10- هَذَا الإِبْرِيـق لَـهَا ..........................

تَدْرِيب11 : أَجِب عَن الأَسْئِلَة :

1- أَيْـنَ فُنْدُق السُّــــودَان ؟

2- هَـلْ فِي حُجْـرَة يُـوسُـف هَاتِـف ؟

3- مَـا رَقْم حُجْـرَة يُـوسُـف ؟

4- مَـا سِعْر حُجْرَة يُـوسُـف ؟

5- مَـاذَا يَعْمَل يُـوسُـف أَمَـام مَكْـتَب الاسْـتِقْبَـال ؟

6- مَـاذَا فِي حُجْـرَة يُـوسُـف ؟

تَدْرِيب12 : عَبِّـر عَنْ الصُّوَر الآتِـيَـة بِـجُمَل تَـامَّـة :

1

2

3

4

5

تَدْرِيب13 : مِنْ فَضْلِكَ إِمْلَأ الْبِطَاقَة الآتِـيَـة :

1- الْاسْـم :

2- الْعُـنْـوَان :

3- الْـوَظِـيـفَـة :

4- مَحَلّ الْـمِيلَاد :

5- تَـارِيخ الْـمِيـلَاد :

6- رَقْم الْحُجْرَة فِي الْفُنْـدُق :

7- رَقْم الْجَــوَاز:

8- الْجِنْسِـيَّة :

9- الْـعُـنْــوَان :

## اقْرَأ الْجُمَل الآتِيَة جَهْـرًا واكْـتُـبْـهَا مَرَّتَيْــن :

فُنْـدُق الــسُّودَان مُرِيــح- يُوسُــف فِي حُجْــرَة لِــشَخْص واحِـد-
يُوسُف يَكْـتُب بِطَـاقَـة الْفُنْـدُق :

الْاسْــم :

الْعُـنْـوَان :

الْوَظِيـفَـة :

الْـجِنْسِـيَّة :

يُوسُف يَقْرَأ :

| | | | | |
|---|---|---|---|---|
| وَاحِـد | اثْـنَان | ثَلَاثَـة | أَرْبَـعَة | خَمْسَة |
| 1 | 2 | 3 | 4 | 5 |
| سِتَّـة | سَبْعَـة | ثَمَانِـيَة | تِسْعَـة | عَشَرَة |
| 6 | 7 | 8 | 9 | 10 |

# الدّرْس الْخَامِس

## فِي الْمَطْعَم

مَطْعَم الْفُنْدُق فِي أَوَّل دَوْر - يُوسُف يَأْكُل فِي مَطْعَم الْفُنْدُق – الْوَجَبَات فِي الْمَطْعَم هِيَ :

الْفُطُور الْغَدَاء الْعَشَاء

الْفُطُور :

عَصِير فَاكِهَة خُبْز وَمُرَبَّى وَزُبْد

شَاي أَوْ قَهْوَة

بَيض أَوْ جُبْن أَوْ فُول

الْغَـــدَاء :

حَسَاء

سَلَطَة

لُحُوم أَوْ طُيُور

أَوْ سَمَك

خُضَر

خُبْز وَ زُبْد

أُرز أَوْ مَكَرُونَــة

فَاكِهَة أَوْ حَلْوَى شَــاي أَوْ قَهْــوَة

الْعَـشَاء : مِثْـل الْغَـدَاء

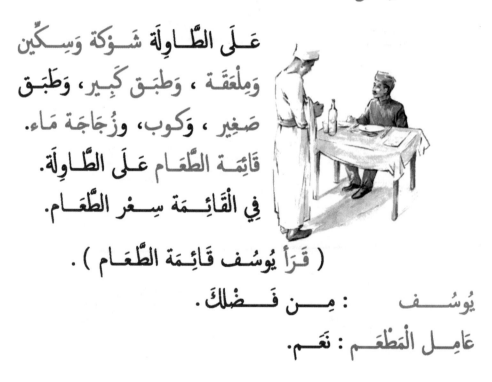

عَـلَى الطَّـاوِلَة شَـوْكَة وَسِـكِّين
وَمِلْعَقَـة ، وَطبَـق كَبِـير، وَطَبَـق
صَغِير ، وَكوب، وزُجَاجَة مَاء.
قَائِمَـة الطَّعَـام عَـلَى الطَّـاوِلَة.
فِي الْقَائِـمَة سِـعْر الطَّعَـام.

( قَـرَأ يُوسُـف قَـائِـمَة الطَّعَـام ) .

يُوسُــف : مِــن فَــضْلك.

عَامِــل الْمَطْعَـم : نَعَـم.

يُوسُف : أُرِيد :

حَسَاء طَمَاطِم    وَسَلَطَة    وَخُبْز    وَكَبَاب

عَامِل الْمَطْعَم : حَلْوَى أَوْ فَاكِهَة ؟

يُوسُف : فَاكِهَة: مَوْز وَبُرْتُقَال مِن فَضْلِك.

عَامِل الْمَطْعَم : مَاذَا تَشْرَب ؟

يُوسُف : عَصِير لَيْمُون مِن فَضْلك.

( يَشْرَب يُوسُف الْعَصِير
وَيَأْكُل الطَّعَام )

يُوسُف لِعَامِل الْمَطْعَم : فِنْجَال شَاي مِن فَضْلك.

( يَشْرَب يُوسُف فِنْجَال الشَّاي)

يُوسُف : فَاتُورَة الْحِسَاب.

عَامِل الْمَطْعَم: تَفَضَّل فَاتُورَة الْحِسَاب.
ادْفَع هُنَا مِن فَضْلك.

(يَقْرَأُ يُوسُف الفَاتُورَة وَيَدْفَع الْحِسَاب
وَيَشْكُر عَامِل الْمَطْعَم وَيَخْرُج) .

# فِي الْمَطْعَـم

مَطْعَـــم الْفُنْـــدُق فِي أَوَّل دَوْر - يُوسُـــف يَـــأْكُل فِي مَطْعَـم الْفُنْـدُق – الْوَجَبَـات فِي الْمَطْعَـم هِيَ :

الْفُطُـور : عَـصِير فَاكِهَـة، خُـبز وَمُـرَبًّى وَزُبْـد.
شَـــاي أَوْ قَـــهْوَة ، بَيْـــض أَوْ جُـــبْن
أَوْ فُـــول.

الْغَـــدَاء : حَـــسَاء ، سَـــلَطَة، لُحُـــوم أَوْ طُيُـــور
أَوْ سَمَـــك ، خُـــضَر ، خُـــبز و زُبْـــد ،
أُرز أَوْ مَكَرُونَـــة ، فَاكِهَـــة أَوْ حَلْـــوَى،
شَـــاي أَوْ قَهْـــوَة.

الْعَـــشَاء : مِثْـــل الْغَـــدَاء.

عَـــلَى الطَّـــاوِلَة شَوْكَـــة وَسِكِّـــين وَمِلْعَقَـــة ، وَطَبَـــق كَبِـــير، وَطَبَـــق صَغِيـــر ، وزُجَاجَـــة مَـــاء، وَكُـــوب .

قَائِمَـــة الطَّعَـــام عَـــلَى الطَّـــاوِلَة. فِي الْقَائِـــمَة سِـــعْر الطَّعَـــام.
( قَـــرَأ يُوسُـــف قَائِمَـــة الطَّعَـــام ) .

يُوسُف : مِن فَضْلكَ .

عَامِل الْمَطْعَم : نَعَم.

يُوسُف : أُرِيد حَسَاء طَمَاطِم، وَسَلَطَة، وَخُبْز ، وَكَبَاب.

عَامِل الْمَطْعَم : حَلْوَى أَوْ فَاكِهَة ؟

يُوسُف : فَاكِهَة، مَوْز وَبُرْتُقَال مِن فَضْلِكَ.

عَامِل الْمَطْعَم : مَاذَا تَشْرَب ؟

يُوسُف : عَصِير لَيْمُون مِن فَضْلك.

( يَشْرَب يُوسُف الْعَصِير وَيَأْكُل الطَّعَام ) .

يُوسُف لِعَامِل الْمَطْعَم : فِنْجَال شَاي مِن فَضْلك.

( يَشْرَب يُوسُف فِنْجَال الشَّاي) .

يُوسُف : فَاتُورَة الْحِسَاب مِن فَضْلك.

عَامِل الْمَطْعَم : تَفَضَّل فَاتُورَة الْحِسَاب. اِدْفَع هُنَا مِن فَضْلكَ.

(يَقْرَأُ يُوسُف الفَاتُورَة، وَيَدْفَع الْحِسَاب، وَيَشْكُر عَامِل الْمَطْعَم، وَيَخْرُج) .

# الْـكَلِمَات الْجَدِيدَة

مَطْعَم - أَوَّل - دَوْر - الْوَجَبَات - فُطُور
عَصِير - فَاكِهَة - مُرَبَّى - زُبْــد - شَــاي
أَوْ - قَهْوَة - جُبْن - فُول - حَسَاء
سَلَطَة - لُحُوم - طُيُور - سَمَك - خُضَر
أُرْز - مَكَرُونَة - حَلْوَى - مِثْل - الْعَشَاء
شَوْكَة - سِكِّين - مِلْعَقَة - طَبَق - كَبِير
صَغِير - زُجَاجَة - مَــاء - كُــوب - قَائِمَة
الطَّعَام - قَــرَأَ - عَامِل الْمَطْعَم - طَمَاطِم - أُرِيد
كَبَــاب - بُرْتُقَال - لَيْمُــون - فَاتُورَة - حِسَاب
ادْفَع - يَدْفَع - يَشْكُر - السَّمَاء - فِنْجَال

تَدْرِيب 1: أَكْمِل الْجُمَل الآتِيَة بِاخْتِيَار الْكَلِمَة الْمُنَاسِبَة :

شَوْكَة – السَّمَك – قَائِمَة الطَّعَام – الْعَصِير – دَوْر –
الْحِسَاب – الْقَائِمَة – الْمَاء – الطَّعَام – طُيُور .

1- عَلَى الطَّاوِلَة ..............
2- يُوسُف يَشْرَب ..............
3- كَمَال يَأْكُل ..............
4- الْمَطْعَم فِي أَوَّل ..............
5- عَلَى الطَّاوِلَة ..............
6- زُجَاجَة .......... عَلَى الطَّاوِلَة
7- سِعْر الطَّعَام فِي..................
8- يُوسُف يَأْكُل ................
9- الْغَدَاء .................. وَخُبْز
10- فَاتُورَة ...........مِنْ فَضْلِك

تَدْرِيب2. أَكْمِل كَمَا فِي النَّمُوذَج :

يَشْرَب    يُوسُف    الْمَـــــاء
تَمْشِي    لَيْـلَــى    فِي الْحَدِيقَة

1- يَأْكُل ........................    5- يَخْرُج ........................

2- يَقْـرَأ ........................    6- يَجْـرِي ........................

3- يَشْكُر ........................    7- تَكْتُب ........................

4- تَدْفَـع ........................    8- يَفْتَح ........................

تَدْرِيب3: أَكْمِل كَمَا فِي النَّمُوذَج :

فِي الْقَـفَـص أَسَـد    الْأَسَـد فِي الْقَفَص

1- عَــلَى الطَّاوِلَــة شَـوْكَة    - - - - - - - - - - - - - - - - -

2- عَــلَى الــطَّاوِلَة سِــكِّين    - - - - - - - - - - - - - - - - -

3- فِي الْحَــوْض مَــاء    - - - - - - - - - - - - - - - - -

4- فِي الــشَّجَرَة عُــشّ    - - - - - - - - - - - - - - - - -

5- فِي الْحَــدِيقَــة وَرْد    - - - - - - - - - - - - - - - - -

6- عَــلَى الــسَّرِير وِسَادَة    - - - - - - - - - - - - - - - - -

7- هُنَــاك شُــبَّاك    - - - - - - - - - - - - - - - - -

8- هُنَــاك سَــبُّورَة    - - - - - - - - - - - - - - - - -

9- هُنَــاك سَيَّــارَة    - - - - - - - - - - - - - - - - -

10- أَمَــام الْبَيْـت طِفْلَــة    - - - - - - - - - - - - - - - - -

تَدْرِيب(4) كَوِّن جُملاً تَامَّةً مِنْ مَجْمُوعَاتِ الكَلِمَاتِ الآتِيَة:

1- الشَّـاي -كَمَـال - يَشْـرَب

2- الْفُنْدُق - أَوَّل - مَـطْعَـم - فِي - دَوْر

3- تَحْت - الطَّاوِلَة - الْكَلْب

4- فِي - الـدَّلْـو - الْحَـوْض

5- فَـوْق - الْقِطَّـة - الطَّـاوِلَة

6- الطَّاوِلَة - عَـلَى - الطَّعَـام - قَائِمَـة

7- الطَّعَـام - سِعْــر - فِي - الْقَائِمَـة

8- يُوسُـف - عَامِل الْمَطْعَم - يَشْـكُر - يَخْـرُج - وَ

9- مَـوْز - الْفَاكِهَة - وَ - بُرْتُقَـال

10- عَـصِير - خُبْـز - زُبْـد - و - ..... و

مُـرَبَّى - و - الْفُـطُور.

تَدْرِيب5: أَكْمِل كَمَا فِي النَّمُوذَج :

| | | | |
|---|---|---|---|
| مُعَلِّم | مُعَلِّمِي | مُعَلِّمكَ | مُعَلِّمكِ |
| شَوْكَة | شَوْكَتِي | شَوْكَتكَ | شَوْكَتكِ |
| 1- قَـمِيص | ------ | ------ | ------ |
| 2- إِبْـرِيـق | ------ | ------ | ------ |
| 3- خُـبْـز | ------ | ------ | ------ |
| 4- حُجْـرَة | ------ | ------ | ------ |
| 5- بِطِّيـخ | ------ | ------ | ------ |
| 6- طَـاوِلَـة | ------ | ------ | ------ |

7-أُصْبُع ------ ------ ------

8- ذِرَاع ------ ------ ------

9-حِـــذَاء ------ ------ ------

10-عَـيْـن ------ ------ ------

11- مِفْتَاح ------ ------ ------

12- وَجْـــه ------ ------ ------

تَدْرِيب6: أَكْمِل كَمَا فِي النَّمُوذَج :

| | | |
|---|---|---|
| سِكِّيـــن | سِكِّينُـهُ | سِكِّينُـهَا |
| مِلْعَقَــة | مِلْعَقَتُهُ | مِلْعَقَتُهَا |

1- خُـــبْـز ------ ------

2- شُـــبَّاك ------ ------

3- زِرّ ------ ------

4- كَـــلْب ------ ------

5- مَكْـــتَب ------ ------

6- جَـمَــــل ------ ------

7- سَفِيـنَــة ------ ------

8- فَاتُـــورَة ------ ------

9- فَاكِـهَــة ------ ------

10- سِـــــنّ ------ ------

11- مِنْدِيـــل ------ ------

12- نُـقُـــود ------ ------

تَدْرِيب7: أَكْمِل كَمَا فِي النَّمُوذَج :

الْقَلَم / الْكِتَاب عَلَى الْمَكْتَب    الْقَلَم وَالْكِتَاب عَلَى الْمَكْتَب

1- الشَّوْكَة/ السِّكِّين عَلَى الطَّاوِلَة ..................................

2- الْقَمَر/ الشَّمْس فِي السَّمَاء ..................................

3- الضَّابِط / عَلِيّ أَمَامَ مَكْتَب الاسْتِقْبَال ..................................

4- الْغَدَاء حَسَاء/ لَحْم ..................................

5- فِي الْحَوْض مَاء/ سَمَك ..................................

6- تَحْتَ السَّرِير حِذَاء/ صُنْدُوق ..................................

تَدْرِيب8. أَكْمِل كَمَا فِي النَّمُوذَج :

يَشْرَب الطِّفْل الْحَلِيب / عَصِير الْبُرْتُقَال .

يَشْرَب الطِّفْل الْحَلِيب أَوْ عَصِير الْبُرْتُقَال.

1- هَلْ الغَزَالَة / الْحِصَان فِي الْحَدِيقَة؟ - - - - - - - - - - - - - - -

2- هَلْ الْمُشْط/ الْمِقَصّ فِي الْمِحْفَظَة؟ - - - - - - - - - - - - - - -

3- هَلْ يَأْكُل الطِّفْل الْمَوْز/ الْبُرْتُقَال؟ - - - - - - - - - - - - - - -

4- فِي الْقَفَص أَسَد/ فِيل؟ - - - - - - - - - - - - - - -

5- يَرْكَب الضَّابِط الْحِصَان / الْجَمَل؟ - - - - - - - - - - - - - - -

6- يَأْكُل يُوسُف الطُّيُور / السَّمَك ؟ - - - - - - - - - - - - - - -

7- عَلَى الْمَكْتَب وَرْدَة / لُؤْلُؤَة ؟ - - - - - - - - - - - - - - -

8- يَجْرِي الْكَلْب وَرَاء الْقِطّ /الْجَرْو؟ - - - - - - - - - - - - - - -

9- يُوسُف يَشْرَب الشَّاي/ الْقَهْوَة؟ - - - - - - - - - - - - - - -

10- يَشْرَب كَمَال الْمَاء/ الشَّاي؟ - - - - - - - - - - - - - - -

## تَدْرِيب9: أَكْمِل كَمَا فِي النَّمُوذَج :

الْمَطْعَم لِلْفُنْدُق     مَطْعَم الْفُنْدُق

1- الْحِــذَاء لِعَــلِيّ -------
2- الْــجَرْو لِلطِّــفْل -------
3- الْــوَرْدَة لِكَــمَال -------
4- الْكِـتَاب لِـسَمِيـرَة -------
5- الْـقَمِيص لِيُوسُـف -------
6- الإِبْــرِيق لِلــشَّاي -------
7- الْمَكْتَـب لِلْمُوَظَّـف -------
8- الْمِئْذَنَـة لِلْمَـسْجِد -------
9- الْعُــشّ لِلطَّــائِر -------
10- الْحَبْـل لِلسَّـفِينَة -------
11- الأُذُن لِلرَّجُــل -------

## تَدْرِيب10: أَكْمِل كَمَا فِي النَّمُوذَج :

| | | | |
|---|---|---|---|
| كَمَال | يَـقْـرَأ | كَمَال قَـرَأ | اِقْــرَأ |
| 1- --------- | يَشْرَب | --------- | --------- |
| 2- --------- | يَجْلِس | --------- | --------- |
| 3- --------- | يَضْحَك | --------- | --------- |
| 4- --------- | يَدْخُل | --------- | --------- |
| 5- --------- | يَرْكَب | --------- | --------- |
| 6- --------- | يَخْرُج | --------- | --------- |
| 7- --------- | يَكْتُب | --------- | --------- |
| 8- --------- | يَطْبُخ | --------- | --------- |
| 9- --------- | يَدْفَع | --------- | --------- |
| 10- --------- | يَشْكُر | --------- | --------- |

تَدْرِيب 11 : عَبِّر عَن الصُّوَر الآتِيَة بِجُمَل مُفِيدَة :

3

2

1

5

4

6

تَدْرِيب 12 : أَجِب عَن الأَسْئِلَة :

1- أَيْنَ قَائِمَة الطَّعَام ؟

2- مَاذَا طَلَبَ يُوسُف ؟

3- مَا وَجَبَات الطَّعَام ؟

4- أَيْنَ مَطْعَم الفُنْدُق ؟

5- مَا طَعَام الغَدَاء ؟

6- مَاذَا عَلَى الطَّاوِلَة ؟

7- مَـاذَا يَـشْرَب يُوسُـــف ؟

8- مَـاذَا يَقْـــرَأ يُوسُـــف ؟

9- مَـا طَعَـام الْفُطُـور ؟

10- هَلْ عَلَى الطَّاوِلَـة شَوْكَـة وَسِـــكِّين ؟

اِقْرَأ الْجُمَل الْآتِيَة جَهْرًا ثُمّ اكْـتُبْـهَا مَرَّتَيْـن :

| |
|---|
| كَتَـب عَامِـل الْمَطْعَـم فَـاتُورَة الْحِـسَاب<br>يَكْتُـب عَامِـل الْمَطْعَـم فَـاتُورَة الْحِـسَاب<br>اُكْتُـب مِـن فَـضْلكَ فَـاتُورَة الْحِـسَاب<br>يُوسُـــف دَفَـــع الْحِـــسَاب<br>يُوسُـــف يَـــدْفَع الْحِـــسَاب<br>مِـن فَـضْلكَ ادْفَـع فَـاتُورَة الْحِـسَاب |
| الْغَـدَاء : حَـسَاء وَسَلَطَـة وَخَـضْرَاوَات<br>لُحُـــوم أَوْ طُيُـــور أَوْ سَمَـــك |

# الدَّرْس السَّادِس

## فِي الْبَـــنْك

يُوسُف : مِن فَضْلِكَ أَيْنَ الْبَنْك ؟

بَوَّاب الْفُنْدُق : فِي هَذَا الشَّارِع إِلَى الْيَمِين.

يُوسُـف : مَـا اسْم هَـذَا الـشَّارِع؟

الْبَـوَّاب : شَـارِع الْجَامِعَـة.

يُوسُـف : مَـتَى يَفْـتَح الْبَنْـك ؟

الْبَوَّاب : يَفْتَح السَّاعَة الثَّامِنَة صَبَاحًا.

# يُوسُـــف فِي الْبَنْـــك

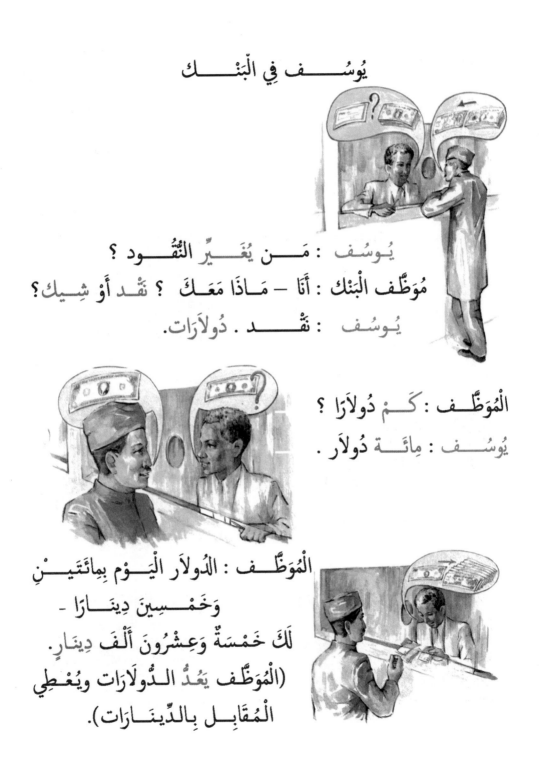

يُوسُف : مَـــن يُغَـــيِّر النُّقُــود ؟

مُوَظَّف الْبَنْك : أَنَا – مَـاذَا مَعَـكَ ؟ نَقْـد أَوْ شِـيك؟

يُـوسُـف : نَقْـــد . دُولاَرَات.

الْمُوَظَّـف : كَـمْ دُولاَرًا ؟

يُوسُـــف : مِائَــة دُولاَر .

الْمُوَظَّـــف : الدُولاَر الْيَــوْم بِمِائَتَيْــنِ

وَخَمْــسِينَ دِينَــارًا -

لَكَ خَمْسَةٌ وَعِشْرُونَ أَلْف دِينَارٍ.

(الْمُوَظَّف يَعُدُّ الـدُّولاَرَات ويُعْطِي

الْمُقَابِـل بِالدِّينَـارَات).

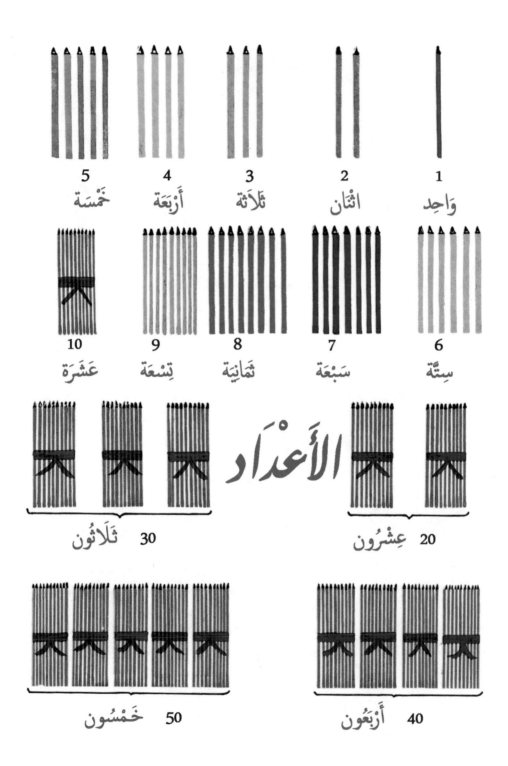

# الأَعْدَاد

1 وَاحِد
2 اثْنَان
3 ثَلاَثَة
4 أَرْبَعَة
5 خَمْسَة
6 سِتَّة
7 سَبْعَة
8 ثَمَانِيَة
9 تِسْعَة
10 عَشَرَة
20 عِشْرُون
30 ثَلاَثُون
40 أَرْبَعُون
50 خَمْسُون

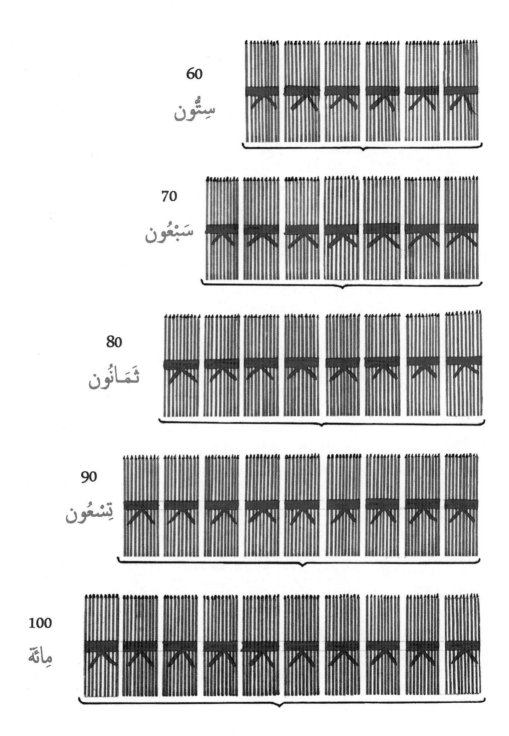

60 سِتُّون

70 سَبْعُون

80 ثَمَانُون

90 تِسْعُون

100 مِائَة

# فِي الْبَنْــــك

يُـوسُـف : مِـــنْ فَـضْـلِكَ أَيْـــنَ الْبَنْـــك؟

بَوّاب الْفُنْدُق : فِي هَـــذَا الـــشَّارِع إِلَى الْيَمِـــين.

يُـوسُـف : مَـــا اسْم هَـــذَا الـــشَّارِع؟

الْبَـــوَّاب : شَـارِع الْجَامِعَـة.

يُـوسُـف : مَـــتَى يَفْـــتَح الْبَنْـــك؟

الْبَـــوَّاب : يَفْـــتَح الـــسَّاعَة الثَّامِنَـــة صَـبَاحًا.

يُوسُـــف فِي الْبَنْـــك

يُـوسُـف : مَـــنْ يُغَـــيِّر النُّقُـــود؟

مُوَظَّف الْبَنْك : أَنَا. مَاذَا مَعَك؟ نَقْد أَوْ شِيك؟

يُـوسُـف : نَقْـــد . دُولاَرَات.

الْـمُـوَظَّـف : كَمْ دُولاَرًا؟

يُـوسُـف : مِائَـــة دُولاَر.

الْـمُـوَظَّـف : الدُولاَر الْيَـــوْم بِمِائَتَيْـــنِ وَخَـمْـسِينَ دِينَـــارًا – لَكَ خَـمْـسَةٌ وَعِـشْرُونَ أَلْـف دِينَـار.

الْمُوَظَّف يَعُدُّ الدُّولاَرَات ويُعْطِي الْمُقَابِل بِالدِّينَارَات:

وَاحِد اثْنَان ثَلاثَة أَرْبَعَة

خَمْسَة سِتَّة سَبْعَة ثَمَانِيَة

تِـــسْعَة - عَـــشَرَة - أَحَــدَ عَــشَر - إِثْنَــا عَـــشَر
ثَلَاثَــةَ عَـشَر - أَرْبَعَــةَ عَـشَر - خَمْسَةَ عَـشَر - سِـتَّةَ عَـشَر
سَبْعَةَ عَـشَر - ثَمَانِيَــةَ عَشَر - تِسْعَةَ عَشَر - عِشْرُونَ- ثَلَاثُـون
أَرْبَعُونَ - خَمْسُون - سِتُّونَ - سَبْعُونَ - ثَمَانُون – تسعون - مائة.

**يُوسُــف يَأْخُـذ النُّــقُود، وَيَــشْكُر الْمُوَظَّــف، ثُمَّ يَعُـدّ الدِّينَــارَات.**

## الْكَلِـــمَات الْجَدِيـــدَة

الْبَنْـــك - إِلَى - بَـــوَّاب - الْيَمِـــين - الْيَـــسَار
مَــتَى - الــسَّاعَة - يَفْـتَح - الثَّامِنَــة - صَـبَاحًا
يُغَـــيِّر - نَقْــد - شِـــيك - كَـــم - دُولَار
مِائَــة - يَعُــدُّ - الدِّينَــارَات - أَحَــدَ عَــشَر - إِثْنَــا عَـشَرَ
ثَلَاثَــة عَـشَرَ - أَرْبَعَــة عَـشَر - خَمْسَةَ عَـشَر - سِـتَّةَ عَـشَرَ
سَــبْعَةَ عَــشَرَ - ثَمَانِيَــةَ عَــشَر - تِــسْعَةَ عَــشَر - عِــشْرُونَ
ثَلَاثُــونَ - أَرْبَعُــونَ - خَمْــسُون - سِــتُّونَ - سَــبْعُونَ
ثَمَــانُونَ - تِــسْعُونَ - يَأْخُــذ - قَــال - يَعُــدّ
قَــرَأَ - كُرَّاسَــة - عَــرَبِيّ - مِنْــضَدَة - دِينَــارًا .

تَدْرِيب 1: أُكْتُبِ الْأَعْدَاد تَحْتَ الصُّوَر كَمَا فِي النَّمُوذَج:

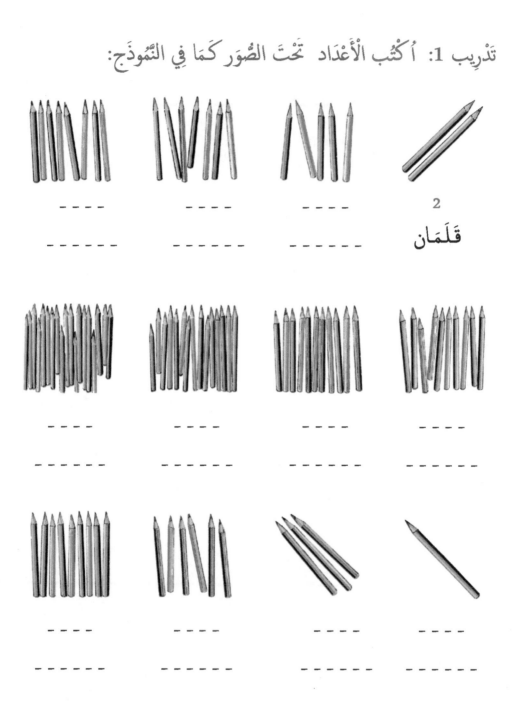

2

قَلَمَان

- - - -

- - - - - -

- - - -

- - - - - -

- - - -

- - - - - -

- - - -

- - - - - -

- - - -

- - - - - -

- - - -

- - - - - -

- - - -

- - - - - -

- - - -

- - - - - -

- - - -

- - - - - -

- - - -

- - - - - -

- - - -

- - - - - -

تَدْريب 2: كَوِّن جُمَلًا تَامَّة مِنْ مَجْمُوعَات الْكَلِمَات الْآتِيَة:

1- الْبَنْك السَّاعَة صَبَاحًا الثَّامِنَة يَفْتَح

2- الشَّارِع مَا هَذَا اسْم ؟

3- الْبَنْك يَفْتَح مَتَى ؟

4- يُوسُف دُولَار مِائَة مَعَ

5- النُّقود يُحَوِّل مَنْ ؟

6- فِي الشَّارِع هَذَا الْبَنْك

7- شَارِع فِي الْجَامِعَة الْبَنْك

8- الْبَنْك أيْن فَضْلِك مِن ؟

9- الْقَائِمَة فِي الطَّعَام سِعْر

10- الطَّعَام قَائِمَة الطَّاوِلَة عَلَى

11- حَسَاء الْغَدَاء و طُيُور أَو طَعَام سَمَك.

تَدْرِيب3 : أَكْمِل الْجُمْلَة بِمَا يُنَاسِبُهَا مِن كَلِمَات :

يَأْكُل يُوسُف

السَّلَطَة الْحَسَاء

الشَّاي الزُّبْد

الْمَوْز الْخُبْز

الْمُرَبَّى الْقَهْوَة

الْجُبْن

| | | |
|---|---|---|
| | الْخُضَر | السَّمَك |
| | اللُّحُوم | الْفَاكِهَة |
| يَشْرَب يُوسُف | الطُّيُور | الْحَلْوَى |
| | الشَّاي | الْحَسَاء |
| | الْمَاء | عَصِير الْفَاكِهَة |

| | | |
|---|---|---|
| | الْقَدَم | الْجَمَل |
| | الشَّارِع | الْوَرْدَة |
| يَدْخُل كَمَال | الْبَيْت | السَّفِينَة |
| | الْبَنْك | الطَّائِرَة |
| | السَّيَّارَة | الْجَرْو |

| | | | |
|---|---|---|---|
| | بَيْت | فِيل | طِفْلَة |
| هَذَا | بِنْت | مَسْجِد | هِلَال |
| | سَرِير | حَوْض | دِيك |
| | | أَمْشَاط | |

| | | | |
|---|---|---|---|
| | حَدِيقَة | قَدَم | نُقُود |
| هَذِهِ | مِقَصّ | مَسْجِد | أَعْشَاش |
| | صَمْغ | حَوْض | عُشّ |
| | | أَمْشَاط | |

## تَدْرِيب 4: أَكْمِل كَمَا فِي النَّمُوذَج:

| يَدْخُل | دَخَل | أُدْخُل |
| --- | --- | --- |
| 1- يَكْتُب | -------- | -------- |
| 2- يَأْكُل | -------- | -------- |
| 3- يَشْرَب | -------- | -------- |
| 4- يَقْرَأ | -------- | -------- |
| 5- يَشُمّ | -------- | -------- |
| 6- يَفْتَح | -------- | -------- |
| 7- يَفْعَل | -------- | -------- |
| 8- يَرْكَب | -------- | -------- |
| 9- يَخْرُج | -------- | -------- |
| 10- يَجْلِس | -------- | -------- |
| 11- يَضْحَك | -------- | -------- |

## تَدْرِيب 5: ضَعْ الْكَلِمَة الْمُنَاسِبَة فِي الْأَمَاكِن الْخَالِيَة:

1 - وَاحد،----- ثَلاَثَة ، ------- خَمْسَة ،-----

سَبْعَة،----- تِسْعَة،-----

2 - مَعَ يُوسُف ----- عَشَر كِتَابًا

3 - الْمُوَظَّف ----- الدُّولارات.

4 - مَتَى - - - - الْبَنْك ؟

5 - عِشْرُون ، - - - - ، أَرْبَعُون، - - - - ، سِتُّون،- - - - ،
ثَمَانُون،- - - - ، مِائَة.

6 - يُوسُف - - - - النُّقُود : أَحَدَ عَشَر،- - - - ،
ثَلَاثَةَ عَشَر ،- - - - ،- - - - ،- - - - ، سِتَّةَ عَشَر،- - - - ،
- - - - ،- - - -، عِشْرُون.

7 - يُوسُف- - - - الْمُوَظَّف .

8 - الْمُوَظَّف- - - - النُّقُود.

9 - يَفْتَح الْبَنْك - - - - صَبَاحًا.

10- عَلَى الطَّاوِلَة - - - - كَبِيـر، وَطَبَق- - - - .

11- يُوسُف - - - - حَسَاء طَمَاطِم .

12- كَمَال يَشُمّ- - - - .

تَدْرِيب 6: أَكْمِل كَمَا فِي النَّمُوذَج:

1- أَحْمَد مُهَنْدِس.        لَيْلَى مُهَنْدِسَة

2-........مُدَرِّس.        ......................

3- ........ طَبِيب.        ......................

4- ........ طِفْل.        ......................

5- ........ مُوَظَّف.        ......................

120

6- ........طَالِب .　　　　　　..................

7- ........بَاكِسْتَانِيّ .　　　　　　..................

8- ........بَحْرَانِيّ .　　　　　　..................

9- ........مَغْرِبِيّ .　　　　　　..................

10-.......لِيبِيّ .　　　　　　..................

11-.......يَمَنِيّ .　　　　　　..................

تَدْرِيب 7: أَكْمِل كَمَا فِي النَّمُوذَج:

| | | |
|---|---|---|
| نُقُود | نُقُودكُمَا | نُقُودُهَا |
| 1- شَارِع | ........... | ........... |
| 2- الْجَامِعَة | ........... | ........... |
| 3- صَبَاح | ........... | ........... |
| 4- دُولَار | ........... | ........... |
| 5- نَقْد | ........... | ........... |
| 6- جَوَاز | ........... | ........... |
| 7- فَاتُورَة | ........... | ........... |
| 8- حِسَاب | ........... | ........... |
| 9- عَصِير | ........... | ........... |
| 10- قَهْوَة | ........... | ........... |

11- شَاي ............ ............

12- طَعَام ............ ............

## تَدْرِيب 8: أَكْمِل كَمَا فِي النَّمُوذَج:

| | | |
|---|---|---|
| سَيَّارَة | سَيَّارَتكُم | سَيَّارَتهُمْ |
| 1- كِتَاب | ............ | ............ |
| 2- قَلَم | ............ | ............ |
| 3- خُبْز | ............ | ............ |
| 4- حُجْرَة | ............ | ............ |
| 5- بَيْت | ............ | ............ |

## تَدْرِيب 9: أَكْمِل كَمَا فِي النَّمُوذَج:

| | | |
|---|---|---|
| سَيَّارَة | سَيَّارَتكُنَّ | سَيَّارتهُنَّ |
| 1- كِتَاب | ............ | ............ |
| 2- فَاكِهَة | ............ | ............ |
| 3- قَهْوَة | ............ | ............ |
| 4- قَلَم | ............ | ............ |
| 5- بَيْت | ............ | ............ |

تَدْرِيب10 : ضَعْ " أَمْ" / "الْوَاو" فِي الْجُمَل الْآتِيَة :

1- هَل تَشْرَب شَايًا- - - - -  قَهْوَة ؟

2- سَمِير يَقْرَأ - - - - - يَكْتُب.

3- هَلْ يأْكُل يُوسُف فِي مَطْعَم الْفُنْدُق- - - - -  فِي مَطْعَم الْجَامِعَة ؟

4- فَوْقَ الطَّاوِلَة قِطَّة - - - - - طِفْل ؟

5- فِي الصُّنْدوق لُؤْلُؤَة - - - - - وَرْدَة.

6- عَلَى الطَّاوِلَة  شَوْكَة- - - - -سِكِّين .

7- يَأْكُل يُوسُف الطُّيُور- - - - - السَّمَك.

8- هَلْ تَقْرَأ لَيْلَى - - - - -  تَطْبُخ ؟

9- هَلْ يَجْلِس الضَّابِط أَمَامَ الطَّاوِلَة- - - - - خَلْفَهَا ؟

10- مِنْ فَضْلِكَ أُرِيدُ لُحُومًا - - - - -  طُيُورًا .

11- يَكْتُب يُوسُف اسْمَهُ- - - - -  عُنْوَانهُ - - - - -  وَظِيفَته.

تَدْرِيب 11: أَكْمِل كَمَا فِي النَّمُوذَج:

| | | |
|---|---|---|
| كِتَاب | كِتَابِي | كِتَابنَا |
| 1- جَامِعَة | ............ | ............ |
| 2- قَلَم | ............ | ............ |
| 3- مِشْبَك | ............ | ............ |
| 4- حِصَان | ............ | ............ |

5- صُنْدُوق ............ ............

6- سَيَّارَة ............ ............

7- مَسْجِد ............ ............

8- وَرْد ............ ............

9- حَدِيقَة ............ ............

10- حُجْرَة ............ ............

11- قِطَّة ............ ............

12- بَيْت ............ ............

تَدْرِيب 12: أَجِب عَنْ الْأَسْئِلَة الْآتِيَة :

1- أَيْنَ الْبَنْك ؟
2- مَتَى يَفْتَح الْبَنْك ؟
3- مَنْ يُحَوِّل النُّقُود ؟
4- هَل الدُّولَارَات نَقْد ؟
5- كَمْ دُولَارَا مَعَ يُوسُف ؟
6- مَا سِعر الدُّولَار ؟
7- مَاذَا يعْمَل الْمُوَظَّف أَمَام يُوسُف ؟
8- هَلْ كَانَ مَعَ يُوسُف شِيك؟
9- عُدّ مِنْ وَاحِد إِلَى عَشَرَة .
10- عُدّ مِنْ عَشَرَة إِلَى عِشْرِين .

اِقْرَأ الْجُمَل الْآتِيَـة جَهْرًا واُكْتُبْها مَرَّتَيْـن:

(اسْم ) مَا اسْـمه ؟ (وَظِيفَة) ما وَظِيفَتُـه ؟ ـهُ

.......مَا اسْـمهَا ؟ ............ ما وَظِيفَتُهَا ؟ ـهَا

.......مَا اسْـمهُمَـا ؟ ............ ما وَظِيفَتُهُمَا ؟ ـهُمَا

.......مَا اسْـمهُمْ ؟ ............ ما وَظِيفَتُهُمْ ؟ ـهُمْ

.......مَا اسْـمُهُنَّ ؟ ............ ما وَظِيفَتُهُنَّ ؟ ـهُنَّ

.......مَا اسْـمكَ ؟ ............ ما وَظِيفَتكَ ؟ ـكَ

.......مَا اسْـمكِ ؟ ............ ما وَظِيفَتكِ ؟ ـكِ

.......مَا اسْـمكُمَا ؟ ............ ما وَظِيفَتكُمَا ؟ ـكُمَا

.......مَا اسْـمكُمْ ؟ ............ ما وَظِيفَتكُمْ ؟ ـكُمْ

.......مَا اسْـمكُنَّ ؟ ............ ما وَظِيفَتكُنَّ؟ ـكُنَّ

.......مَا اسْـمي ؟ ............ ما وَظِيفَتِي ؟ ـي

.......مَا اسْـمنَا ؟ ............ ما وَظِيفَتنَا ؟ ـنَا

اقْرَأ الْجُمَل التَّالِيَة جَهْرًا، وَا كْتُبْها مَرَّتَيْن:

عَلَى الطَّاوِلَة شَوْكَة وَسِكِّين وَمِلْعَقَة وَطَبَق كَبِير، وَطَبَق صَغِير ، وَزُجَاجَة مَاء وَكُوب.

الْغَدَاء : حَسَاء وَسَلَطَة

لُحُوم أَوْ طُيُور أوْ سَمَك ، خُضَر ، وَخُبْز وَزُبْد ، وَأُرْز أَو مَكَرُونَة، وَفَاكِهَة أَوْ حَلْوَى وَشَاي أَوْ قَهْوَة.

# الدَّرْس السَّابِع

## مَعَ النَّـــــاس

رَكِـــبَ جُحـــا وابْنـــه حِمَـــارا.

نَظَـــرَ شَخْـــص وَقَـــال :

الرَّجُـــل وابْنـــه فَـــوْق الْحِمَـــار..؟! حِـــمَار مِـــسْكِين...

سَـــمِعَ جُحَـــا فَـــنَزَلَ.

نَظَـــرَ شَخْـــص ثَـــان وَقَـــال:

ــ الْابْـــن يَرْكَـــب والْأَب يَمْـــشِي...؟!

سَمِــعَ جُحَــا فَقَــالَ لابْنِــه:

- انْــزِل أَنْــتَ وَأَرْكَــب أنَــا.

نَظَــرَ شَــخْص ثَــالِث وَقَــال:

- الــصَّغِير يَمْــشي وَالْكَــبِير يَرْكَــب...؟!

نَــزَلَ جُحَــا وَمَــشَى مَــعَ ابْنــه خَلْــف الْحِمَــار.

نَظَــرَ شَــخْص رَابِــع وَضَحِــك.

نَظَــرَ جُحَــا إِلَى ابْنِــه وَضَــحِك.

وَنَظَــرَ الابْــن إِلَى الأَب وَضَحِــك.

جُحَــا يَمْــشِي وَابْنــه يَمْــشِي وَالْحِمَــار لا يَرْكَبــه أَحَــد... !!

# مَـعَ النَّـاس

رَكِــــب جُحَــــا وَابْنــــه حِــــمَارًا.

نَظَــــر شَـــــخْص وَقَـــــال:

– الرَّجُـل وَابْنـه فَـوْق الْحِمَـار..؟! حِـمَار مِـسْكِين...

سَــمِعَ جُحَــــا فَـــــنَزَلَ.

نَظَـــر شَخْـــص ثَـــان وَقَـــال:

– الْابْـــن يَرْكَـــب وَالْأَب يَمْـــشِي...؟!

سَــمِعَ جُحَــا فَقَــالَ لابْنــه:

– انْــزِل أَنْــتَ وَأَرْكَــب أَنَــا.

نَظَــر شَــخْص ثَالِــث وَقَــال:

– الــصَّغِير يَمْــشِي وَالْكَــبِير يَرْكَــب...؟!

نَــزَلَ جُحَــا وَمــشَى مَــع ابْنــه خَلْــف الْحِمَــار.

نَظَــر شَــخْص رَابِــع وَضَــحِك.

نَظَــرَ جُحَــا إِلَى ابْنــه وَضَــحِك.

ونَظَــرَ الْابْــن إِلَى الْأَب وَضَــحِك.

جُحَـا يَمْـشِي وَابْنـه يَمْـشي وَالْحِمَـار لَا يَرْكَبـه أَحَـد!!

## الْـكَـلِمَــات الْجَدِيـدَة

| | | | | |
|---|---|---|---|---|
| النَّاس - | جُحَا - | إِبْــن - | حِمَار - | نَظَـر |
| مِسْكِين - | ثَــانِي - | ثَالِث - | نَــزَل - | فَــ .. |
| أَب - | سَمِعَ - | مَشَى - | ضَحِكَ - | رَابِــع |
| أَحَــد - | أَرْكَب - | أَنْــزِل - | ارْكَب - | يَنْظُر |
| جَلَسَ - | فَتَحَ - | كَتَبَ - | أَسْمَع - | إِنْــزِل |
| التَّاسِعة - | يَسِير - | كَــلَام - | لِأَنَّ - | أَخَــذَ |

تَدْرِيب 1: أَكْمِل كَمَا فِي النَّمُوذَج

سَمِير قَرَأَ. لَيْــلَى قَرَأَتْ.

هُوَ قَــرَأَ. هِيَ قَــرَأَتْ.

1 ـ ......... شَرِبَ. ......................

2 ـ ........ أَكَلَ. ......................

3 ـ ........ دَخَلَ. ......................

4 ـ ........ عَــدَّ. ......................

5 ـ ........ ضَحِكَ. ......................

6 ـ .......فَتَـحَ ......................

7 ـ .......أَخَـذَ. ......................

8 ـ .......نَظَـرَ. ......................

9 ـ .......جَلَـسَ. ......................

10 ـ .....رَكِـبَ. ......................

تدريب 2: **أَكْمِل** كَمَا فِي النَّمُوذَج:

| | |
|---|---|
| كَمَال وَمُحَمَّد دَخَـلَا. | لَيْلَى وَسَـمِيرَة دَخَلَتَـا. |
| هُـمَا دَخَلَا. | هُـمَا دَخَلَتَـا. |

1- ........نَظَـرَا. ......................

2- ........جَلَسَا. ......................

3- ........رَكِـبَا. ......................

4- ........أَخَـذَا. ......................

5- ........دَخَـلَا. ......................

6- ........فَتَـحَا. ......................

7- ........شَـرِبَا. ......................

8- ........عَـدَّا. ......................

## تَدْرِيب 3. أَكْمِل كَمَا فِي النَّمُوذَج:

| | |
|---|---|
| الْأَطْفَال كَتَبُوا | الْبَنَات كَتَبْـنَ |
| هُمْ كَتَــبُــوا | هُــنَّ كَتَــبْــنَ |
| 1- ..........نَزَلُوا | 1. ............. نَزَلْـنَ |
| 2- ..........رَكِبُوا | 2. ...................... |
| 3- ..........ضَحِكُوا | 3. ...................... |
| 4- ..........نَظَرُوا | 4. ...................... |
| 5- ..........قَرَأُوا | 5. ...................... |
| 6- ..........جَلَسُوا | 6. ...................... |
| 7- ..........شَرِبُوا | 7. ...................... |
| 8- ..........فَتَحُوا | 8. ...................... |

## تَدْرِيب 4: أَكْمِل كَمَا فِي النَّمُوذَج:

| | | |
|---|---|---|
| عَلِي رَكِبَ | أَنَا رَكِبْتُ | نَحْنُ رَكِبْنَا |
| 1- ..........جَلَسَ | .................. | ................ |
| 2- ..........نَظَرَ | .................. | ................ |
| 3- ..........سَمِعَ | .................. | ................ |
| 4- ..........نَزَلَ | .................. | ................ |
| 5- ..........مَشَى | .................. | ................ |
| 6- ..........كَتَبَ | .................. | ................ |

7- .........قَــرَأَ ................. .................

8- .........دَخَـلَ ................. .................

9- .........فَتَـحَ ................. .................

10- .........شَـــرِبَ ................. .................

11- .........أَكَـــلَ ................. .................

12- .........ضَـحِـكَ ................. .................

## تَدْرِيب 5: أَكْمِل كَمَا فِي النَّمُوذَج:

| دَخَـــلَ | دَخَلْتَ | دَخَلْتِ | دَخَلْتُما | دَخَلْتُم | دَخَلْتُنَّ |
|---|---|---|---|---|---|
| 1- قَـــرَأَ | .......... | ........... | .......... | .......... | ............. |
| 2- فَـعَـلَ | .......... | ........... | .......... | .......... | ............. |
| 3- كَتَـبَ | .......... | ........... | .......... | .......... | ............. |
| 4- جَـلَسَ | .......... | ........... | .......... | .......... | ............. |
| 5- ضَـحِـكَ | .......... | ........... | .......... | .......... | ............. |
| 6- رَكِـــبَ | .......... | ........... | .......... | .......... | ............. |
| 7- شَـــرِبَ | .......... | ........... | .......... | .......... | ............. |
| 8- خَـــرَجَ | .......... | ........... | .......... | .......... | ............. |
| 9- جَـــرَى | .......... | ........... | .......... | .......... | ............. |
| 10- أَكَـلَ | .......... | ........... | .......... | .......... | ............. |
| 11- فَتَــحَ | .......... | ........... | .......... | .......... | ............. |
| 12- طَـبَـخَ | .......... | ........... | .......... | .......... | ............. |

تَدْرِيب 6: أَكْمِل كَمَا فِي النَّمُوذَج:

| | | | | |
|---|---|---|---|---|
| دَخَلَ | دَخَلَتْ | دَخَلَا | دَخَلُوا | دَخَلْنَ |
| 1- رَكِبَ | ............ | ............ | ............ | ............ |
| 2- نَظَرَ | ............ | ............ | ............ | ............ |
| 3- شَرِبَ | ............ | ............ | ............ | ............ |
| 4- قَرَأَ | ............ | ............ | ............ | ............ |
| 5- خَرَجَ | ............ | ............ | ............ | ............ |
| 6- كَتَبَ | ............ | ............ | ............ | ............ |
| 7- أَكَلَ | ............ | ............ | ............ | ............ |
| 8- شَرِبَ | ............ | ............ | ............ | ............ |
| 9- فَتَحَ | ............ | ............ | ............ | ............ |
| 10- أَخَذَ | ............ | ............ | ............ | ............ |

تدريب 7: أَكْمِل :

1- رَكِبَ جُحَا وَابْنه- - - - - - .

2- الْإِبْـن يَرْكَب وَالْأَب - - - - - - .

3- نَزَلَ جُحَا وَسَارَ - - - - - - الْحِمَار.

4- رَكِبَ جُحَا - - - - - - الْحِمَار.

5- الرَّجُل وَابْنه - - - - - - الْحِمَار.

6- اِنْزِل ------- وَأَرْكَب ------- .

7- نَظَرَ شَخْص ------- وقال:

8- جُحَا يَمْشِي وَابْنه ------- .

9- الْحِمَار لَا ---------- أَحَد.

10- فَوْق الْحِمَار ------- وَ ------- .

تَدْرِيب 8: تَخَيَّر الْجَوَاب الصَّحِيح مِنْ بَيْنِ الْإِجَابَات الْمَذْكُورَة أَمَام كُلّ سُؤَال:

1 – رَكِبَ جُحَا
- جَمَلًا.
- حِمَارًا.
- حِصَانًا.

2 – حِمَار مِسْكِين
- اِبْن جُحَا فَوْق الْحِمَار.
- جُحَا فَوْق الْحِمَار.
- جُحَا وَابْنه فَوْق الْحِمَار.

3 – الشَّخْص (الأَوَّل / الثَّانِي / الثَّالِث / الرَّابِع) قَالَ : الْإِبْن يَرْكَب وَالْأَب يَمْشِي.

4 – نَزَلَ جُحَا وَمَشَى مَعَ ابْنه

أَمَامَ الْحِمَار.
خَلْفَ الْحِمَار.
فَوْقَ الْحِمَار.

5 – قالَ جُحَا لابْنِه

انْزِل أَنْتَ وَأَرْكَب أَنَا.
لَا تَنْزِل أَنْت وَأَرْكَب أَنَا.
ارْكَب أَنْت وَأَرْكَب أَنَا.

6 – جُحَا مِسْكِين لِأَنَّه

رَكِبَ الْحِمَار.
سَمِعَ كَلَام النَّاس.
رَكِبَ هُوَ وَابْنه الْحِمَار.

7 – الْحِمَار لَا يَرْكَبه أَحَد لِأَنَّ

جُحَا مِسْكِين.
الْحِمَار مِسْكِين.
أَرْبَعَة أَشْخَاص نَظَرُوا إلى جُحَا وَابْنه.

تَدْرِيب9: أَجِب عَنْ الْأَسْئِلَة التَّالِيَـة:

1. مَـاذَا رَكِبَ جُحَـا؟
2. لِمَـاذَا قَـالَ الشَّخْص الْأَوَّل: حِـمَار مِسْـكِين؟
3. لِمَـاذَا نَزَلَ الْأَب مِن فَـوْق الْحِمَـار؟
4. مَـاذَا قَالَ الشَّخْص الثَّـالِث؟
5. لِمَـاذَا ضَـحِكَ الشَّخْـص الـرَّابِع؟
6. مَـاذَا قَالَ الشَّخْص الـثَّانِي؟
7. هَلْ جُحَـا مِسْـكِين؟
8. هَلْ ابْن جُحَـا مِسْـكِين؟

اِقْـرَأ الْجُمل الْآتِيَـة جَـهْـرًا واكْـتُبْهَا مَرَّتَيْـن:

| | | | | |
|---|---|---|---|---|
| جُحَا | نَظَر | إِلَى | الْحِمَار | وَضَحِك |
| زَيْنَب | نَظَرَتْ | إِلَى | الْحِمَار | وَضَحِكَتْ |
| جُحَا وَابْنه | نَظَـرَا | إِلَى | الْحِمَار | وَضَحِكَـا |
| الْأَوْلاد | نَظَـرُوا | إِلَى | الْحِمَار | وَضَحِكُوا |
| الْبَنَات | نَظَرْن | إِلَى | الْحِمَار | وَضَحِكْنَ |

أَنْتَ نَظَرْتَ إِلَى الْحِمَار وَضَحِكْتَ

أَنْتِ نَظَرْتِ إِلَى الْحِمَار وَضَحِكْتِ

أَنْتُمَا نَظَرْتُمَا إِلَى الْحِمَار وضحكتما

أَنْتُمْ نَظَرْتُمْ إِلَى الْحِمَار وَضَحِكْتُمْ

أَنْتُنَّ نَظَرْتُنَّ إِلَى الْحِمَار وَضَحِكْتُنَّ

---

أَنَا نَظَرْتُ إِلَى الْحِمَار وَضَحِكْتُ

نَحْنُ نَظَرْنَا إِلَى الْحِمَار وَضَحِكْنَا

# الدَّرْس الثَّامِـن

## عِنْد الطَّـــبِيب - 1

شَعَر يُوسُف بِأَلَم فِي بَطْنـه،

... فَـذَهَـبَ إِلَى الطَّبِيـب ، وَدَفَـعَ أَجْـر الْفَحْـص لِلْمُمَرِّضَـة وَجَلَـسَ.

جَاءَ دَوْره...

فَدَخَلَ حُجْرَة الْفَحْص...

الطَّبِيب : مَاذَا عِنْدَكَ ؟ يُوسُف: عِنْدِي أَلَم فِي بَطْنِي.

الطَّبِيب : هَلْ عِنْدَكَ صُدَاع ؟

يُوسُف: لَا .

.... هَلْ عِنْدَكَ قَيْء ؟

يوسُف: لَا .

الطَّبِيب :

هَلْ عِنْدَكَ إِسْهال ؟

يُوسُف: نَعَم ، قَلِيل .

الطَّبِيب :

ضَع مِقْيَاس الْحَرَارة فِي فَمِكَ

(يوسُف يَضَع مِقْيَاس الْحَرَارة فِي فَمه)

الطَّبِيب :
اِكْشِف صَدْرك مِنْ فَضْلِك .

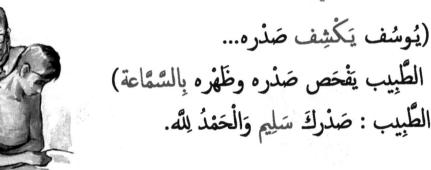

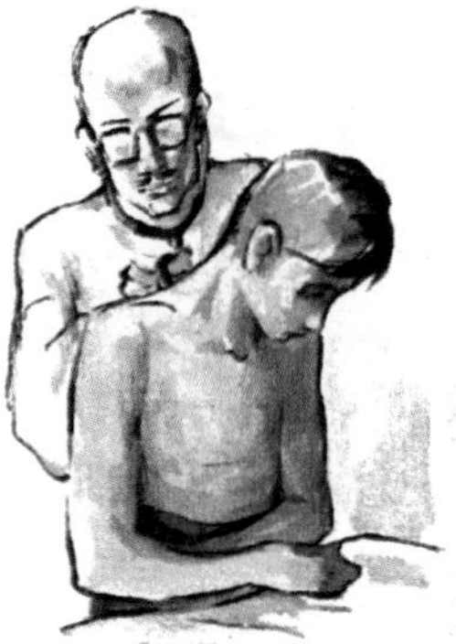

(يُوسُف يَكْشِف صَدْره...
الطَّبِيب يَفْحَص صَدْره وظَهْره بِالسَّمَّاعة)
الطَّبِيب : صَدْرك سَلِيم وَالْحَمْدُ لِلّه.

يُوسُف :
مَـاذَا عِنْـدِي ؟
الطَّبِيب :
عِنْـدَك حُـمَّى خَفِيفَـة .
وَوَصْـفَة الْعِـلاج :
شَرَاب وَأقْرَاص وَحُقَن

يُوسُف : شُكْـرًا.
الطَّبِيب : اِرْجِعْ بَعْدَ أُسْبُوع.

## عِنْد الطَّبِيب - 1

شَعَر يُوسُف بِأَلَم فِي بَطْنه،فَذَهَبَ إِلَى الطَّبِيب ، وَدَفَعَ أَجْر الْفَحْص لِلْمُمَرِّضَة وَجَلَس. جَاءَ دَوْره، فَدَخَلَ حُجْرَة الْفَحْص...

الطَّبِيب : مَاذَا عِنْدَكَ ؟

يُوسُف : عِنْدي أَلَم فِي بَطْني.

الطَّبِيب : هَلْ عِنْدَكَ صُدَاع ؟

يوسُف : لَا .

الطَّبِيب : هَلْ عِنْدَكَ قَيْء ؟

يُوسُف: لَا .

الطَّبِيب :هَلْ عِنْدَكَ إِسْهَال ؟

يُوسُف: نعَمْ ، قَلِيل .

الطَّبِيب :ضَعْ مِقْيَاس الْحَرَارَة فِي فَمِكَ.

(يُوسُف يَضَع مِقْيَاس الْحَرَارَة فِي فَمِه)

الطَّبِيب : اِكْشِف صَدْركَ مِنْ فَضْلِكَ .

(يُوسُف يكْشِف صَدْره. الطَّبِيب يَفْحَص صَدْره وظَهْره بِالسَّمَّاعة ).

الطَّبِيب : صَدْركَ سَلِيم وَالْحَمْدُ لِلّه.

يوسُف : مَاذَا عِنْدي ؟

الطَّبِيب : عِنْدَكَ حُمَّى خَفِيفَة . وَوَصْفَة الْعِلاَج :
شَرَاب وَأَقْرَاص وَحُقَن .
يوسُف : شُكْرًا.
الطَّبِيب : اِرْجِعْ بَعْدَ أُسْبُوع.

## الْكَلِمَات الْجَدِيدَة

شَعَر - أَلَم - بَطْن - ذَهَبَ - الطَّبِيب
دَفَع - أَجْر - الْفَحْص- الْمُمَرِّضَة - جَاءَ
دَوْره - دَخَلَ - قَلِيل - صُدَاع - قَيْء
إِسْهَال- ضَغْ - مِقْيَاس - الْحَرَارَة - فَمكَ
يَضَع - اِكْشِف - صَدْرك - بَطْنكَ - يَكْشِف
السَّمَّاعة - سَلِيم - حُمَّى - خَفِيفَة - وَصْفَة
الْعِلاَج - شَرَاب - أَقْرَاص - حُقَن - ارْجِع
بَعْد - أُسْبُوع - عَنْ - مَرِيض - مُمَرِّض
عِنْدَمَا - يَشْعُر - الإِنْسَان - جِسْمه - أَنَّ
يَذْهَب - أَخَذَ - حِين - مَرَض - غَيَّرَ

## تَدْرِيب1 : أَكْمِل الْجُمل الْآتِيَة بِاخْتِيار الْكَلِمَة الْمُنَاسِبَة :

1- شَعَرَ يُوسُف: بِصُدَاع
بِأَلَم
بِقَيْء

2- يَضَع يُوسُف مِقْيَاس الْحَرَارَة : عَلَى صَدْره
فِي فَمه
عَلَى بَطْنه

3- عِنْد يُوسُف : حُمَّى خَفِيفَة
قَيْء خَفِيف
صُدَاع خَفِيف

4- بَعْدَ أَنْ جَاءَ دَوْر يُوسُف : دَخَل حُجْرَة الْفَحْص
دَفَع أُجْرَة الطَّبِيب
جَلَسَ أَمَامَ الطَّبِيب

5- أَخَذَت الْمُمَرِّضَة : مِقْيَاس الْحَرَارَة
أُجْرَة الْفَحْص...
وَصْفَة الْعِلَاج

6- وَصْفَة الْعِلَاج : شَرَاب وَأَقْرَاص
شَرَاب وَقَيْء
شَرَاب وَأَقْرَاص وَحُقَن

7- بَعْـدَ أَنْ شَعَرَ يُوسُف بِالْأَلَم:
دَفَعَ أُجْرَة الْفَحْص
جَلَسَ أَمَامَ الطَّبِيب
ذَهَبَ إِلَى الطَّبِيب

8- وَضَع الطَّبِيب السَّمَّاعة:
عَلَى صَدْر الْمَرِيـض
عَلَى ظَـهْـر الْمَرِيـض
عَلَى صَدْر الْمَرِيـض وظَهْره

9- قَالَ الطَّبِيب الْحَمْدُ لِلّه:
صَدْر يُوسُف سَلِيم
يُوسُف عِنْدَه قَيْء خَفِيف
يُوسُف عِنْدَه إِسْهَال قَلِيل

10- قَـالَ الطَّبِيـب لِيُوسُـف : اِرْجِع بَعْد أُسْبُوع لِأَنَّ :
يُوسُف عِنْدَه حُـمَّى
يُوسُف صَدْره سَـلِيم
يُوسُف عِنْدَه إِسْــهَال

## تَدْرِيب 2: أَكْمِل كَمَـا فِي النَّمُوذَج:

| | |
|---|---|
| يَفْحَص الطَّبِيب الْمَرِيض | سَيَفْحَص الطَّبِيب الْمَرِيض |
| 1- يَقْرَأ الْمَرِيض الْوَصْفَة | ................................ |
| 2- يَدْفَع الْمَرِيض الْأُجْرَة | ................................ |
| 3- تَأْخُذ الْمُمَرِّضَة الْأُجْرَة | ................................ |
| 4- يَكْشِف الْمَرِيض صَدْرَه | ................................ |
| 5- يَأْخُذ الْمَرِيض الشَّرَاب | ................................ |

6- يَأْخُذ يُوسُف الْأَقْرَاص ..............................

7- تَشْرَب الطِّفْلَة الدَّوَاء ..............................

## تَدْرِيب 3: أَكْمِل كَمَا فِي النَّمُوذَج:

دَخَلَ أَدْخَلَ يُوسُف مِقْيَاس الْحَرَارَة فِي فَمِه.

1- خَرَجَ ..........يُوسُف مِقْيَاس الْحَرَارَة مِن فَمه.

2- نَزَلَتْ ..........الْحَقِيبَة مِن السَّيَّارة.

3- ضَحِكَ ..........النَّاس جُحَا.

4- رَجَعَ ..........حَسَن الْكِتَاب إِلَى لَيْلَى.

5- جَلَسَ ..........لَيْلَى الطِّفْلَ عَلَى الْكُرْسِيّ.

## تَدْرِيب 4: أَكْمِل كَمَا فِي النَّمُوذَج:

أَنَا قَرَأْتُ الْكِتَاب نَحْنُ قَرَأْنَا

1- شَعَرَ .......... بِأَلَم ......................

2- ذَهَبَ .......... إِلَى الطَّبِيب ......................

3- دَفَعَ .......... الْأُجْرَة ......................

4- كَشَفَ .......... صَدْرِي ......................

5- فَتَحَ .......... فَمِي ......................

6- طَبَخَ .......... الطَّعَام ......................

## تَدْرِيب 5: أَكْمِل كَمَا فِي النَّمُوذَج:

| | | | |
|---|---|---|---|
| مَشَى | أَنْتُمَا مَشَيْتُمَا | أَنْتُم مَشَيْتُم | أَنْتُنَّ مَشَيْتُنَّ |
| 1- ضَحِكَ | ............... | ............... | ............... |
| 2- جَلَسَ | ............... | ............... | ............... |
| 3- دَخَلَ | ............... | ............... | ............... |
| 4- رَكِبَ | ............... | ............... | ............... |
| 5- شَكَرَ | ............... | ............... | ............... |
| 6- أَخَذَ | ............... | ............... | ............... |
| 7- غَيَّرَ | ............... | ............... | ............... |
| 8- فَتَحَ | ............... | ............... | ............... |
| 9- قَرَأَ | ............... | ............... | ............... |
| 10- نَظَرَ | ............... | ............... | ............... |

## تَدْرِيب 6: أَكْمِل كَمَا فِي النَّمُوذَج:

هُنَاك شَوْكَة عَلَى الطَّاوِلَة — الْكِتَاب عَلَى الْمَكْتَب

تُوجَد شَوْكَة عَلَى الطَّاوِلَة — يُوجَد كِتَاب عَلَى الْمَكْتَب

1- هُنَاك مِلْعَقَة عَلَى الْكُرْسِيّ — 11- الْمَرِيض عِنْدَ الطَّبِيب

........................... — ...........................

2- هُنَاكَ كُرْسِيّ فِي الْحُجْرَة

..........................

3- هُنَاكَ سَيَّارَة فِي الشَّارِع

..........................

4- هُنَاكَ كَلْب فِي الْبَيْت

..........................

5- هُنَاكَ رَجُل فِي الْفُنْدُق

..........................

6- هُنَاكَ حِصَان فِي الْحَدِيقَة

..........................

7- هُنَاكَ وَرْد فِي الْحَدِيقَـة

..........................

8- هُنَاكَ عُشّ فِي الشَّجَرَة

..........................

9- هُنَاكَ مِفْتَاح فِي الْمِحْفَظَة

..........................

10- هُنَاكَ مِئْذَنَة فِي الْمَسْجِد

..........................

12- الْمُمَرِّضَة فِي الْعِيَادَة

..........................

13- الدُّولَارَات فِي الْمِحْفَظَة

..........................

14- الْبَنْـك فِي الشَّارِع

..........................

15- الْجَامِعَة بِجِوَار الْبَنْك

..........................

16- الطَّعَام عَلَى الطَّاوِلَـة

..........................

17- الْفَاكِهَة فِي الصُّنْدُوق

..........................

18- السَّيَّارَة أَمَامَ الْبَيْت

..........................

19- الْقَلَم عَلَى الْكِتَاب

..........................

20- الطَّائِرَة فِي الْمَطَـار

..........................

تَدْرِيب 7: أَكْمِل كَمَا فِي النَّمُوذَج:

| | | |
|---|---|---|
| دَفَعَ | يَدْفَع | إِدْفَع |

| | | | | | |
|---|---|---|---|---|---|
| 1- كَشَفَ | ------- | ------- | 6- وَضَعَ | ------- | ------- |
| 2- دَخَلَ | ------- | ------- | 7- فَحَصَ | ------- | ------- |
| 3- شَعَرَ | ------- | ------- | 8- رَجَعَ | ------- | ------- |
| 4- ذَهَبَ | ------- | ------- | 9- أَ كَلَ | ------- | ------- |
| 5- جَلَسَ | ------- | ------- | 10- خَرَجَ | ------- | ------- |

تَدْرِيب 8: كَوِّن جُمَلا تَامَّة مِن مَجْمُوعَات الْكَلِمَات الْآتِيَة:

1- يُوسُف - صَدْر- سَلِيم .

2- خَفِيفَة - حُمَّى – عِنْدَه.

3- مِنْ – اِكْشِف- فَضْلَكَ – صَدْركَ.

4- إِسْهَال- عِنْدكَ – هَلْ ؟

5- فَمك- فِي – ضَعْ- الْحَرَارَة – مِقْيَاس.

6- دَوْر- يُوسُف – جَاءَ- أُجْرَة – الْفَحْص – دَفَعَ- وَ.

7- الْمُمَرِّضَة- الْفَحْص – أُجْرَة- أَخَذَت.

8- يَفْحَص – صَدْر- الطَّبِيب – يُوسُف – بِالسَّمَّاعَة.

9- الْعِلَاج- وَصْفَة- شَرَاب- وَ- أَقْرَاص.

10- يُوسُف – حُجْرَة- الْفَحْص- دَخَلَ.

تَدْرِيب 9: أَجِبْ عَنِ الْأَسْئِلَةِ الْآتِيَةِ :

1- مَاذَا فَعَلَ يُوسُف حِينَ شَعَرَ بِأَلَمٍ فِي بَطْنِه ؟

2- مَنْ أَخَذَ أُجْرَةَ الْفَحْص ؟

3- مَاذَا فَعَلَ يُوسُف بَعْدَ أَنْ دَفَعَ أُجْرَةَ الْفَحْص ؟

4- مَاذَا عِنْد يُوسُف ؟

5- هَلْ عِنْد يُوسُف صُدَاع ؟

6- مَاذَا قَالَ الطَّبِيب لِيُوسُف ؟

7- هَل الْأَلَم فِي صَدْر يُوسُف أَمْ فِي بَطْنِه ؟

8- مَا وَصْفَة الطَّبِيب لِيُوسُف ؟

9- مَا مَرَض يُوسُف ؟

تَدْرِيب 10: عَبِّر عَنِ الصُّوَرِ الْآتِيَةِ بِجُمَلٍ تَامَّة:

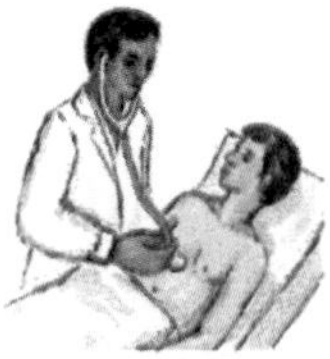

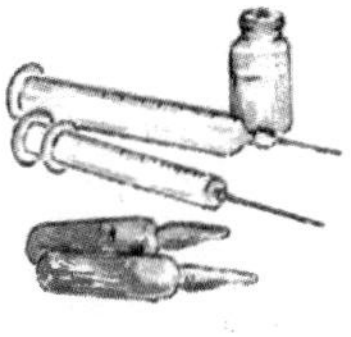

اِقْرَأ الْجُمَل الْآتِيَة جَـهْـرًا وَاكْتُبْها مَرَّتَيْـن:

| | |
|---|---|
| الطَّبِيب يَقُول لِيُوسُف | اِزْجِع بَعْـدَ أُسْبُوع. |
| يُوسُف يَقُول لِلطَّبِيب | سَأَرْجِع بَعْدَ أُسْبُوع. |

يُوسُف سَوْفَ يَـرْجِع بَعْدَ شَـهْـر

يُوسُف رَجَعَ بَعْدَ أُسْبُوع

# الدَّرْس التَّاسِع

## عِنْد الطَّبِيب - 2

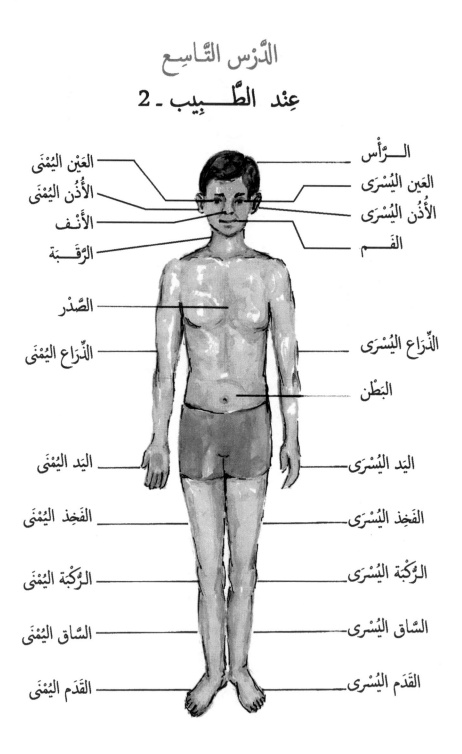

العَيْن اليُمْنَى
الأُذُن اليُمْنَى
الأَنْف
الرَّقَبَة
الصَّدْر
الذِّرَاع اليُمْنَى
اليَد اليُمْنَى
الفَخِذ اليُمْنَى
الرُّكْبَة اليُمْنَى
السَّاق اليُمْنَى
القَدَم اليُمْنَى
الرَّأْس
العَين اليُسْرَى
الأُذُن اليُسْرَى
الفَم
الذِّرَاع اليُسْرَى
البَطْن
اليَد اليُسْرَى
الفَخِذ اليُسْرَى
الرُّكْبَة اليُسْرَى
السَّاق اليُسْرَى
القَدَم اليُسْرَى

## 2 - عِنْدَ الطَّبِيب

رَجَعَ يُوسُف بَعْدَ أُسْبُوع وَدَخَلَ عِنْدَ الطَّبِيب وَقَالَ لَـهُ :
أَنَا الآنَ أَحْسَن وَالْحَمْدُ لِلَّه. فَحَصَ الطَّبِيب رَأْس يُوسُف وَرَقَبَتَهُ
وعَيْنَـهُ الْيُمْـنَى وعَيْنَـهُ الْيُسْرَى وَأَنْفَهُ وَأُذُنَهُ الْيُمْـنَى وَأُذُنَهُ
الْيُسْرَى وَيَـدهُ، وَقَالَ :
- افْـتَـحْ فَمَـكَ .
( يُوسُـف يَفْـتَح فَمَـهُ )
فَحَصَ الطَّبِيب فَم يُوسُف وأَسْنَانه وَحَلْقهُ.

وَقَـالَ لَـهُ :
- اخْلَـعْ مَلابِـسكَ .
( يُوسُـف يَخْلَع مَلابِسهُ )
فَحَصَ الطَّبِيب صَـدْر يُوسُف وظَهْرهُ
وَبَطْنهُ وَرُكْبَتهُ الْيُمْنَى وَرُكْبَتهُ الْيُسْرَى وَقَدَمهُ الْيُمْنَى وقَدَمهُ الْيُسْرَى .

153

وَقَالَ لَـهُ :

- اِرْفَـعِ ذِرَاعَـكَ .

(يُوسُـف يَـرْفَعُ ذِرَاعَـهُ )

قَاسَ الطَّبِيـب ضَغْط الـدَّم

وَقَـــال :

- اِلْبَـــس مَلاَبِـسَك .

الْآن أَنْــتَ بِخَـــير وَالْحَمْــــد لِلّه.

يُوسُــــف : شُــكْرًا.

## عِنْدَ الطَّبِيب ـ 2

رَجَعَ يُوسُف بَعْدَ أُسْبُوع وَدَخَلَ عِنْدَ الطَّبِيب وَقَالَ لَه :

أَنَا الْآن أَحْسَن وَالْحمْد لِلّٰه . فَحَصَ الطَّبِيب رَأْس يُوسُف ورَقَبَته وعَيْنه الْيُمْنَى وعَيْنه الْيُسْرى وَأَنْفَه وَأُذُنه الْيُمْنَى وَأُذُنه الْيُسْرَى وَيَدَه وَقَـالَ :

- اِفْتَح فَمَكَ :

(يُوسُف يَفْتَح فَمهُ )

فَحَصَ الطَّبِيب فَم يُوسُف وأَسْنَانه وَحَلْقه وَقَال لَه :

- اِخْلَع مَلاَبِسك.

( يُوسُف يَخْلَع مَلاَبِسه )

فَحَص الطَّبِيب صَدْر يُوسُف وظَهْره وَبَطْنه وَرُكْبَته الْيُمْنَى وَرُكْبَته الْيُسْرى وَقَدَمه الْيُمْنَى وَقَدَمه الْيُسْرَى وَقَالَ لَه :

- اِرْفَع ذِرَاعَك .

(يُوسُف يَرْفَع ذِرَاعَه )

قَاسَ الطَّبِيب ضَغط الدَّم وَقَال :

- اِلْبَس مَلاَبِسَك. الْآن أَنْتَ بِخَيْر وَالْحَمْد لِلّٰه.

يُوسُف : شُكْرًا.

# الْـكَـلِـمَـات الْجَـدِيدَة

| | | | | |
|---|---|---|---|---|
| رَجَع | الآنَ | أَحْسَن | فَحَص | يُمْنَى |
| يُسْرَى | حَـلْق | اِخْـلَع | مَلاَبِس | يَخْلَع |
| اِرْفَع | يَـرْفَع | قَاسَ | ضَغْط | الـدَّم |
| اِلْبَس | أَيَّـام | خَـلَع | الْتِهَاب | يَنْتَظِر |
| رَأَى | صُورَة | رَقَبَتـه | اسْتَقْبَل | عَـالَجَ |
| اِرْتِفَـاع | دَرَجَة | مِعْدَة | مَرِيضَات | لَبِسَ |
| قَبِل | قَابَلَ | أَنْف | أُذُن | بَـطْـن |
| يَــــد | خَـلَع | رُكْبَتَـه | أَفْحَص | رَفَـعَ |
| أَسْنَـان | أَقُــول | أَقِيس | أَشْكُر | ذِرَاع |
| الْيُسْرَى | الْيُمْنَى | عَـيْن | السَّاق | الْقَدَم |

تَدْرِيبَات

## تَدْرِيب 1: أَكْمِل الْجُمَل الْآتِيَـة بِاخْتِيَار الْـكَلِمَات الْمُنَاسِبَة:

1-يُوسُف الْآن :

أَحْسَن     عِنْدَه أَلَـم     عِنْدَه إِسْهَال

2-يُوسُف يَضْحَك لِأَنَّـه الْآن :

يَفْتَح فَمَه     يَدْخُل إِلَى الطَّبِيب     أَحْسَن

3- قالَ الطَّبِيب لِيُوسُف :

اِفْحَص مَلَابِسك - اِفْحَص صَدْرك - اِخْلَع مَلَابِسكَ

4- قاسَ الطَّبِيب الْحَرَارَة :

بِالسَّمَّاعَة - بِمِقْيَاس ضَغْط الدَّم - بِمِقْيَاس الْحَرَارَة

5- أَنْتَ الْآن بِخَيْر :

اِرْجِع بَعْد أُسْبُوع - الْحَمْدُ لِلّه - اِفْحَص رُكْبَتكَ

6- الطَّبِيب الْآن فِي :

حُجْرَة الْفَحْص - مَطْعَم الْفُنْدُق - حُجْرَة يُوسُف

7- الْحَلْق والْأَسْنَان فِي :

الْفَم - الرَّأْس - الْأُذُن الْيُمْنَى

8- يُوسُف يَفْتَح فَمَه لِأَنَّ الطَّبِيب قَالَ لَه :

اِكْشِف صَدْركَ - اِفْتَح فَمكَ - اِفْحَص فَمكَ.

9- يَمْشِي يُوسُف عَلى :

الْقَدَم الْيُمْنَى - الْقَدَم الْيُسْرَى - الْقَدَم الْيُمْنَى وَالْقَدَم الْيُسْرَى

تَدْريب 2: كَوِّن جُمَلًا تَامَّة بِاسْتِخْدَام مَجْمُوعَات الْكَلِمَات الآتِيَة:

1- الطَّبِيب – يَشْكُر – يُوسُف – وَ – شُكْرًا – يَقُول.

2- الدَّم – قَاس – ضَغْط – الطَّبِيب .

3- الطَّبِيب – يُوسُف – صَدْر – فَحَص – الْيُمْنَى – رُكْبَته – وَ.

4- يُوسُف – عَيْنه – يَفْتَح – الْيُمْنَى – وَ- الْيُسْرَى – عَيْنَه.

5- يُوسُف – عَلَى - يَمْشِي - الْيُمْنَى – وَ – قَدَمه – الْيُسْرَى – قَدَمه.

6- رَجَع – هَلْ – يُوسُف – أُسْبُوع – بَعْد ؟

7- الْآن– أَحْسَن– أَنْتَ – الْحَمْدُ – وَ – لِله.

8- يُوسُف– ذِرَاعه – يَرْفَع – الْيُمْنَى – اليُسْرَى – وَ– ذِرَاعه.

9- رَفَعَ – هَلْ– يُوسُف – الْيُمْنَى – ذِرَاعه؟

10- قَالَ- لِمَاذَا - لِيُوسُف - الطَّبِيب-الْآن- بِخَيْر- أَنْتَ؟

تدْرِيب 3: أكْمِل كَمَا فِي النَّمُوذَج:

| | |
|---|---|
| أَنَا أَرْفَع ذِرَاعِي | نَحْنُ نَرْفَع ذِرَاعَنَا |
| 1- أَنَا أَخْلَع .......... | ............................ |
| 2- أَنَا أَلْبَس.......... | ............................ |
| 3- أَنَا أَشْكُر .......... | ............................ |
| 4- أَنَا أَقِيس.......... | ............................ |
| 5- أَنَا أَفْحَص.......... | ............................ |
| 6- أَنَا أَرْجِع .......... | ............................ |
| 7- أَنَا أَدْخُل .......... | ............................ |
| 8- أَنَا أَقُول ......... | ............................ |
| 9- أَنَا أَفْتَح ......... | ............................ |
| 10- أَنَا أَدْخُل .......... | ............................ |

تدْرِيب 4: أكْمِل كَمَا فِي النَّمُوذَج:

| | |
|---|---|
| هُوَ يَرْفَع ذِرَاعَه | هِيَ تَرْفَع ذِرَاعَهَا |
| 1- هُوَ يَجْلِس ......... | ............................ |
| 2- هُوَ يَضْحَك ......... | ............................ |
| 3- هُوَ يَدْخُل ......... | ............................ |

4- هُوَ يَـرْكَب .......... ....................................

5- هُوَ يَشْرَب.......... ....................................

6- هُوَ يَجْـرِي .......... ....................................

7- هُوَ يَمْشِي.......... ....................................

8- هُوَ يَأْكُل.......... ....................................

9- هُوَ يَشُمّ.......... ....................................

10- هُوَ يَفْتَح .......... ....................................

## تَدْرِيب 5: أَكْمِل كَمَا فِي النَّمُوذَج:

أَنْتُمَا تَطْبُخَان — هُمَا يَطْبُخَان

1- .......... (يَدْخُل) ..............................

2- .......... (يَقْـرَأ) ..............................

3- .......... (يَجْلِس) ..............................

4- .......... (يَـرْفَـع) ..............................

5- .......... (يَلْبَـس) ..............................

6- .......... (يَقُـول) ..............................

7- .......... (يَفْحَص) ..............................

8- .......... (يَخْلَـع) ..............................

9- .......... (يَفْتَـح) ..............................

10.......... (يَعُدّ) ..............................

تَدْرِيب 6: أَكْمِل كَمَا فِي النَّمُوذَج:

| | |
|---|---|
| أَنْتُم تَطْبُخُون الطَّعَام | هُمْ يَطْبُخُون الطَّعَام |
| 1- ......... (يَشْكُر)............ | .............................. |
| 2- ......... (يَدْخُل)............ | .............................. |
| 3- ......... (يَخْرُج)............ | .............................. |
| 4- ......... (يَضْحَك)............ | .............................. |
| 5- ......... (يَجْلِس)............ | .............................. |
| 6- ......... (يَفْعَل)............ | .............................. |
| 7- ......... (يَشُمّ) ............ | .............................. |
| 8- ......... (يَخْلَع)............ | .............................. |
| 9- ......... (يَرْجِع) ............ | .............................. |
| 10- ...... (يَدْفَع) ............ | .............................. |

تَدْرِيب 7: أَكْمِل كَمَا فِي النَّمُوذَج:

| | |
|---|---|
| أَنْتُنَّ تَقْرَأْنَ الْكِتَاب | هُنَّ يَقْرَأْنَ الْكِتَاب |
| 1- ......... (يَدْخُل) ............ | .............................. |
| 2- ......... (يَخْرُج)............ | .............................. |
| 3- ......... (يَضْحَك)............ | .............................. |

4- ......... (يَجْلِس) ............ ..........................

5- ......... (يَفْعَل) ............ ..........................

6- ......... (يشُمّ) ............ ..........................

7- ......... (يَدْفَع) ............ ..........................

8- ......... (يَرْفَع) ............ ..........................

9- ......... (يَخْلَع) ............ ..........................

10- ...... (يَكْتُب) ........... ..........................

تَدْريب 8: **عَبِّــر** عَنْ الصُّوَر الْآتِيَة بِجُمَل مُفِيدَة:

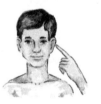

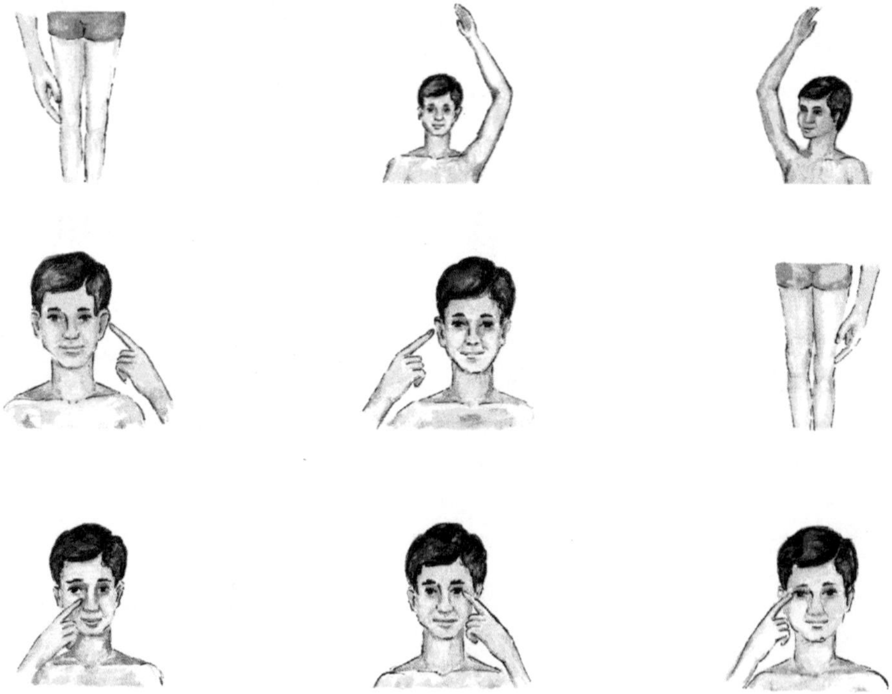

تَـدْرِيب 9: أُكْـتُبْ اسْم كُـلّ عُـضْو عَـلَى الرَّسْـم التَّالِـي:

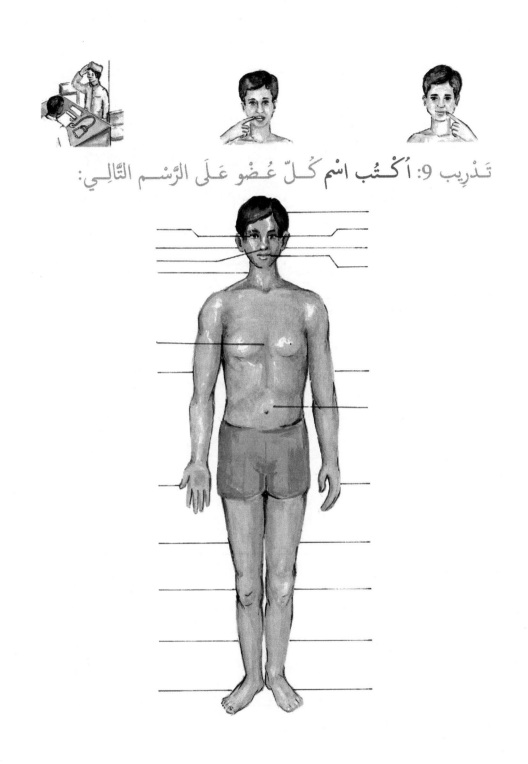

## تَدْرِيب 10: أَجِبْ عَنْ الْأَسْئِلَة التَّالِيَة:

1- مَتَى رَجَعَ يُوسُف؟
2- مَاذَا قَالَ يُوسُف لِلطَّبِيب ؟
3- مَاذَا فَحَصَ الطَّبِيب مِنْ جِسْم يُوسُف ؟
4- مَاذَا فَحَصَ الطَّبِيب فِي فَمِ يُوسُف ؟
5- لِمَاذَا خَلَعَ يُوسُف مَلَابِسَه ؟
6- هَلْ فَحَصَ الطَّبِيب رُكْبَة يُوسُف الْيُسْرى؟
7- أَيْنَ اللِّسَان والْأَسْنَان والْحَلْق ؟
8- هَلْ يُوسُف مَرِيض؟
9- هَلْ فِي يَد يُوسُف الْيُمْنَى وَالْيُسْرَى أَلَم؟
10- مَاذَا قَالَ الطَّبِيب لِيُوسُف ؟

## اقْرَأ الْجُمَل الْآتِيَة جَهْرًا وَاكْتُبْها مَرَّتَيْن:

| | | |
|---|---|---|
| يُوسُف | يَدْخُل | عِنْدَ الطَّبِيب |
| زَيْنَب | تَدْخُل | عِنْدَ الطَّبِيب |
| يُوسُف وَزَيْنَب | يَدْخُلَان | عِنْدَ الطَّبِيب |
| الْأَوْلَاد | يَدْخُلُون | عِنْدَ الطَّبِيب |

| | | |
|---|---|---|
| الْبَنَات | يَدْخُلْنَ | عِنْدَ الطَّبِيب |
| | ——— | |
| أَنْتَ | تَدْخُل | عِنْدَ الطَّبِيب |
| أَنْتِ | تَدْخُلِين | عِنْدَ الطَّبِيب |
| أَنْتُمَا | تَدْخُلَان | عِنْدَ الطَّبِيب |
| أَنْتُم | تَدْخُلُون | عِنْدَ الطَّبِيب |
| أَنْتُنَّ | تَدْخُلْنَ | عِنْدَ الطَّبِيب |
| | ——— | |
| أَنَا | أَدْخُل | عِنْدَ الطَّبِيب |
| نَحْنُ | نَدْخُل | عِنْدَ الطَّبِيب |

# الدَّرْس العَاشِـر

## أُسْــــرَة

أَحْمَد- الـزَّوْج- مُهَنْدِس. فَاطِمَـة- الزَّوْجَـة- مُوَظَّفَـة فِي مَكْتَـب الْبَرِيـد. لِأَحْمَـد وَزَوْجَتِـه أَرْبَعَـة أَوْلَاد : وَلَـدَان وَ بِنْتَـان . مُحَمَّـد فِي الـسَّادِسَة عَـشْرَة، وَهُـوَ تِلْمِيـذ فِي الْمَدْرَسَـة الثَّانَوِيَّـة. وَ مَحْمُـود – أَخُـوه- فِي الثَّالِثَـة عَـشْرَة، وَهُـوَ تِلْمِيـذ فِي الْمَدْرَسَـة الْإِعْدَادِيَّـة. وَنَادِيَـة فِي التَّاسِـعَة وَهِيَ تِلْمِيـذَة فِي الْمَدْرَسَـة الْابْتِدَائِـيَّة، وَلَـيْلَى - أُخْتُـهَا- عُـمْرهَا أَرْبَـع وَهِيَ فِي رَوْضَـة الْأَطْفَـال..

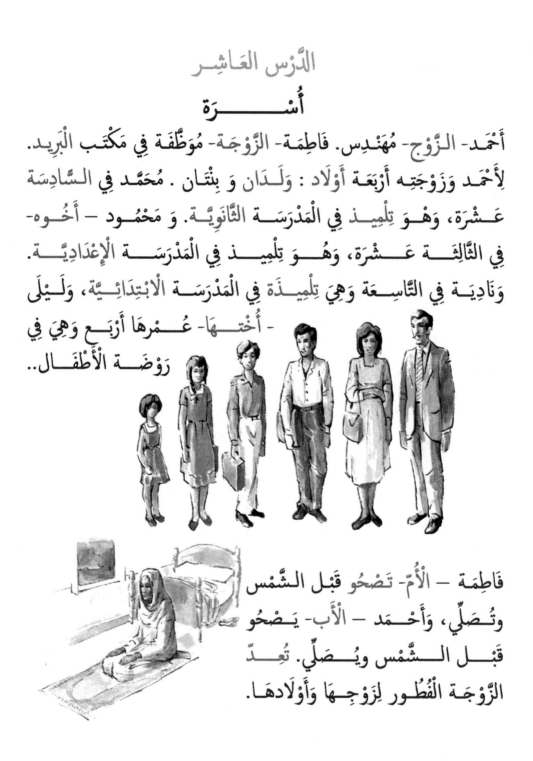

فَاطِمَـة – الْأُمّ- تَصْحُو قَبْل الـشَّمْس وتُـصَلِّي، وَأَحْـمَد – الْأَب- يَـصْحُو قَبْـل الـــشَّمْس ويُـــصَلِّي. تُعِـدّ الزَّوْجَـة الْفُطُـور لِزَوْجِـهَا وَأَوْلَادهَـا.

فِي السَّاعَة السَّابِعَة تَخْرُج فَاطِمَة إِلَى عَمَلهَا فِي مَكْتَب الْبَرِيد، وَيَخْرُج أَحْمَد إِلَى عَمَلِه، وَيَذْهَب الْأَوْلَاد إِلَى مَدَارِسِهِمْ.

بَعْدَ الظُّهْر تَرْجِع الْأُسْرَة، وَتَتَنَاوَل الْغَدَاء ، ثُمَّ تَسْتَرِيح.

وَفِي الْمَسَاء ، يُذَاكِـر الْأَوْلَاد دُرُوسـهُم ، وَيَقْـرَأ الْأَب الْجَرِيـدَة وَيُسَاعِد زَوْجَتَه فِي عَمَـل الْمَنْزِل، وَتُعِـدّ الْأُمّ طَعَام الْعَشَاء.

ثُمّ تَجْلِس الْأُسْرَة مَعًا أَمَامَ التِّلْفَاز بَعْض الْوَقْت.

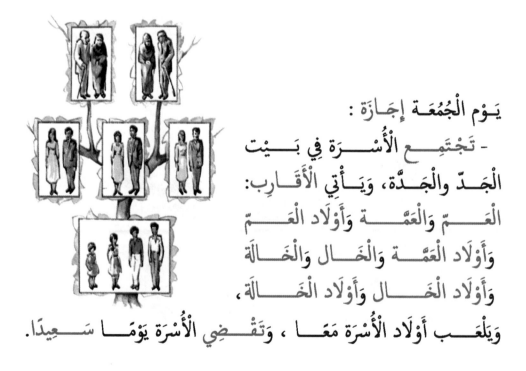

يَوْم الْجُمُعَة إِجَازَة :

- تَجْتَمِع الْأُسْرَة فِي بَيْت الْجَدّ والْجَدَّة، وَيَأْتِي الْأَقَارِب: الْعَمّ وَالْعَمَّة وَأَوْلَاد الْعَمّ وَأَوْلَاد الْعَمَّة وَالْخَال وَالْخَالَة وَأَوْلَاد الْخَال وَأَوْلَاد الْخَالَة،

وَيَلْعَب أَوْلَاد الْأُسْرَة مَعًا ، وَتَقْضِي الْأُسْرَة يَوْمًا سَعِيدًا.

## أُسْــــرَة

أَحْمَد- الزَّوْج- مُهَنْدِس. فَاطِمَة- الزَّوْجَة- مُوَظَّفَة فِي مَكْتَب الْبَرِيد. لِأَحْـمَد وَزَوْجَتـه أَرْبَعَة أَوْلَاد : وَلَـدَان وبِنْتَان . مُحَمَّد فِي الـسَّادِسَة عَـشْرَة، وَهُــو تِلْمِيـذ فِي الْمَدْرَسَــة الثَّــانَوِيَّة، وَمَحْمُـود – أَخُــوه - فِي الثَّالِثَـة عَـشْرَة، وَهُــوَ تِلْمِيــذ فِي الْمَدْرَسَــة الْإِعْدَاديَّــة، ونَادِيَـة فِي التَّاسِــعَة وَهِيَ تِلْمِيــذَة فِي الْمَدْرَسَــة الابْتِدَائِـيَّة، وَلَــيْلى أُخْتُــهَا- طِفْــلَة عُــمْرهَا أَرْبَــع وَهِيَ فِي رَوْضَــة الْأَطْفَــال. فَاطِمَة – الْأُمّ- تَصْحُو قَبْل الشَّمْس وتُصَلِّي،أَحْمَد – الْأَب- يَصْحُو قَبْـل الـشَّمْس ويُصَلِّي . تُعِـدّ الزَّوْجَـة الْفُطُور لِزَوْجِهَـا وَأَوْلَادهَـا.

فِي الـسَّاعَة الـسَّابِعَة تَـخْرُج فَاطِمَـة إِلَى عَمَلهَـا فِي مَكْتَب الْبَرِيـد، وَيَــخْرُج أَحْــمَد إِلَى عَــمَله، وَيَــذْهَب الْأَوْلَاد إِلَى مَدَارِسِــهِمْ.

بَعْـدَ الظُّهْـر تَرْجِـع الْأُسْرَة، وَ تَتَــنَاوَل الْغَــدَاء ، ثُمَّ تَـسْتَرِيح. وَفِي الْمَـسَاء ، يُـذَاكِر الْأَوْلَاد دُرُوسـهُمْ ، وَيَقْـرَأ الْأَب الْجَرِيـدَة وَيُـسَاعِد زَوْجَتَـه فِي عَمَـل الْمَـنْزِل ، وتُعِـدّ الْأُمّ طَعَـام العَـشَاء. ثُمَّ تَجْـلِس الْأُسْــرَة مَعًــا ، أَمَــام التِّلْفَــاز بَعْـض الْوَقْــت. يَـوْم الْجُمعَـة إِجَـازَة : تَــجْتَمِع الْأُسْرَة فِي بَيْـت الْجَـدّ وَالْجَـدَّة، وَيَـأْتِي الْأَقَـارِب: الْعَــمّ والْعَمَّــة وَأَوْلَاد الْعَــمّ وَأَوْلَاد الْعَمَّــة وَالْخَــال وَالْخَــالَة وَأَوْلَاد الْخَــال وَأَوْلَاد الْخَــالَة ، وَيَلْعَــب أَوْلَاد الْأُسْرَة مَعًــا ، وتَقْـضِي الْأُسْرَة

يَوْمًا سَعِيدًا.

# الْكَلِمَات الْجَدِيدَة

| | | | |
|---|---|---|---|
| أُسْرَة | أَوْلَاد | اِبْتِدَائِيَّة | إِعْدَادِيّة |
| أَقَارِب | زَوْج | زَوْجَة | مَدَارِس |
| الْمَسَاء | مَعًا | الْبَرِيد | بَعْض |
| السَّادِسَة | السَّابِعَة | سَعِيد | وَلَدَان |
| عَمّ | عَمَّة | تِلْمِيذ | تِلْمِيذَة |
| تَتَنَاوَل | الثَّالِثَة | تَصْحُو | تُعِدّ |
| ثَانَوِيَّة | يَا | أَخ | أُخْت |
| أَب | أُمّ | خَال | خَالَة |
| أَوْلَاد الْعَمّ | أَوْلَاد الْعَمَّة | أَوْلَاد الْخَال | |
| أَوْلَاد الْخَالَة | تَجْتَمِع | تَقْضِي | |
| إِجَازَة | الْمَرْحَلَة | مَعَ مَن | الْعَمَل |
| يُذَاكِر | دُرُوس | يُعِدّ | قَبْل |
| الظُّهْر | مَدَارِسهمْ | عُمْر. | |

## تَدْرِيب 1: أَكْمِل كَمَا فِي النَّمُوذَج:

رَجَع يُوسُف أَمْس

يَرْجِع يُوسُف الْيَوْم

سَيَرْجِع يُوسُف غَدًا

1- ....... الطَّبِيب أَمْس
....... الطَّبِيب الْيَوْم
....... الطَّبِيب غَدًا

2- ....... الضَّابِط أَمْس
....... الضَّابِط الْيَوْم
....... الضَّابِط غَدًا

3- ....... الْبِنْت كَثِيرًا أَمْس
....... الْبِنْت كَثِيرًا الْيَوْم
....... الْبِنْت كَثِيرًا غَدًا

4- ....... الْمُمَرِّضَة أَمْس
....... الْمُمَرِّضَة الْيَوْم
....... الْمُمَرِّضَة غَدًا

5- ....... الْبِنْت الْوَرْدَة أَمْس
....... الْبِنْت الْوَرْدَة الْيَوْم
....... الْبِنْت الْوَرْدَة غَدًا

6- ....... سَمِيرَة الْكِتَاب أَمْس
....... سَمِيرَة الْكِتَاب الْيَوْم
....... سَمِيرَة الْكِتَاب غَدًا

7- ....... أَحْمَد السَّفِينَة أَمْس
....... أَحْمَد السَّفِينَة الْيَوْم
....... أَحْمَد السَّفِينَة غَدًا

8- ....... كَمَال الْقَمِيص أَمْس
....... كَمَال الْقَمِيص الْيَوْم
....... كَمَال الْقَمِيص غَدًا

9- ....... الطَّبَّاخ الطَّعَام أَمْس
....... الطَّبَّاخ الطَّعَام الْيَوْم
....... الطَّبَّاخ الطَّعَام غَدًا

تَدْرِيب 2: تَخَيَّر الإِجَابَة الصَّحِيحَة مِنْ بَيْن الإِجَابَات الْمَوْجُودَة أَمَام كُلِّ سُؤَال:

1- الْمُوَظَّفَـة
- يَقْضِي يَوْمـهُ فِي الْعَمَـل
- تَقْضِي يَوْمـهَا فِي الْعَمَـل
- تَقْضِينَ يَوْمـهَا فِي الْعَمَـل

2- أَنَـا
- يَشْـرَب الْقَـهْوَة
- تَشْـرَب الْقَـهْوَة
- أَشْـرَب الْقَـهْوَة

3- أَحْمَد الـزَّوْج
- مُـهَنْدِس
- مُـدَرِّس
- طَـبِيب

4- لِفَـاطِمَة
- ثَلَاثَـة أَوْلَاد
- وَلَـدَان
- وَلَـد وثَلَاث بَنَات
- وَلَـدَان وَبِنْتَـان

5- تَصْـحُو فَـاطِمَة
- بَعْـد الشَّمْس
- قَبْـل الشَّمْس
- مَـعَ الشَّمْس

6- تُصَلِّي فَاطِمَة

قَبْـل الْعَـمَل
مَـعَ الْعَـــمَل
قَبْـل الشَّمْس

7- الْأَقَـارِب

الْوَلَـدَان وَالْبَـنَات
الْعَـمّ والْعَـمَّة والْخَال وَالْخَالَة
الزَّوْج والزَّوْجة

8- تَجْلِس الْأُسْرَة بَعْدَ الْعَشَاء

لِـلْغَـــدَاء
أَمَـام التِّـلْفَاز
مَـعَ الْأَقَـــارِب

9- يَذْهَب الْأَوْلَاد إِلَى مَدَارِسِـهِمْ

فِي الصَّـبَاح
فِي الْمَسَـــاء
فِي الظُّـــهْر

10- تَعْـمَل لَيْـــلَى

فِي مَكْتَـب الاسْتِقْبَال
فِي مَكْتَـب الْبَـــرِيد
فِي بَـنْـــــك

تَدْريب 3: **كَوِّن جُمَلًا تامَّة** بِاسْتِخْدَام الْمَجْمُوعَات الْآتِيَة مِن الْكَلِمَات:

| | | | | | |
|---|---|---|---|---|---|
| -1 | أَحْمَد | مُهَنْدِس | الزَّوْج | | |
| -2 | الشَّمْس | قَبْل | فاطِمَة | تَصْحُو | |
| -3 | الْأَسْرَة | بَعْد | تَرْجِع | الظُّهْر | |
| -4 | الْأَوْلَاد | يُذَاكِر | الْمَسَاء | فِي | |
| -5 | يَوْم الْجُمُعَة | تَجْتَمِع | فِي | الأُسْرَة | |
| -6 | فِي | الْجَدّ | بَيْت | الأُسْرَة | تَجْتَمِع |
| -7 | الْأُسْرَة | يَوْما | تَقْضِي | سَعِيدا | |
| -8 | الْأَب | الْجَرِيدَة | يَقْرَأ | | |
| -9 | الْأُم | طَعَام | تُعِدّ | الْعَشَاء | |
| -10 | الْأُسْرَة | مَعًا | تَجْلِس | التِّلْفاز | أَمَام |

تَدْرِيب 4: **أَكْمِل** الْجُمَل الْآتِيَة **بِاسْتِخْدَام الْفِعْل** الْمُنَاسِب :

1- يُوسُف.......... الْجَرِيدَة

2- الطَّبِيبَة.......... الْمَرِيض

3- أَنْتُمَا.......... الْجَرِيدَة

4- هُمْ.......... الْجَرِيدَة

5- أَنْتُنّ.......... الْفَاكِهَة

6- كَمَال.......... مَكْتَب الْبَرِيد

7- أَنْتُمْ.......... كَثِيرًا

8- لَيْلَى وَفَاطِمَة.......... مِن الْبَيْت

9- أَنَا.......... الْعُنْوَان وَالْاسْم

10- هُنَّ.......... الْكِتَاب

تَدْرِيب 5: **أَكْمِل** كَمَا فِي النَّمُوذَج:

| | | | | |
|---|---|---|---|---|
| اِضْحَكْ كَثِيرًا | اِضْحَكِي | اِضْحَكَا | اِضْحَكُوا | اِضْحَكْنَ |
| 1- أُكْتُب | ............ | ............ | ............ | ............ |
| 2- اِشْرَبْ | ............ | ............ | ............ | ............ |
| 3- كُلْ | ............ | ............ | ............ | ............ |
| 4- أُدْخُل | ............ | ............ | ............ | ............ |
| 5- أُخْرُج | ............ | ............ | ............ | ............ |
| 6- اِقْرَأ | ............ | ............ | ............ | ............ |
| 7- اِرْجِع | ............ | ............ | ............ | ............ |
| 8- أُنْظُر | ............ | ............ | ............ | ............ |

تَدْرِيب 6: **أَكْمِل** الْجُمَل الْآتِيَة مُسْتَخْدِمًا فِعْل الْأَمْرالْمُنَاسِب :

1- يَا كَمَال ............

2- يَا سَمِيرة ............

3- يَا أَطْفَال ............

3- يَا بَنَات ............

5- يَا كَمَال وَ يَا يُوسُف ............

6- يَا فَاطِمَة وَ يَا نَادِيَة ............

7- يَا سَعِيد ............

8- يَا فَاطِمَة وَ يَا لَيْلَى وَ يَا سَمِيرَة ............

9- يَا كَمَال وَ يَا سَمِير وَ يَا أَحْمَد ............

تَدْرِيب 7: أَكْمِل الْجُمَل بِكَلِمَة مُنَاسِبَة مِنَ الْآتِي :

فَوْق  أَمْس  مَسَاء  ظُهْرًا  غَدًا

أَمَام  خَلْف  يَوْمًا  صَبَاحًا.

1- تَجْلِس الْأُسْرَة .............. التِّلْفَاز ..............

2- تَصْحُو فَاطِمَة السَّادِسَة ..............

3- تَتَنَاوَل الْأُسْرَة الغَدَاء ..............

4- تَقْضِي الْأُسْرَة .............. سَعِيدًا

5- جُحَا وابْنه .............. الْحِمَار

6- سَار جُحَا وابْنه .............. الْحِمَار

7- زَارَت الْأُسْرَة الْأَقَارِب ..............

8- سَيَعُود كَمَال ..............

تَدْرِيب 8: عَبِّر عَنْ الصُّوَر الْآتِيَة بِجُمَل مُفِيدَة:

(1)

(2)

(3)

(4)

(5)

(6)

(7)

(8)

(9) 

(10) 

(11) 

(12) 

تَدْرِيب9 : ضَعْ الضَّمِير الْمُنَاسِب فِي الْجُمَل الْآتِيَة :

1-............يَكْتُب

2-..............يَكْتُبَان

3-............تَشْرَبَان

4-..............يَكْتُبُون

5-............تَشْرَبِين

6-............تَلْعَبْن

7-............تَشْرَبُون

8-............كَتَبْتَ

9-............ كَتَبْنا

10-............لَعِبُوا

11-..........لَعِبْن

12-............شَرِبْتُم

13-..........جَلَسَتَا

14-............جَلَسْتِ

15- ............ جَلَسا

تَدْرِيب 10: أَجِبْ عَنْ الْأَسْئِلَة الْآتِيَة :

1- مَن الزَّوْج؟ وَمَن الزَّوْجَة ؟

2- مَا وَظِيفَة أَحْمَد ؟ وَ مَا وَظِيفَة فَاطِمَة ؟

3- كَمْ وَلَدًا لِأَحْمَد وَزَوْجَتِهِ ؟

4- هَل مُحَمَّد تِلْمِيذ فِي الْمَرْحَلَة الْإِعْدادِيّة؟

5- مَا عُمْر نَادِيَة ؟

6- هَـلْ لَيْـلَى فِي رَوْضَة الْأَطْفَال ؟

7- مَـتَى تَصْحُو فَاطِمَـة ؟ وَ مَـتَى تُصَـلِّي ؟

8- مَــنْ يُعِـدّ الْفُطُــور ؟

9- مَـتَى تَخْـرُج الـزَّوْجَـة إِلَى عَمَـلها ؟

10- مَـتَى تَتَنَـاوَل الْأُسْـرَة الْغَـدَاء ؟

11- مَـتَى يُـذَاكِـر الأَوْلَاد ؟

12- أَيْــن تَجْتَـمِع الْأُسْـرَة ؟

13- مَـعَ مَن تَجْتَـمِع أُسْـرَة أَحْمَـد وَفَـاطِمَـة يَوْمَ الْجُـمُعَـة؟

اِقْرَأ الْجُمَل الْآتِيَة جَهْـرًا وَاكْتُبْها مَرَّتَيْن:

| | | | | | |
|---|---|---|---|---|---|
| يَا يُوسُف | اِذْهَب | إِلَى | مَكْتَب الْبَرِيد | وَارْجِع | بِـسُرْعَة |
| يَا زَيْنَب | اِذْهَبِي | إِلَى | مَكْتَب الْبَرِيد | وَارْجِعِي | بِـسُرْعَة |
| يَا يُوسُف وَيَا زَيْنَب | اِذْهَبا | إِلَى | مَكْتَب الْبَرِيد | وَارْجِعَا | بِـسُرْعَة |
| يَا أَوْلَاد | اِذْهَبُوا | إِلَى | مَكْتَب الْبَرِيد | وَارْجِعُوا | بِـسُرْعَة |
| يَا بَنَات | اِذْهَبْن | إِلَى | مَكْتَب الْبَرِيد | وَارْجِعْنَ | بِـسُرْعَة |

# الدَّرْس الْحَادِي عَشَر

## تَدْرِيب وَمُرَاجَعَة

اِقْرَأ الْقِطْعَة التَّالِيَة:

يُوسُف يَقُول بَعْدَ أَنْ تَعَلَّمَ شَيْئًا مِنَ اللُّغَة الْعَرَبِيَّة:

تَعَلَّمْتُ الْآن شَيْئًا مِنَ اللُّغَة الْعَرَبِيَّة. تَعَلَّمْتُ عَدَدًا مِنَ الْكَلِمَات وَالْجُمَل. وَأَقْدِر أَنْ أَتَكَلَّم بِهَا فِي الْبَيْت مَعَ أُسْرَتِي: أَبِي وأُمِّي، وَأَخِي وَأُخْتِي، وَخَالِي وَعَمِّي، وَجَدِّي وَجَدَّتِي، وَأَقْدِر أَنْ أَتَكَلَّم بِهَا فِي الْفُنْدُق وَالْمَطْعَم وَفِي الْحَافِلَة (الْبَاص) وَفِي الشَّارِع. وأَقْدِر أَنْ أَكْتُب بِطَاقَة الْوُصُول، وأَعُدّ النُّقُود، وَأَذْهَب إِلَى الطَّبِيب وأَدْفَع ثَمَن الدَّوَاء وَأَضْحَك مَعَ جُحَا. أَنَا الْآنَ أَشْعُر بِقِيمَة اللُّغَة الْعَرَبِيَّة فِي حَيَاتِي.

الْآنَ أَجِب عَنِ الْأَسْئِلَة:

1- ضَعْ عُنْوَانًا لِهَذِهِ الْقِطْعَة.
2- مَاذَا تَعَلَّم يُوسُف مِنَ اللُّغَة الْعَرَبِيَّة؟
3- مَعَ مَنْ يَتَكَلَّم يُوسُف اللُّغَة الْعَرَبِيَّة؟
4- هَلْ تَقْدِر أَنْ تَكْتُب بِطَاقَة الْفُنْدُق بِاللُّغَة الْعَرَبِيَّة؟
5- أَيْنَ تَعَلَّم يُوسُف اللُّغَة الْعَرَبِيّة؟
6- مَاذَا قَالَ يُوسُف لِلطَّبِيب؟
7- مَاذَا فَحَصَ الطَّبِيب مِنْ جِسْم يُوسُف؟

8- طَعَــــام الْفُطُــــور يَتَكَـــوَّن مِـــــن:.........................

9- طَعَــــام الْغَـــدَاء يَتَكَـــوَّن مِـــــن:.........................

10- طَعَــــام الْعَـــشَاء يَتَكَـــوَّن مِـــــن:.........................

## الْكَلِمَـــــات الْجَدِيـــــدَة

أَقْـــدِر أَتَكَلَّـــم قِيـــمَة أَشْـــعُر حَيَـــاة أَكْـــبَر
أَصْـــغَر صَـــدِيق حَـــافِلَة (بَاص) قَرِيـــب بَعِيـــد

تَدْرِيب 1: أَكْمِل كَمَا فِي النَّمُوذَج:

| | | | |
|---|---|---|---|
| أَب | الْأَب | سَمَاء | السَّمَاء |
| 1- وَلَـد | ................ | 5- شَـمْس | ................ |
| 2- مُهَنْدِس | ................ | 6- طَـاوِلَة | ................ |
| 3- خَـال | ................ | 7- دُولاَب | ................ |
| 4- عَـــمّ | ................ | 8- ضَغْـط | ................ |

تَدْرِيب 2: أَكْمِل كَمَا فِي النَّمُوذَج:

| | | | | |
|---|---|---|---|---|
| كِتَاب | كِتَابـكَ | كِتَابـكِ | كِتَابه | كِتَابـها |
| 1- أَقَـارِب | ............ | ............ | ............ | ............ |
| 2- خَـالَة | ............ | ............ | ............ | ............ |
| 3- يَـمِين | ............ | ............ | ............ | ............ |
| 4- كُـوب | ............ | ............ | ............ | ............ |

| | | | |
|---|---|---|---|
| 5- جَامِعَة ............ | ............... | ............ | ............. |
| 6- أَب ............ | ............... | ............ | ............. |
| 7- عَمَّة ............ | ............... | ............ | ............. |
| 8- يَسَار............ | ............... | ............ | ............. |

## تَدْرِيب 3: أَكْمِل كَمَا فِي النَّمُوذَج:

كُوب مَاء كُوب الْمَاء قَائِمَة طَعَام قَائِمَة الطَّعَام

| | | | |
|---|---|---|---|
| 1- رَقْم هَاتِف | ................. | 5- اِسْم شَارِع | .................... |
| 2- حَمّام غُرْفَة | ................. | 6- مَعْهَد لُغَة | .................... |
| 3- مُوَظَّف فُنْدُق | ................. | 7- عَامِل مَطْعَم | .................... |
| 4- مِفْتَاح حُجْرَة | ................. | 8- اِبْن عَمّ | .................... |

## تَدْرِيب 4: أَجِب كَمَا فِي النَّمُوذَج:

ثَلَاث بَنَات ثَلَاثَة أَوْلَاد

| | |
|---|---|
| 1- أَرْبَع | ..................... |
| 2- خَمْس | ..................... |
| 3- سِتّ | ..................... |
| 4- سَبْع | ..................... |
| 5- ثَمَانِي | ..................... |
| 6- تِسْع | ..................... |
| 7- عَشْر | ..................... |

### تَدْرِيب 5: أَكْمِل كَمَا فِي النَّمُوذَج:

| | | | |
|---|---|---|---|
| يَضْحَك أَنَا أَضْحَك | أَنْتَ تَضْحَك | هُوَ يَضْحَك | هِيَ تَضْحَك |
| 1- يَنْـزِل .............. | ................ | ............ | ............. |
| 2- يَدْفَع .............. | ................ | ............ | ............. |
| 3- يَصْحُو .............. | ................ | ............ | ............. |
| 4- يَدْخُل .............. | ................ | ............ | ............. |
| 5- يَقْــرَأ .............. | ................ | ............ | ............. |
| 6- يَسْـأَل .............. | ................ | ............ | ............. |
| 7- يَمْـشِي .............. | ................ | ............ | ............. |

### تَدْرِيب 6: أَكْمِل كَمَا فِي النَّمُوذَج:

| | | | | |
|---|---|---|---|---|
| 1- أَنَا مُوَظَّف | مِصْـرِي | أَنَا الثَّالِث | أَنَا سَعِيد | أَنَا هُنَا |
| 2- أَنْتَ مُوَظَّف | .............. | .............. | ............ | ............ |
| 3- أَنْتِ مُوَظَّفَة | .............. | .............. | ............ | ............ |
| 4- هُوَ مُوَظَّف | .............. | .............. | ............ | ............ |
| 5- هِيَ مُوَظَّفَة | .............. | .............. | ............ | ............ |

### تَدْرِيب 7: حَوِّل الْأَفْعَال الْآتِيَة كَمَا فِي النَّمُوذَج:

| | | |
|---|---|---|
| كَتَب | يَكْتُب | أَكْتُب |
| 1- خَرَجَ | ................ | .................... |
| 2- دَفَعَ | ................ | .................... |

3- حَـوَّلَ ........................ ........................

4- فَحَصَ ........................ ........................

5- سَـأَلَ ........................ ........................

6- كَشَفَ ........................ ........................

تَدْرِيب 8: ضَعْ عَلَامَة ✓ أَمَام الإِجَابَة الصَّحِيحَة:

1- أَكْتُب بِطَاقَة الْوُصُول فِي:

مَكْتَب الاسْتِعْلَامَات

الْمَطَـار

حُجْـرَة الْفَحْص

2- مُوَظَّف الْبَنْك يَعُدّ:

الْأَوْلَاد

النُّقُـود

الْفُطُور

3- رَكِبْت الْحَافِلَة:

بَعْد الْغَدَاء

قَبْل الْغَدَاء

الْآن

4- تَجْتَمِع الْأُسْرة يَومَ الْجُمُعَة فِي:

الْمَدْرَسَة

الْجَامِعَة

بَيْت الْجَدّ

5- سَبْعَة وَسَبْعُون أَكْبَر مِن: سَبْعَة وَسِتِّين
مِائَة
ثَمَانِين

6- يَكْشِف الطَّبِيب عَن الصَّدْر: بِمِقْيَاس الْحَرَارَة
بالسَّمَّاعَة
بِمِقْيَاس الضَّغْط

7- خَمْسَة وَثَلَاثُون أَصْغَر مِن: عِشْرِين
أَرْبَعِين
خَمْسَة عَشَر

تَدْرِيب 9: رَتِّب الْكَلِمَات الْآتِيَة فِي جُمَل:

1- الْأَب - اِنْزِل - قَال - لِابْنِه.
2- الْبِطَاقَة - اِمْلَأ - هَذِه.
3- خَالَتِي - بِنْت - يَوْم - الْجُمُعَة - مَعَنَا - تَقْضِي.
4- أُخْت - عَمَّتِي - أَبِي.
5- عَمَّتِي - اِبْن - صَدِيقِي.
6- اِبْنَة - صَدِيقَة - خَالَتِي - أُخْتِي.
7- حُقَن - وَصْفَة - أَقْرَاص - الْعِلَاج - وَ.
8- اِبْنِي - دُرُوسَه - يُذَاكِر.
9- دُولَارَات - نَقْد - مَعِي.
10- أُمِّي - خَالَتِي - أُخْت.

تَدْريب 10: ضَعْ أَدَاة الاسْتِفْهَام الْمُنَاسِبَة فِي الْمَكَان الْخَالِي:

(مَا - مَنْ- أَيْن – مَاذَا)

| | |
|---|---|
| 1- - - - - - فِي الْبَيْت ؟ | 5- - - - - - - يَفْحَص جِسْمكَ ؟ |
| 2- - - - - - تَقْضِي يَوْم الْجُمُعَة ؟ | 6- - - - - - - تَسْكُن ؟ |
| 3- - - - - - اسْمكَ ؟ | 7 - - - - - - - عَلَى الْمِنْضَدَة ؟ |
| 4- - - - - - - فِي يَدِك ؟ | 8- - - - - - - يَجْلِس الْمَرْضَى ؟ |

تَدْرِيب 11: أَكْمِل كَمَا فِي النَّمُوذَج:

| | | |
|---|---|---|
| كَتَبَ أَحْمَد الْخِطَاب | يَكْتُب أَحْمَد الْخِطَاب | اكْتُب الْخِطَاب |
| 1- سَأَلَ التِّلْمِيذ الْمُدَرِّس | ........................ | ........................ |
| 2- دَفَعَ الرَّجُل الْحِسَاب | ........................ | ........................ |
| 3- عَدَّ الْمُوَظَّف النُّقُود | ........................ | ........................ |
| 4- ضَحِكَ الْوَلَد كَثِيرًا | ........................ | ........................ |
| 5- فَتَحَ الْمَرِيض فَمه | ........................ | ........................ |
| 6- فَحَص الطَّبِيب يُوسُف | ........................ | ........................ |

تَدْرِيب 12: ضَعْ الْكَلِمَة الْمُقَابِلَة كَمَا فِي النَّمَوذَج:

| | | | |
|---|---|---|---|
| صَبَاح | مَسَاء | أَمَام | خَلْف |
| كَبِير | ............ | كَثِير | ............ |
| قَبْل | ............ | بَعِيد | ............ |
| تَحْت | ............ | يَسَار | ............ |

تَدْرِيب 13: ضَعْ فِي كُلِّ عَمُود مَا يُنَاسِب مِن الْكَلِمَات الْآتِيَة:

يَسَار    يَمِيـن    فَوْق    تَحْت    الْآن

الْيَوْم    سَاعَة    مَسَاء    صَبَاحًا    ظُهْرًا

| (ظَرْف الْمَكَان) ... أَيْنَ | (ظَرْف الزَّمَان) ... مَتَى |
|---|---|
|  |  |
|  |  |
|  |  |

تَدْرِيب 14: أَجِبْ عَنْ الْأَسْئِلَة الْآتِيَة :

1- مَتَى تَصْحُو مِنَ النَّوْم؟

2- كَم جُنَيْهَا مَعَك؟

3- مَتَى تَزُور جَدَّك وَجَدَّتك؟

4- مَنْ يَـذْهَب مَعَك إِلَى الْمَدْرَسَة؟

5- مَاذَا فِي حَقِيبَتِكَ؟

6- كَمْ وَجْبَة طَعَام فِي الْيَوْم؟

7- أَيْنَ الشِّيك؟

8- مَا رَقَم جَوَاز سَفَرِك؟

186

اِقْرَأ الْجُمَل الآتِيَة جَهْرًا وَا كْتُبْها مَرَّتَيْـن:

| | | |
|---|---|---|
| فَحَـص الطَّبِيـب الْمَـرِيض | وَعَـرَف الْمَـرَض | وَكَتَـب الدَّوَاء |
| يَـفْحَص الطَّبِيـب الْمَـرِيض | ويَـعْرِف الْمَـرَض | وَيَكْتُـب الدَّوَاء |
| سَـيفْحَص الطَّبِيـب الْمَـرِيض | وسَيَعْرِف الْمَرَض | وَسَـيَكْتُب الدَّوَاء |
| مِـنْ فَـضْلِكَ افْحَـص الْمَـرِيض | واعْـرِف الْمَـرَض | وَاكْتُـب الدَّوَاء |

# الدَّرْس الثَّـــانِي عَشَـــر

## فِي الطَّــرِيــق

- مِــنْ فَــضْلِك. أَيْــنَ الْمَتْحَـــفُ؟

الْمَتْحَـــفُ بَعِيـــد مِـــنْ هُنَـــا.

تَقْـــدِر أَنْ تَرْكَـــب حَـــافِلَة.

- أَيْـــنَ مَحَطَّـــةُ الْحَـــافِلاَت؟

- سِرْ فِي هَـــذَا الـــشَّارِعِ إِلَى الْمَيْــدَان، ثُمَّ اتَّـــجِه إِلَى الْيَمِـــين، وَسَـــتَجِد مَحَطَّـــة الْحَـــافِلاَت أَمَامَـــك. اِرْكَـــب الْحَـــافِلَة رَقَـــم (100) مِائَـــة.

# فِي الشَّارِع

الشَّارِع مُزْدَحِم جِدًّا بالدَّرَّاجَات، وَسَيَّارَات الأُجْرَة، وَالسَّيَّارَات الْخَاصَّة، وَالْحَافِلَات، وَعَرَبَات النَّقْل. وَالْمُشَاة كَثِيرُون فَوْق الرَّصِيف، وَالشُّرْطَة تُنَظِّم الْمُرُور.

## في الْحَافِلَة

- مِنْ فَضْلِك، أَعْطِنِي تَذْكِرَة إِلَى الْمَتْحَف.

- التَّذْكِرَة بِعَشْرَة دِينَارَات.

- تَفَضَّل، مِنْ فَضْلِك نَزِّلْنِي عِنْدَ الْمَتْحَف.
- الْمَحَطَّةُ الْقَادِمَةُ قَرِيبَةٌ مِنَ الْمَتْحَف ، وَعِنْد إِشَارَة الْمُرُور، اتَّجِه إِلَى الْيَسَار، وَسَتَجِد الْمَتْحَف أَمَامَك.

## فِي الطَّرِيق

- مِنْ فَضْلِك، أَيْنَ الْمَتْحَف؟
- الْمَتْحَف بَعِيد مِنْ هُنَا. تَقْدِر أَنْ تَرْكَب حَافِلَة.
- أَيْنَ مَحَطَّة الْحَافِلَات؟
- سِرْ فِي هَذَا الشَّارِع إِلَى الْمَيْدَان، ثُمَّ اتَّجِه إِلَى الْيَمِين، وَسَتَجِد مَحَطَّة الْحَافِلَات أَمَامَك. اِرْكَب الْحَافِلَة رَقَم (100) مِائَة.

## فِي الشَّارِع

الشَّارِع مُزْدَحِم جِدًّا بالدَّرَّاجَات، وَسَيَّارَات الْأُجْرَة، وَالسَّيَّارَات الْخَاصَّة، وَالْحَافِلَات، وَعَرَبَات النَّقْل. وَالْمُشَاة كَثِيرُون فَوْقَ الرَّصِيف، وَالشُّرْطَة تُنَظِّم الْمُرُور.

## فِي الْحَافِلَة

- مِنْ فَضْلِك، أَعْطِنِي تَذْكِرَة إِلَى الْمَتْحَف.
- التَّذْكِرَة بِعَشْرَة دِينَارَات.
- تَفَضَّل، مِنْ فَضْلِك نَزِّلْنِي عِنْدَ الْمَتْحَف.

الْمَحَطَّة الْقَادِمَة قَرِيبَة مِنَ الْمَتْحَف ، وَعِنْد إِشَارَة الْمُرُور، اتَّجِه إِلَى الْيَسَار وَسَتَجِد الْمَتْحَف أَمَامَك.

## الْـكَلِمَات الْجَدِيـدَة

| | | | | |
|---|---|---|---|---|
| الطَّرِيق | مَتْحَف | مَحَطَّة | مُزْدَحِم | مُشَاة |
| الْمُرُور | اتَّجِه | أَعْطِنِي | إِشَارَة | ستَجِد |
| الشُّرْطَة | تُنَظِّمُ | مَيْدَان | الدَّرَّاجَات | عَرَبَات |
| النَّقْل | الرَّصِيف | قُرُوش | الْقَادِمَة | كَثِيرُون |
| نَزِّلْنِي | تَذْكِرَة | الْأَخِيرَة | سَيَّارَات الأُجْرَة | |
| السَـيَّارَات الْـخَاصَّـة | | رَتِّب | أَمْسِك | زَوْجَان |
| ذَهَبَت | وَسَائِل الْمُوَاصَلاَت | | تَكَلَّم | فَتَح |
| فَاتِح | وَصَل | النِّسَاء. | | |

تَدْرِيب 1: تَخَيَّر الْإِجَابَة الصَّحِيحَة مِنْ بَيْن الْإِجَابَات الْمَوْجُودَة أَمَام كُلِّ سُؤَال:

1 - مِنْ فَضْـــلِك

أَيْـنَ الْمَتْحَـفُ ؟
أَيْـنَ السَّيَّـــارَةُ ؟
أَيْـنَ الضَّابِــطُ ؟

2- اِرْكَب الْحَافِلَة إِلَى الْمَتْحَف لِأَنَّ

الْحَـافِلَـة مُرِيحَة
الْمَتْحَف بَعِيـــد
الْمَتْحَف قَرِيـــب

| | |
|---|---|
| 3- الشُّـرْطَـةُ تُنَظِّـم | مُـرُور الْمُشَـاة وَالْعَـرَبَات<br>مُـرُور عَـرَبَات النَّـقْـل<br>مُـرُور الـدَّرَّاجَـات. |
| 4- الْمَحَطَّةُ الْقَادِمَة قَرِيبَةٌ مِن | مَحَـطَّـة الْحَـافِـلاَت<br>الْـمَتْحَـف<br>مَحَطَّـة الْمُـشَـاة |
| 5- الشَّـارِعُ مُـزْدَحِمٌ جِدًّا | بِالْمُـشَـاة<br>بِالشُّـرْطَـة<br>بِالـدَّرَّاجَـات وَسَـيَّارَات الْأُجْـرَة<br>وَالسَيَّـارَات الْخَاصَّـة |

تَدْرِيب 2: أَجِب عَنْ الْأَسْئِلَة التَّالِـيَة:

1- أَيْـن الْمَتْحَفُ؟

2- مَـاذَا رَكِـب الشَّخْص إِلَى الْمَتْحَف؟

3- هَـل مَحَطَّة الْحَافِلَات إِلَى يَسَـار الْـمَيْـدَان؟

4- مَـا رَقْـمُ حَـافِـلَـة الْمَتْحَف؟

5- مَـا وَسَائِلُ الْـمُوَاصَلاَت فِي الشَّـارِع؟

6- أَيْـن يَسِـير الْمُشَـاة؟

7- مَـا ثَمَـنُ تَـذْكِـرَة الْمَتْحَف؟

8- مَـنْ قَالَ : مِنْ فَضْلِك نَـزِّلْـنِي عِنْدَ الْمَتْحَف؟

9- هَل الْمَتْحَفُ إِلَى يَسَار الْمَحَطَّة ؟

10- لِمَاذَا رَكِب الشَّخْص حَافِلَة إِلَى الْمَتْحَف ؟

## تَدْرِيب 3: أَكْمِل الْحِوَار الْآتِي:

1- هَلْ ذَهَبْت إِلَى الْمَتْحَف ؟

- - - - - - - - - - - - - - -

2- مَاذَا رَكِبْت ؟

- - - - - - - - - - - - - - -

3- مَا رَقْمُ الْحَافِلَة إِلَى الْمَتْحَف ؟

- - - - - - - - - - - - - - -

4- أَيْنَ مَحَطَّة الْحَافِلَات ؟

- - - - - - - - - - - - - - -

5- كَمْ دِينَارًا دَفَعْت لِلتَّذْكِرَة ؟

- - - - - - - - - - - - - - -

6- مَنْ كَانَ مَعَكَ فِي الْمَتْحَف ؟

- - - - - - - - - - - - - - -

7- هَلْ الْمَتْحَفُ بَعِيدٌ أَوْ قَرِيب ؟

- - - - - - - - - - - - - - -

8- هَلْ قَابَلْت صَدِيقًا فِي الْمَتْحَف ؟

- - - - - - - - - - - - - - -

## تَدْرِيب 4: أَكْمِل كَمَا فِي النَّمُوذَج:

| | | |
|---|---|---|
| سَيَّارَة | سَيَّارَتِي | سَيَّارَتنَا |
| شَارِع | شَارِعِي | شَارِعنَا |
| 1- بِطَاقَة | .......... | ............ |
| 2- إِبْنَة | .......... | ............ |
| 3- صَدِيق | .......... | ............ |
| 4- صَدِيقَة | .......... | ............ |

5- تَذْكِـرَة ............ ............
6- هَـاتِـف ............ ............
7- فُنْـــدُق ............ ............

### تَدْرِيب 5: أَكْمِل كَمَا فِي النَّمُوذَج:

| | | | | |
|---|---|---|---|---|
| فَتَــح | فَتَحَتْ | فَتَحْنَـا | فَتَحُــوا | فَتَحْــنَ |
| 1- تَعَلَّم | ............ | ............ | ............ | ............ |
| 2- قَـدَر | ............ | ............ | ............ | ............ |
| 3- شَـعَـر | ............ | ............ | ............ | ............ |
| 4- رَكِـب | ............ | ............ | ............ | ............ |
| 5- نَظَّــم | ............ | ............ | ............ | ............ |
| 6- شَـكَــر | ............ | ............ | ............ | ............ |
| 7- اِتَّجَــه | ............ | ............ | ............ | ............ |
| 8- سَــــار | ............ | ............ | ............ | ............ |

### تَدْرِيب 6: أَكْمِل كَمَا فِي النَّمُوذَج:

| | | | | | | |
|---|---|---|---|---|---|---|
| أَمْسَك | أَمْسَكَتْ | أَمْسَكْتُ | أَمْسَكْتَ | أَمْسَكْنَا | أَمْسَكْتُم | أَمْسَكْنَ |
| 1- سَأَل | ............ | ............ | ............ | ............ | ............ | ............ |
| 2- دَفَـع | ............ | ............ | ............ | ............ | ............ | ............ |
| 3- رَجَـع | ............ | ............ | ............ | ............ | ............ | ............ |
| 4- رَتَّـب | ............ | ............ | ............ | ............ | ............ | ............ |

5- فَحَص ........... ........... ........... ........... ........ ...........
6- وَجَـد ........... ........... ........... ........... ........ ...........
7- شَرِب ........... ........... ........... ........... ........ ...........
8- أَكَل ........... ........... ........... ........... ........ ...........

## تَدْرِيب 7: أَكْمِل كَمَا فِي النَّمُوذَج:

| | |
|---|---|
| فَتَح الْبَاب | فَـاتِـح |
| 1- رَكِـب ........... | 5- عَـمِـل .......... |
| 2- وَصَـل ........... | 6- كَتَـب .......... |
| 3- رَجَع ........... | 7- جَلَـس .......... |
| 4- دَفَـع ........... | 8- نَـــزَل .......... |

## تَدْرِيب 8: أَكْمِل كَمَا فِي النَّمُوذَج:

| | |
|---|---|
| هُـمَا مُهَنْدِسَـان | هُـمَا مُهَنْدِسَتَان |
| 1- - - - - - - - مُوَظَّفَـان | ............................ |
| 2- - - - - - - - زَوْجَـــان | ............................ |
| 3- - - - - - - - عَـمَّـــان | ............................ |
| 4- - - - - - - - تِلْمِيذَان | ............................ |

5- مَـرِيضَـان ............... ...........................

6- مُـمَرِّضَـان ............... ...........................

7- طَبِـيبَـــان ............

8- مُـدَرِّسَـــان.............. ............................

9- خَـــالاَن.............. ............................

10- طَـالِبَـان.............. ............................

تَدْرِيب 9: أُكْمِل كَمَا فِي النَّمُوذَج:

| | |
|---|---|
| الرِّجَالُ فِي الْمَتْحَف | هُمْ فِي الْمَتْحَف |
| النِّسَاءُ فِي الْمَتْحَف | هُـنَّ فِي الْمَتْحَف |
| 1- الْأَقَـارِبُ فِي بَيْت الْأُسْرَة. | .......................... |
| 2- الْبَنَاتُ فِي الْمَدْرَسَـة. | .......................... |
| 3- الْأَوْلَادُ فِي الْمَدْرَسَـة. | .......................... |
| 4- الْمُوَظَّفُونَ فِي الْمَكْتَب. | .......................... |
| 5- الْمُوَظَّفَاتُ فِي الْفُنْدُق. | .......................... |
| 6- الْخَالاَتُ فِي بَيْتِ الْأُسْرَة. | .......................... |
| 7- الطَبِيبَاتُ فِي الْعِيَادَة. | .......................... |
| 8- الْأَطِبَّاءُ فِي الْعِيَـادَة. | .......................... |

تَدْريب 10: كَوِّن جُمَلًا تَامَّة مُسْتَخْدِما مَجْمُوعَات الْكَلِمَات الآتِيَة:

1- الْعَرَبِيَّة يُوسُف تَعَلَّم اللُّغَة
2- يَقْدِر أَن بِالْعَرَبِيَّة يَتَكَلَّم
3- تَقْدِر أَن الْبِنْت تَرْكَب السَيَّارَة
4- الْمَتْحَف حَافِلَة إِلَى تَرْكَب أَن تَقْدِر
5- الْآنَ بِقِيمَة اللُّغَة الْعَرَبِيَّة أَشْعُر
6- اللُّغَة قِيمَة فِي لَهَا حَيَاتِي
7- الْحَافِلَة سَأَرْكَب قَلِيل بَعْد
8- الْمَيْدَان هَذَا سِر الشَّارِع فِي إِلَى
9- الْوَاقِفُون مَوْقِف فِي كَثِيرُون الْحَافِلَات
10- الْمُرُور الْيَسَار اتَّجِه إِشَارَة عِنْد إِلَى

تَدْرِيب 11: عَبِّر عَن الصُّوَر الآتِيَة بِجُمَل مُفِيدَة:

(1)
(2)
(3)
(4)
(5)
(6)

(7)

(8)

(9)

اقْـرَأ الْجُمَــل الْآتِيَــة وَلَاحِــظ الـضَّبْط واكْتُبْــها مَرَّتَــيْن :

1- الْمَتْحَـــفُ بَعِيـــدٌ.

2- الْمَحَطَّــــــةُ قَرِيبَـــــــةٌ.

3- الـــشَّارِعُ مُـــزْدَحِمٌ بِـــالنَّاسِ.

# الدَّرْسُ الثَّالِثَ عَشَر

## فِي مَكْتَبِ الْبَرِيدِ

### أَمَامَ شُبَّاكِ الطَّوَابِع

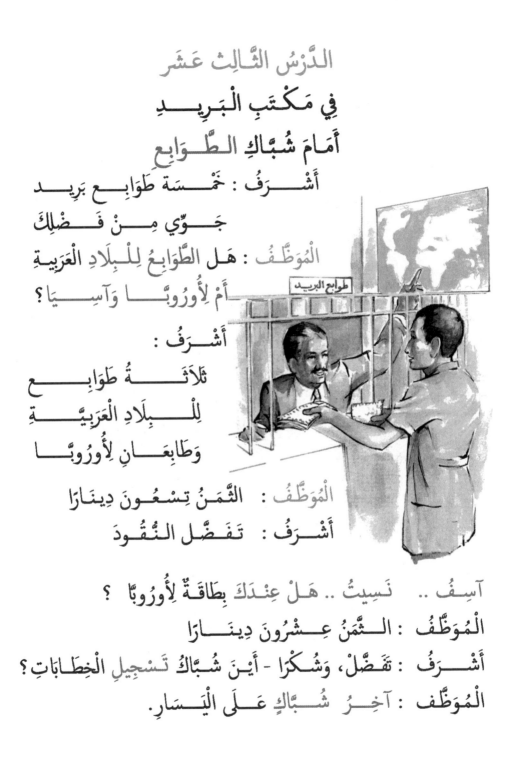

أَشْرَف : خَمْسَة طَوَابِع بَرِيد جَوِّي مِنْ فَضْلِك

الْمُوَظَّف : هَل الطَّوَابِعُ لِلْبِلَادِ الْعَرَبِيةِ أَمْ لِأُورُوبَّا وَآسِيَا ؟

أَشْرَف : ثَلَاثَةُ طَوَابِع لِلْبِلَادِ الْعَرَبِيَّةِ وَطَابِعَانِ لِأُورُوبَّا

الْمُوَظَّف : الثَّمَنُ تِسْعُونَ دِينَارًا

أَشْرَف : تَفَضَّل النُّقُودَ

آسِفُ .. نَسِيتُ .. هَلْ عِنْدَكَ بِطَاقَةٌ لِأُورُوبَّا ؟

الْمُوَظَّف : الثَّمَنُ عِشْرُونَ دِينَارًا

أَشْرَف : تَفَضَّلْ، وَشُكْرًا - أَيْنَ شُبَّاكُ تَسْجِيلِ الْخِطَابَاتِ؟

الْمُوَظَّف : آخِرُ شُبَّاكٍ عَلَى الْيَسَارِ.

## أَمَامَ شُبَّاكِ التَّسْجِيلِ وَالطُّرُودِ

يَذْهَبُ أَشْرَفُ إِلَى الشُّبَّاكِ، وَيَقِفُ فِي آخِرِ الصَّفِّ ثُمَّ يَأْتِي دَوْرُهُ وَيُعْطِي الْخِطَابَ لِلْمُوَظَّفِ.

كَتَبَ أَشْرَفُ عَلَى ظَرْفِ الْخِطَابِ:

★ اِسْمَ الْمُرْسَلِ إِلَيْهِ

★ عُنْوَانَ الْمُرْسَلِ إِلَيْهِ

★ اِسْمَ الْمُرْسِلِ

★ عُنْوَانَ الْمُرْسِلِ

يَكْتُبُ الْمُوَظَّفُ الْإِيصَالَ وَيَقُولُ

الْمُوَظَّفُ : خَمْسُونَ دِينَارًا مِنْ فَضْلِكَ

أَشْرَفُ : تَفَضَّلْ، وَشُكْرًا

# فِي مَكْتَبِ الْبَرِيد

## أَمَامَ شُبَّاكِ الطَّوَابِع

أَشْرَف : خَمْسَةُ طَوَابِع بَرِيد جَوِّي مِنَ فَضْلِكَ.

الْمُوَظَّف : هَل الطَّوَابِعُ لِلْبِلاَدِ الْعَرَبِيَّةِ أَمْ لِأُورُوبَّا وَآسِيَا ؟

أَشْرَف : ثَلاَثَة طَوَابِع لِلْبِلاَد الْعَرَبِيَّة وَطَابِعَان لِأُورُوبَّا .

الْمُوَظَّف : الثَّمَنُ تِسْعُونَ دِينَارًا.

أَشْرَف : تَفَضَّل النُّقُودَ – آسِف .. نَسِيت.. هَلْ عِنْدَكَ بِطَاقَةٌ لِأُورُوبَّا ؟

الْمُوَظَّف : الثَّمَنُ عِشْرُونَ دِينَارًا.

أَشْرَف : تَفَضَّلْ، وَشُكْرًا . أَيْنَ شُبَّاكُ تَسْجِيلِ الْخِطَابَات ؟

الْمُوَظَّف : آخِرُ شُبَّاك عَلَى الْيَسَار.

## أَمَام شُبَّاك التَّسْجِيل وَالطُّرُود

يَذْهَبُ أَشْرَف إِلَى الشُّبَّاك، يَقِف فِي آخِر الصَّفّ، ثُمَّ يَأْتِي دَوْرُه، وَيُعْطِي الْخِطَابَ لِلْمُوَظَّف.

كَتَبَ أَشْرَفُ عَلَى ظَرْف الْخِطَاب:

★ إِسْمَ الْمُرْسَل إِلَيْه

★ عُنْوَانَ الْمُرْسَل إِلَيْه

★ إِسْمَ الْمُرْسِل

★ عُنْوَانَ الْمُرْسِل

يَكْتُب الْمُوَظَّف الْإِيصَال وَيَقُول

الْمُوَظَّف : خَمْسُونَ دِينَارًا مِنْ فَضْلِكَ.

أَشْرَف : تَفَضَّلْ، وَشُكْرًا.

## الْكَلِمَات الْجَدِيدَة

| | | | | |
|---|---|---|---|---|
| الْمُرْسِل | الْمُرْسَل إِلَيْه | | الْبِلَاد | أَورُوبَّا |
| أَمْرِيكَا | الْإِيصَال | آسِف | آخِر | شُبَّاك |
| الطَّوَابع | جَوِّي | الْخِطَاب | تَسْجِيل | نَسِيَ |
| يَقِفُ | يَقُول | ظَرْف | عِنْد | الصَّفّ |
| طَابِع | الَّذِي | طَرْد | دَاخِل | قَدَم |
| دَار الآثَار | | يَنْتَظِر | كَسَر | يُرْسِل |
| مُزْدَوِج | عَامِل | الْغُرْفَة | | |

تَدْرِيب 1: ضَعْ الْعَلَامَة √ أَمَام الْجُمْلَة الصَّحِيحَة و عَلَامَة x أَمَام الْجُمْلَة الْخَاطِئَة:

1- اشْتَرَى أَشْرَف سِتَّةَ طَوَابِع بَرِيد جَوِّي.

2- مَعَ أَشْرَف بِطَاقَةٌ لِأُورُوبَّا.

3- أَعْطَى الْمُوَظَّف الْخِطَاب لِأَشْرَف.

4- أَشْرَفُ يَقِـــف فِي أَوَّل الـــصَّفّ.

5- شُـــبَّاكُ الطَّوَابِـــع يُـــسَجِّل الْخِطَابَـــات.

6- عَـلَى ظَـرْف الْخِطَـاب اسْم الْمُرْسَـل إِلَيـه وَعُنْوَانـه وَاسْم الْمُرْسِـل وَعُنْوَانـــــه.

7- يَكْـــتُبُ أَشْـــرَفُ الْإِيـــصَالَ.

8- يَكْـــتُبُ الْمُوَظَّـــفُ الْخِطَـــابَ.

9- شُبَّاكُ تَسْجِيل الْخِطَابَـات آخِـرُ شُـبَّاك عَـلَى الْيَسَار.

10- فِي مَكْتَـب الْبَرِيـد شُـبَّاكُ الطَّوَابِع وَشُـبَّاكُ التَّـسْجِيل وَالطُّـرُود.

تَدْرِيب 2: ضَعْ فِي الْمَكَان الْخَالِي الْكَلِمَة الْمُنَاسِبَة:

يُسَجِّل ثَمَـنَ الطَّوَابِع تَكْتُب يَفْتَـح

آخِـر النَّاسُ دَوْرَه تَسْجِيـل.

1- مَـتَى --------- مَكْتَبُ الْبَرِيد؟

2- لِمَـاذَا يَـدْخُل --------- مَكْتَـبَ الْبَرِيد؟

3- مَـنْ يَدْفَـع ثَمَـــنَ --------- ؟

4- يَقِـف أَشْـرَفُ فِي --------- الصَّفّ.

5- يَدْفَـع أَشْـرَفُ --------- الْخِطَـاب.

6- أَشْـرَف --------- خِطَـابًـا.

7- أَيْـــنَ --------- الْعُنْوَانَ؟

8- يَنْتَظِر أَشْرَف ---------

9- أَيْنَ شُبَّاكُ --------- الْخِطَابَات؟

تَدْرِيب 3: كَوِّن جُمَلاً تَامَّة مِنْ مَجْمُوعَات الْكَلِمَات الْآتِيَة:

1- دَوْر – يَأْتِي – أَشْرَف – الْخِطَاب – وَيُسَلِّم.
2- يَقُول – الْمُوَظَّفُ – الْإِيصَالَ – يَكْتُب – وَ - تَفَضَّل.
3- خَمْسِين – أَعْطِني – دِينَارًا – فَضْلِك – مِنْ.
4- أَشْرَفُ – التَّسْجِيل – شُبَّاك – وَ – الطُّرُود – أَمَام.
5- طَوَابِع – الْعَرَبِيَّة – لِلْبِلَاد – ثَلَاثَة – اشْتَرَى – كَمَال.
6- سَمِيرَةُ – طَرْدًا – إِلَى – أَرْسَلْتَ – أُورُوبَّا.
7- الْخِطَابَاتُ – هَلْ – لِأُورُوبَّا – لِأَمْرِيكَا – أَوْ.
8- الْمُرْسِل – اسْمَ – اُكْتُب – الْمُرْسَل إِلَيْه – وَ.
9- لِيُوسُف – الطَّبِيبُ – قَال – بِخَيْر – أَنْتَ- الْآن.

تَدْرِيب 4 : أَجِب عَنْ الْأَسْئِلَة الْآتِيَة:

1- كَمْ طَابِع بَرِيد جَوِّي اشْتَرَى أَشْرَف؟
2- كَمْ طَابِعًا لِلْبِلَاد الْعَرَبِيَّة؟ وَكَمْ طَابِعًا لِأُورُوبَّا؟
3- مَا ثَمَنُ الطَّوَابِع؟
4- مَاذَا نَسِيَ أَشْرَفُ؟
5- أَيْنَ شُبَّاكُ تَسْجِيل الْخِطَابَات؟

6- أَيْنَ وَقَفَ أَشْرَف؟

7- مَاذَا عَلَى ظَرْفِ الْخِطَابِ؟

8- مَاذَا كَتَبَ الْمُوَظَّفُ؟

9- هَلْ وَقَفَ أَشْرَف أَمَامَ شُبَّاكِ التَّسْجِيلِ وَالطُّرُودِ؟

10- مَنِ الَّذِي يُسَجِّلُ الْخِطَابَاتِ؟

تَدْرِيب5: أَكْمِل كَمَا فِي النَّمُوذَج :

أَشْرَفُ طَالِبٌ          لَيْلَى طَالِبَةٌ

1- مَحْمُودٌ طِفْلٌ صَغِيرٌ          سَنَاء

2- السَّرِيرُ مُرِيحٌ          الْغُرْفَةُ

3- الْفُنْدُقُ كَبِيرٌ          دَارُ الآثَارِ

4- الْمَيْدَانُ بَعِيدٌ          الْمَدْرَسَةُ

5- الْوَرْدُ جَمِيلٌ          الصُّورَة

6- الطَّرِيقُ مُزْدَوِجٌ          الْحُجْرَة

7- الصَّدْرُ سَلِيمٌ          الْعَيْنُ

8- مُحَمَّدٌ سَائِقٌ          لَيْلَى

تَدْرِيب6: أَكْمِل كَمَا فِي النَّمُوذَج :

هُوَ مُوَظَّفٌ          هُمَا مُوَظَّفَانِ          هُمْ مُوَظَّفُونَ

1- سَائِقٌ          ....................          ....................

2- طَبِيبٌ          ....................          ....................

3- ضَابِطٌ          ....................          ....................

4- واقِـفٌ ..................... .....................

5- عَـامِـلٌ ..................... .....................

تَدْرِيب7: أَكْمِل كَمَا فِي النَّمُوذَج :

| | | |
|---|---|---|
| هِيَ مُوَظَّفَةٌ | هُـمَا مُوَظَّـفَـتَان | هُنَّ مُوَظَّـفَـاتٌ |
| 1- مُـدَرِّسٌ | ..................... | ..................... |
| 2- تِلْمِـيذٌ | ..................... | ..................... |
| 3- دَاخِـلٌ | ..................... | ..................... |
| 4- طَبِـيبٌ | ..................... | ..................... |
| 3- سَـائِـقٌ | ..................... | ..................... |

تَدْرِيب8: أَكْمِل كَمَا فِي النَّمُوذَج :

| | |
|---|---|
| خَرَجَ مِنَ الْبَيْت | اسْتَخْـرَج الْبِطَاقَة مِنَ الْحَقِيبَة |
| 1- عَـمِلَ فِي الْمَتْحَف | ..............الـدَّوَاءَ |
| 2- خَـدَمَ فِي الْمَطَار | ..............مِقْيَاسَ الْحَـرَارَة |
| 3- رَجَـعَ إِلَى الْمَـنْـزِل | ..............جَوَازَ السَّفَر مِنَ الْمُوَظَّف |

تَدْرِيب9: أَكْمِل كَمَا فِي النَّمُوذَج :

| | |
|---|---|
| كَسَـرَ الطِّـفْلُ الطَّبَـقَ | انْكَسَر الطَّبَقُ |
| 1- فَتَحَت الْقِطَّـةُ الْبَابَ | ..........الْبَابُ |
| 2- قَطَع الْحِمَـارُ الْحَبْـلَ | ..........الْحَبْلُ |
| 3- كَشَفَ يُوسُف صَدْرَهُ | ..........صَدْرُهُ |

تَدْرِيب10 : عَبِّــر عَنِ الصُّوَرِ الْآتِيَة بِـجُمَل مُـفِيدَة :

اِقْـرَأ الْجُمَـل الْآتِيَــة وَلَاحِـظ الـضَّبْطَ واكْتُبْـها مَرَّتَــيْن :

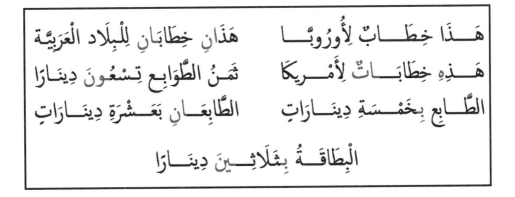

| | |
|---|---|
| هَــذَا خِطَــابٌ لِأُورُوبَّــا | هَذَانِ خِطَابَانِ لِلْبِلَاد الْعَرَبِيَّة |
| هَــذِهِ خِطَابَــاتٌ لِأَمْــرِيكَا | ثَمَـنُ الطَّوَابِع تِـسْعُونَ دِينَـارًا |
| الطَّــابِع بِخَمْــسَةِ دِينَــارَاتٍ | الطَّابِعَــانِ بَعَــشْرَةِ دِينَــارَاتٍ |

الْبِطَاقَــةُ بِثَلَاثِــين دِينَــارًا

# الدَّرْسُ الرَّابِع عَشَـر

## فِي مَكْتَبِ البَرْقِ وَالْهَاتِفِ

### أَمَـامَ شُبَّـاكِ الْـبَـرْقِ

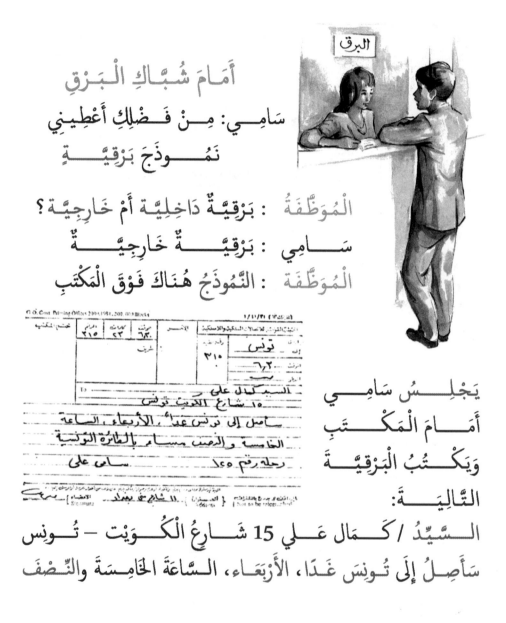

سَامِــي: مِــنْ فَـضْلِكِ أَعْطِـينِي نَمُـــــوذَجَ بَرْقِيَّـــــةٍ

الْمُوَظَّفَةُ : بَرْقِيَّـةٌ دَاخِلِيَّـة أَمْ خَارِجِيَّـة؟

سَـــامِي : بَرْقِيَّـــــةٌ خَارِجِيَّـــــةٌ

الْمُوَظَّفَة : النَّمُوذَجُ هُنَاكَ فَوْقَ الْمَكْتَبِ

يَجْلِـــسُ سَامِـــي أَمَـــامَ الْمَكْـــتَبِ وَيَكْـــتُبُ الْبَرْقِيَّـــةَ التَّالِيَـــةَ:

السَّـيِّدُ / كَـمَال عَــلي 15 شَــارِعُ الْكُــوَيْت – تُــونِس

سَأَصِـلُ إِلَى تُـونِسَ غَـدًا، الأَرْبَعَـاء، الـسَّاعَةَ الخَامِـسَةَ والنِّـصْفَ

مَسَاءً بِالطَّائِـرَةِ التُّونِـسِيَّةِ، رِحْلَـةِ رَقْـمِ 125.

سَامِي عَلِي

الْمُوَظَّفَةُ تَقْرَأُ الْبَرْقِيَّـةَ وَتَعُدُّ الْكَلِمَـاتِ، وَتَحْسُبُ الأُجْرَةَ وتَكْتُبُ الإِيصَالَ.

سَامِي يَـدْفَعُ الأُجْرَةَ وَيَـسْأَلُ : مَـتَى تَـصِلُ الْبَرْقِيَّـةُ إِلَى تُـونِس ؟

الْمُوَظَّفَـةُ : غَـدًا صَبَـاحًا، إِنْ شَـاءَ اللَّـهُ.

## أَمَامَ شُبَّاكِ الْهَاتِفِ

سَامِي : مِـنْ فَـضْلِكِ، مُكَالَمَـةٌ شَخْـصِيَّةٌ إِلَى الْكُوَيْـت.

الْمُوَظَّفَةُ : مَا الرَّقْمُ ؟ سَامِي: 526112

الْمُوَظَّفَةُ : كَمْ مُدَّة ؟

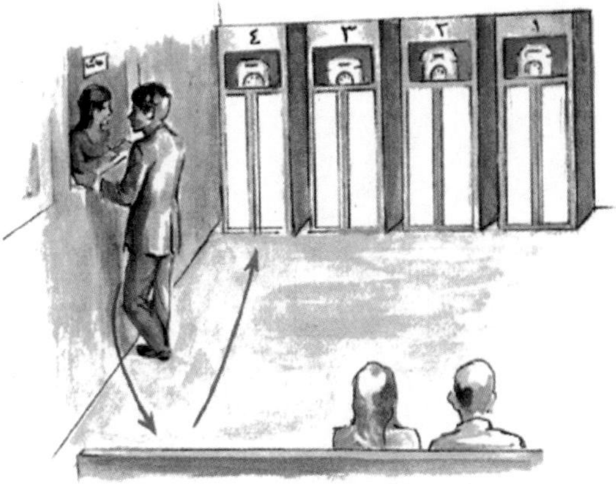

سَامِي : مُـدَّتَانِ.

الْمُوَظَّفَةُ : هَـلْ سَتَتَكَلَّمُ مِـنْ هُنَـا ؟

سَامِي : نَعَـمْ

الْمُوَظَّفَةُ : عَشْرَةُ دِينَارَات

سَامِي : تَفَـضَّلِي

الْمُوَظَّفَـةُ : انْتَظِـرْ قَلِـيلًا، سَتَـأْتِي الْمُكَالَمَـةُ حَـالًا.

جَـرَسُ الْهَاتِـفِ يَـدُقُّ

الْمُوَظَّفَةُ : كَابِينَـةٌ رَقْـمْ 4.

يَـدْخُلُ سَـامِي الْكَابِينَـةَ وَيَرْفَـعُ سَمَّاعَـةَ الْهَـاتِفِ وَيَتَحَـدَّثُ.

# فِي مَكْتَبِ البَرْقِ وَالْهَاتِفِ

(أَمَامَ شُبَّاكِ الْبَرْقِ)

سَامِي     : مِنْ فَضْلِكِ أَعْطِينِي نَمُوذَجَ بَرْقِيَّةٍ

الْمُوَظَّفَةُ : بَرْقِيَّةٌ دَاخِلِيَّةٌ أَمْ خَارِجِيَّةٌ؟

سَامِي: بَرْقِيَّةٌ خَارِجِيَّةٌ.

الْمُوَظَّفَةُ : النَّمُوذَجُ هُنَاكَ فَوْقَ الْمَكْتَبِ.

يَجْلِسُ سَامِي أَمَامَ الْمَكْتَبِ وَيَكْتُبُ الْبَرْقِيَّةَ التَّالِيَةَ:

السَّيِّدُ / كَمَال عَلِي 15 شَارِع الْكُوَيْت – تُونِس

سَأَصِلُ إِلَى تُونِس غَدًا، الأَرْبَعَاء، السَّاعَةَ الْخَامِسَة وَالنِّصْف

مَسَاءً بِالطَّائِرَة التُّونِسِيَّة، رِحْلَة رَقْم 125.

سَامِي عَلِي

الْمُوَظَّفَةُ تَقْرَأُ الْبَرْقِيَّةَ وَتَعُدّ الْكَلِمَاتِ ، وَتَحْسُبُ الأُجْرَةَ وَتَكْتُبُ الإِيصَالَ.

سَامِي يَدْفَعُ الأُجْرَةَ وَيَسْأَلُ : مَتَى تَصِلُ الْبَرْقِيَّةُ إِلَى تُونِس ؟

الْمُوَظَّفَةُ : غَدًا صَبَاحًا ، إِنْ شَاءَ اللَّهُ.

(أَمَامَ شُبَّاكِ الْهَاتِفِ)

سَامِي : مِنْ فَضْلِكِ، مُكَالَمَةٌ شَخْصِيَّةٌ إِلَى الْكُوَيْت.

الْمُوَظَّفَةُ : مَا الرَّقْم ؟

سَامِي : 526112

الْمُوَظَّفَةُ : كَمْ مُـدَّة ؟

سَـامِـي : مُدَّتَـــان.

الْمُوَظَّفَةُ : هَــلْ سَتَتَكَلَّــم مِــن هُــنَا ؟

سَـامِـي : نَعَـــم.

الْمُوَظَّفَةُ : عَـــشرَة دِينَـــارَات .

سَـامِـي : تفَـــضَّلِي.

الْمُوَظَّفَـــةُ : انْتَــظِر قَلِــيلًا ، سَتَــأْتِي الْمُكَالَمَــةُ حَــالًا .

(جَــرَس الْهَــاتِف يَــدُقُّ)

الْمُوَظَّفَةُ : كَابِينَـة رَقْــم 4.

يَــدْخُل سَــامي الكَابِينَــةَ وَيَرْفَـع سَــمَّاعَةَ الْهَــاتِف وَيَتَحَــدَّث.

## الْكَلِمَاتُ الْـجَدِيـدَة

| | | | | |
|---|---|---|---|---|
| مُكَالَمَة | مُـدَّة | الْـبَرْق | بَرْقِيَّـة | الْأَرْبَعَـاء |
| إِنْ شَــاءَ اللَّـهُ | | انْتَظِـر | مُكَالَمَـة شَخْـصِيَّة | |
| السَّيِّد | النِّصْف | نَمُوذَج | دَاخِلِيَّة | خَـارِجِيَّة |
| جَلَسَ | دَقَّ | كَابِينَـة | تُـونِس | حَسَـب |
| وَصَلَ | تَكَلَّم | أَتَى | غَـدًا | رِحْلَـة |
| حَـالًا | قَلِيلًا | جَرَس | خَطُّ الطَّيَــرَان. | |

تَدْرِيب 1: إِخْتَرِ الإِجَابَة الصَّحِيحَة مِنْ بَيْنِ الإِجَابَات الْمَكْتُوبة:

1- تَـعُـدُّ الْـكَلِمَات
الْمُوَظَّفَةُ
الْمُوَظَّفُ
سَامِي

2- سَيَصِل سَامِي إِلَى تُونِس
الْيَوْم
غَدًا
أَمْس

3- يَجْلِس سَامِي
خَلْفَ الْمَكْتَب وَيَكْتُب
أَمَامَ الْمَكْتَب وَيَكْتُب
فَوْقَ الْمَكْتَب وَيَكْتُب

4- يَـكْتُب سَامِي الْـبَـرْقِـيَّـة
فِي نَمُوذَج الْبَرْقِيَّة
فِي بِطَاقَة الوُصُول
فِي بِطَاقَة مَكْتَب الْاسْتِعلَامَات

5- سَـافَـرَ سَـامِي
بِـالطَّائِرَة الـكُـوَيْـتِـيَّـة
بِـالْـخُـطُوط الـتُّـونِـسِـيَّـة
بِـالـرِّحْـلَـة رَقْـم 521

6- تَقْرَأ الْمُوَظَّفَةُ الْبَرْقِيَّةَ

بَعْدَ قَلِيل

الْآن

السَّاعَة الْخَامِسَة مَسَاء أَمْس

7- الْمُوَظَّفَان

يَحْسُبَان الْأُجْرَة

تَحْسُبَان الْأُجْرَة

يَحْسُبُ الْأُجْرَة

8- كَمَال عَلِيّ

وَالِدُ سَامِي عَلِيّ

أَخُو سَامِي عَلِيّ

صَدِيقُ سَامِي عَلِيّ

9- ثَمَنُ الْمُكَالَمَة

عَشَرَةُ قُرُوش

عَشَرَةُ دِينَارَات

عِشْرُون دِينَارًا

10-تَقْرَأُ الْبَنَاتُ

جَرِيدَتَهُم

جَرِيدَتَهُمَا

جَرِيدَتَهُنّ

تَدْرِيب 2 : ضَعْ عَلاَمَة (√) أَمَام الْجُمْلَة الصَّحِيحَة و عَلاَمَة (x) أَمَام الْإِجَابَة الْخَاطِئَة:

1- سَتَأْتِي الْمُكَالَمَةُ حَالاً.

2- يَدْخُل أَشْرَف الْمَكْتَبَ لِيَتَكَلَّم فِي الْهَاتِف

3- يَرْفَعُ سَامِي سَمَّاعَةَ الْهَاتِف وَيَجْلِس.

4- جَرَسُ الْهَاتِف يَدُقّ فَيَدْخُل سَامِي الْكَابِينَة.

5- أَرْسَل سَامِي بَرْقِيَّةً خَارِجِيَّة.

6- عُنْوَانُ السَّيِّد كَمَال : 25 شَارِع الْكُوَيْت.

7- رِحْلَةُ تُونُس رقم 925 .

8- الْمُوَظَّفُ يَحْسُب الْأُجْرَةَ وَيَكْتُب الْإِيصَال.

9- الْمُكَالَمَةُ الشَّخْصِيَّة إِلَى الْكُوَيْت.

10- يَصِل كَمَال إِلَى تُونِس السَّاعَةَ الْخَامِسَةَ والنِّصْف مَسَاءً.

تَدْرِيب3: اضْبِط بالشَّكْل كَمَا فِي النَّمُوذَج :

يَقْرَأُ الْمُوَظَّفُ الْبَرْقِيَّةَ

1- تعد الموظفة النقود

2- يكتب كمال البرقية

3- تقرأ الموظفة البرقية

4- يحسب الموظف الأجرة

5- يرفع أشرف السماعة

6- يدخل أشرف الكابينة

7- يوسف يدخل الصالة

8- تغسل الطفلة يدها.

9- تــشرب البنــت العــصير 10- يــأ كل الرجــل الــسمك

تَدْرِيب4 : أَكْمِلِ الْمُحَاوَرَة الْآتِيَة :

1-هَلْ كِتَابُكَ عَلَى الطَّاوِلَة ؟

نَعَم.....................

2-هَلْ يُذَاكِرِ الصَّديقَانِ مَعَكَ ؟

نَعَم.....................

3-مَتَى تُذَاكِــرُونَ ؟

.....................

4-هَلْ لَكَ أَخَوات ؟

نَعَم.....................

5- كَمْ أُخْتًا لَكَ ؟

.....................

6-هَلْ يُذَاكِرْنَ مَعَكَ ؟

لَا.....................

7- هَلْ تُذَاكِر كُلَّ يَوْم ؟

نَعَم.....................

8- هَلْ تُذَاكِر يَوْمَ الْجُمُعَة أَيْضًا؟

لا.....................

9- مَاذَا تَفْعَل يَوْم الْجُمُعَة ؟

.....................

10-مَا الْمَرْحَلَةُ الَّتِي تَتَعلَّم فِيها ؟

.....................

تَدْرِيب5: اِضْبِط بالشَّكْل كَمَا فِي النَّمُوذَج :

المكالمةُ شَخصيَّةٌ

1- البرقيــــة داخليــــة

2- البرقيــــة خارجيــــة

3- المكالمــــة قــصيرة

4- المكالمــــة طويلــة

5- الحجــرة مريحــــة

6- الفطـــــور خـــبز

7- الفطـــــور عـــصير

8- الـــــحجرة جميلــــة

9- الغـــداء سمـــــك

10- الغـــداء طيــــور

11- العـــــشاء دجــــاج                12-العـــــشاء جـــــبن

تَدْرِيب6: أَكْمِل واضْبِط بالشَّكْل كَمَا فِي النَّمُوذَج :

الـــــموظفُ يقـــرأُ الـــــجريدةَ        هـــو يقـــرأُ الجريـــدةَ

1- الموظفـــــة تقـــرأ الجريـــــدة        ..........................

2- الموظفـــــان يقـــرآن الجريـــــدة        ..........................

3- الموظفـــون يقـــرأون الجريـــــدة        ..........................

4- الموظفـــــات يقـــرأن الجريـــــدة        ..........................

5- المهنــــدس يـــــدخل الحجـــــرة        ..........................

6- المهندســـــة تـــــدخل الحجـــــرة        ..........................

7- المهندســـــان يـــــدخلان الحجـــــرة        ..........................

8- المهندســـــتان تـــــدخلان الحجـــــرة        ..........................

9- المهندســـون يـــــدخلون الحجـــــرة        ..........................

10- المهندســـــات يـــــدخلن الحجـــرة        ..........................

تَدْرِيب7 : أَكْمِل بِاسْتِخْدَام الضَّمِير الْمُنَاسِب:

1.............. دَخَلُوا الحُجْرَة.

2.............. كَتَبَتْ الْخِطَاب.

3.............. لَعِبْنَ بِالكُـرَة.

4.............. شَـرِبْتَ الْمَـاءَ.

5............. نَظَرَ إِلَى النَّـاس.

6............. شَـرِبْـنَا عَصِير الْـبُـرْتُـقَال.

7............. أَكَـلَا السَّمَكَ والسَّلَطَةَ والْخُبْزَ .

8............. كَتَبْتُ الْخِطَاب.

9............. لَعِبْتُمَا بِـالْـكُرَة.

10............. لَعِبْتُمْ بِـالْـكُرَة.

تَدْرِيب8 : أَكْـمِل بِاسْتِخْدَام الْفِعْل الْمُضَارِع الْمُنَاسِب:

1- هُـمَا ........ أَمَامَ الْبَيْت

2- أَنْتُم ........ بِـالْـكُرَة

3- أَنْتِ ........ الْجَرِيدَةَ

4- هِيَ ........ النُّقُودَ

5- هُـمَا ........ الْأُجرَةَ

6- هُنَّ ........ كَثِيرًا

7- هُـمْ ........ فِي السَّيَّارَة

8- أَنْتُنَّ ........ مِنَ الْبَيْت

9- أَنْتَ ........ السَّفِينَةَ

10- أَنْتُمَا ........ الْحَافِلَةَ

تَدْرِيب9 : أَكْـمِل الْجُمل الْآتِيَـة بِـاسْتِخْدَام الْـكَلِمَة الْمُنَاسِبَة :

| | | | | |
|---|---|---|---|---|
| كَاتَبَ | قَابَلَ | وَاصَلَ | اِنْكَسَر | تَعَلَّمَ |
| يُسَجِّل | اِنْتَظَرَ | أَنْزَلَت | تَسْتَعِدّ | أَرْسَـل |

1- سَامِي ............صَدِيقَه.

2- الْمُوَظَّف .........الْحَدِيثَ مَعَ سَـامِي.

3- ...................كُـوبُ الْـمَاءِ.

4- ..............سَمِيرٌ أُخْتَه.

5- ..............الْأُمُّ طِفْلَهَا.

6-يُوسُف ............دَوْرَه.

7- .............. يُوسُفُ شَيْئًا مِنَ اللُّغَةِ الْعَرَبِيَّة.

8- ..............سَامِي الْخِطَابَ.

9- ..............السَّيَّارَاتُ لِلسَّيْرِ الْآنَ .

10-سَامِي............بَرْقِيَّةً إِلَى أُخْتِه .

تَدْرِيب10 : أَجِب عَنْ الْأَسْئِلَة الْآتِيَة:

1- مَاذَا أَخَذَ سَامِي مِنَ الْمُوَظَّفَة ؟

2- هَلْ أَرْسَلَ سَامِي بَرْقِيَّةً خَارِجِيَّةً ؟

3- أَيْنَ نَمُوذَجُ الْبَرْقِيَّة ؟

4- أَيْنَ جَلَسَ سَامِي ؟

5- مَتَى يَصِلُ سَامِي إِلَى تُونِس ؟

6- مَنْ الْمُرْسَلُ إِلَيْه ؟ ومَنْ الْمُرْسِلُ ؟

7- مَا خَطُّ الطَّيَرَان الَّذِي سَيَسْتَخْدِمُه سَامِي ؟

8- مَتَى تَصِل الْبَرْقِيَّةُ إِلَى تُونِس ؟

9- كَمْ مُدَّةً حَجَزَهَا سَامِي إِلَى الْكُوَيْت ؟

10- أَيْنَ تَكَلَّمَ سَامِي ؟

11- مَا ثَمَنُ الْمُكَالَمَةِ إِلَى الْـكُـوَيْت ؟

12- هَلْ أَتَتْ الْمُكَـالَمَـةُ بَعْدَ قَلِيـل ؟

تَدْرِيب11 : عَـبِّـر عَن الصُّوَر الْآتِيَـة بِجُمَل مُفِيدَة:

(1)

............

(2)

............

(3)

............

اِقْـرَأ الْجُمَلَ الْآتِيَـة وَلَاحِظ الضَّبْطَ واكْتُبْهَا مَرَّتَـيْن :

| | | |
|---|---|---|
| 1- قـرأتْ | الموظفةُ | البرقيـةَ |
| 2- حسب | الموظفُ | الأُجـرةَ |
| 3- كتبتْ | الموظفةُ | الإيصالَ |
| 4- دفع | كمـالُ | الـثّمـنَ |

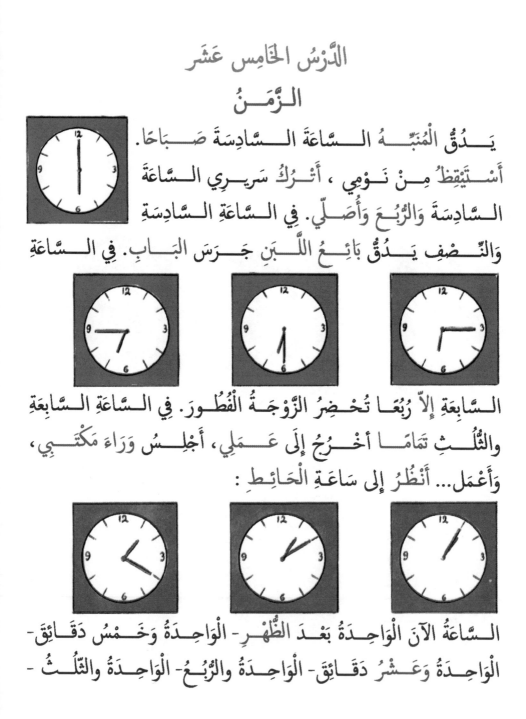

# الدَّرْسُ الخَامِسُ عَشَر

## الـزَّمَـــنُ

يَـــدُقُّ الْمُنَبِّـــهُ الـــسَّاعَةَ الـــسَّادِسَةَ صَـــبَاحًا. أَسْـتَيْقِظُ مِــنْ نَــوْمِي ، أَتْــرُكُ سَرِيــرِي الــسَّاعَةَ الــسَّادِسَةَ وَالرُّبْــعَ وَأُصَــلِّي. فِي الــسَّاعَةِ الــسَّادِسَةِ وَالنِّـــصْفِ يَـــدُقُّ بَائِـــعُ اللَّـــبَنِ جَـــرَسَ البَـــابِ. فِي الـــسَّاعَةِ

الـــسَّابِعَةِ إِلاَّ رُبُعًـــا تُحْـــضِرُ الزَّوْجَـــةُ الْفُطُـــورَ. فِي الـــسَّاعَةِ الـــسَّابِعَةِ والثُّلُـــثِ تَمَامًـــا أَخْـــرُجُ إِلَى عَـــمَلِي، أَجْلِـــسُ وَرَاءَ مَكْتَـــبِي، وَأَعْمَل... أَنْظُرُ إِلَى سَاعَـةِ الْحَائِـطِ :

الـــسَّاعَةُ الآنَ الْوَاحِـــدَةُ بَعْـــدَ الظُّهْـــرِ- الْوَاحِـــدَةُ وَخَـــمْسُ دَقَـــائِقَ- الْوَاحِـــدَةُ وَعَـــشْرُ دَقَـــائِقَ- الْوَاحِـــدَةُ والرُّبُـــعُ- الْوَاحِـــدَةُ والثُّلُـــثُ -

الْوَاحِــدَةُ وَخَــمْسٌ وعِــشْرُونَ دَقِيقَــة – الْوَاحِــدَةُ والنِّــصْف-

الْوَاحِــدَةُ وَخَــمْسٌ وثَــلاثُونَ دَقِيقَــة-الثَّانِيَــةُ إِلَّا ثُلُثَــا - الثَّانِيــةُ إِلَّا رُبُــعًا- الثَّانِيــةُ إِلَّا عَــشْرَ دَقَائِــق.

الثَّانِيــةُ إِلَّا خَــمْسَ دَقَــائِق- الثَّانِيَــةُ تَمَامًــا- سَــأَعُودُ إِلَى بَيْــتِي: أَرْكَــبُ الْحَــافِلَةَ ، أَصِــلُ إِلَى بَيْــتِي الــسَّاعَةَ الثَّالِثَــةَ عَــصْرًا، أَتَغَــدَّى وَأَنَامُ ، وَأَصْــحُو فِي الْمَغْــرِبِ وَأُشَــاهِدُ التِّلِيفِزْيُــون وأَتَعَــشَّى، وعِنْــدَ مُنْتَــصَفِ اللَّيْــل أَنَامُ... وَيَــدُقُّ الْمُنَبِّــهُ الــسَّاعَةَ الــسَّادِسَةَ صَــبَاحًا

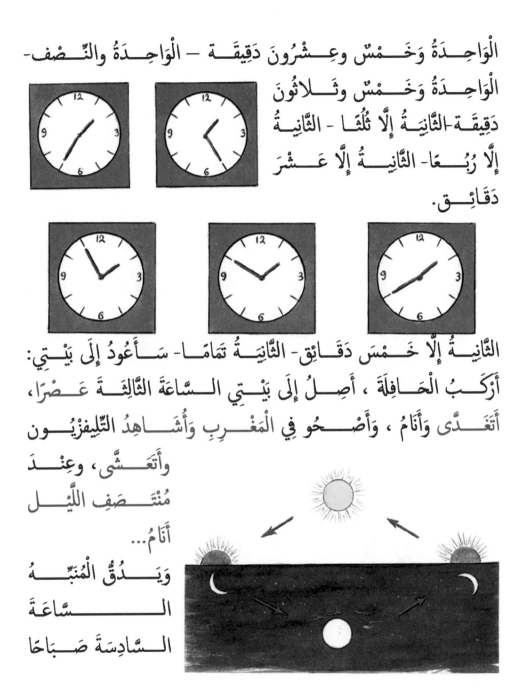

فَأَسْتَيْقِظُ مِنْ نَوْمِي.

تَمُرُّ الْأَيَّامُ : السَّبْتُ، الْأَحَدُ، الاثْنَيْن، الثُّلاثاءُ، الْأَرْبَعَاءُ، الْخَمِيسُ، الْجُمُعَةُ، تَمُرُّ اللَّيَالِي، تَمُرُّ الأَسَابِيعُ، تَمُرُّ الشُّهُورُ: يَنَاير، فَبْرَاير، مَارِس، أَبْرِيل، مَايُو، يُونيَة، يُوليَة، أَغُسْطُسْ، سِبْتَمْبر، أُكْتُوبَر، نُوفَمْبر، دِيسَمْبِر.

الرّبيع

الصيف

وَتَمُرُّ الْفُصُولُ : الرَّبِيعُ، الصَّيْفُ، الْخَرِيفُ، الشِّتَاءُ.

الخريف

الشتاء

وتَمُرُّ السَّنَوَاتُ، وَيَدُقُّ الْمُنَبِّهُ السَّاعَةَ السَّادِسَةَ صَبَاحًا.

# الزَّمَنُ

يَدُقُّ الْمُنَبِّهُ السَّاعَةَ السَّادِسَةَ صَبَاحًا أَسْتَيْقِظُ مِنْ نَوْمِي، أَتْرُكُ سَرِيرِي السَّاعَةَ السَّادِسَةَ وَالرُّبْعَ وَأُصَلِّي. فِي السَّاعَةِ السَّادِسَةِ وَالنِّصْفِ يَدُقُّ بَائِعُ اللَّبَنِ جَرَسَ الْبَابِ. فِي السَّاعَةِ السَّابِعَةِ إِلَّا رُبْعًا تُحْضِرُ الزَّوْجَةُ الْفُطُورَ. فِي السَّاعَةِ السَّابِعَةِ وَالثُّلُثِ تَمَامًا أَخْرُجُ إِلَى عَمَلِي، أَجْلِسُ وَرَاءَ مَكْتَبِي، وَأَعْمَلُ... أَنْظُرُ إِلَى سَاعَةِ الْحَائِطِ:

السَّاعَةُ الْآنَ الْوَاحِدَةُ بَعْدَ الظُّهْرِ - الْوَاحِدَةُ وَخَمْسُ دَقَائِقَ - الْوَاحِدَةُ وَعَشْرُ دَقَائِقَ - الْوَاحِدَةُ وَالرُّبْعُ - الْوَاحِدَةُ وَالثُّلُثُ - الْوَاحِدَةُ وَخَمْسٌ وَعِشْرُونَ دَقِيقَةً - الْوَاحِدَةُ وَالنِّصْفُ - الْوَاحِدَةُ وَخَمْسٌ وَثَلَاثُونَ دَقِيقَةً - الثَّانِيَةُ إِلَّا ثُلُثًا - الثَّانِيَةُ إِلَّا رُبْعًا - الثَّانِيَةُ إِلَّا عَشْرَ دَقَائِقَ - الثَّانِيَةُ إِلَّا خَمْسَ دَقَائِقَ - الثَّانِيَةُ تَمَامًا.

سَأَعُودُ إِلَى بَيْتِي.

أَرْكَبُ الْحَافِلَةَ، أَصِلُ إِلَى بَيْتِي السَّاعَةَ الثَّالِثَةَ عَصْرًا، أَتَغَدَّى وَأَنَامُ، وَأَصْحُو فِي الْمَغْرِبِ وَأُشَاهِدُ التِّلِيفِزْيُونَ وَأَتَعَشَّى، وَعِنْدَ مُنْتَصَفِ اللَّيْلِ أَنَامُ، وَيَدُقُّ الْمُنَبِّهُ السَّاعَةَ السَّادِسَةَ صَبَاحًا، فَأَسْتَيْقِظُ مِنْ نَوْمِي.

تَمُــرُّ الْأَيَّامُ : الــسَّبْتُ، الْأَحَــدُ، الاثْــنَيْن، الثُّــلاثاءُ، الْأَرْبَــعَاءُ، الْخَمِــيسُ، الْجُمُعَــةُ، تَــمُرُّ اللَّيَــالِي، تَــمُرُّ الأَسَــابِيعُ، تَمُــرُّ الــشُّهُور: يَنَــاير، فِبْرَايــر، مَــارِس ، إبْرِيــل، مَــايُو ، يُونيــة، يُوليــة، أَغُــسْطُسْ، سِبْــتَمْبر ، أُكْتُــوبَر، نُــوفَمْبِر، دِيــسَمْبِر. وَتَمُــرُّ الْفُــصُولُ : الرَّبِيــعُ، الــصَّيْفُ، الْخَرِيــفُ، الــشِّتَاءُ. وتَمُــرُّ الــسَّنَوَاتُ ...

وَيَــدُقُّ الْمُنَبِّــهُ الــسَّاعَةَ الــسَّادِسَةَ صَــبَاحًا...

## الْكَلِمَات الْجَدِيدَة

| | | | | |
|---|---|---|---|---|
| الزَّمَنُ | أَنَامُ | أَسْتَيْقِظُ | الْمُنَبِّه | أُصَلِّي |
| عَشْر | رُبع | مُنْتَصف | بَائِع | اللَّبَن |
| الْبَاب | أَتَغَدَّى | أَتَعَشَّى | أَتْرُك | أَعُود |
| أَنْظُر | أُشَاهِد | تَمُرّ | وَرَاء | الْحَائِط |
| إِلاَّ | الأَسَابِيع | السَّنَوَات | مُعَلِّم | عَمَل |
| الصَّبَاح | الظُّهْر | العَصْر | المَغْرِب | اللَّيل |
| يَكْتُب | نَخْلَة | تَمَامًا | سَائِح | دَارِس |
| طَبَّاخ | صَدِيق | سَمَكَة | فَارِغ | قَلِيلاً |
| أَيَّام | الأُسْبُوع | السَّبْت | الأَحَد | الاثْنَين |
| الثُّلاثاء | الأَرْبعَاء | الْخَمِيس | الْجُمُعَة. | |

شُهور السَّنَة يَنَاير فبْرَاير مَارِس
أَبْرِيل مَايُو يُونيَة يُوليَة أَغُسْطُس
سبْتَمْبِر أُكْتُوبَر نُوفَمْبِر دِيسَمْبِر.
فُصُول السَّنَة الصَّيْف الْخَرِيف الشِّتَاء
الرَّبِيع.

تَدْرِيب1 : كَوِّن جُمَلًا تَامَّةً مُسْتَخْدِمًا مَجْمُوعَاتِ الْكَلِمَاتِ الْآتِيَة:

1- مِنْ - أَسْتَيْقِظ - نَوْمي - الْخَامِسَة - السَّاعَة .
2- جَرَس - الْبَاب - بَائِعُ - يَدُقّ - اللَّبَن .
3- الآنَ - السَّاعَةُ - إلا - الوَاحِدَة - رُبُعًا.
4- السَّاعَةُ - ثُلُثًا - الثَّانِيَةُ - الآن - إلَّا.
5- بَيْتِي - حَالاً - سَأَعُودُ - إلَى.
6- الثَّانِيَة - أَتَغَدَّى - ظُهْرًا - السَّاعَة.
7- الأُسْرَةُ - الثَّامِنَة - تتَعَشَّى - مَسَاءَ - السَّاعَةَ .
8- التِّلِيفزيُون - قَلِيلاً - أُشَاهِدُ - أَنَامُ - ثُمَّ.
9- عِنْدَ - اللَّيْلِ - مُنْتَصَف - أَنَامُ.
10- أَنَامُ - قَلِيلاً - الْعَصْر - فِي.
11- الرَّبِيع - فُصُولُ - الْخَرِيفُ - وَ - السَّنَةِ
- الصَّيْف - وَ - الشِّتَاءُ - وَ.
12- إِلَى - أَرْكَبُ - عَمَلي - الْحَافِلَة.

تَدْرِيب2 : كَوِّن جُملاً تَامَّةً ، بِوَضْعِ الْـكَـلِمَةِ الْمُنَاسِـبَة:

1- ............ الزَّوْجَةُ الْفُطُورَ.

2- ............ إِلَى عَـمَلِي صَبَاحًا

3- يَدُقُّ ............ جَرَسَ الْبَاب.

4- ............ سَرِيرِي السَّاعَةَ السَّادِسَةَ وَالرُّبع.

5- السَّاعَةُ الْوَاحِدَة و ............ دَقَائِق.

6- السَّاعَةُ الثَّانِيَةُ ............ رُبُعًا .

7- السَّاعَةُ السَّادِسَةُ وَ ............

8- أَنَامُ الثَّالِـثَـةَ ............

9- ............ مِنَ النَّوْمِ السَّادِسَةَ.

10- عِنْدَ ............ اللَّيْل أَنَامُ.

11- يَدُقُّ ............ السَّاعَةَ السَّادِسَةَ صَبَاحًا.

12- ............ الأَيَّامُ واللَّيَـالِي.

13- ............ السَّنَةِ : الرَّبِيعُ والصَّيْفُ والْخَرِيفُ والشِّتَاءُ.

14- أَيَّـامُ الأُسْبُـوعِ : 1 ................ 2- ................ 3 ................

4 ................ 5 ................ 6 ................ 7 ................

تَدْرِيب3 : اكْتُب الْوَقتَ الّذِي تعبّر عنه الصُّورُ الآتِـيَـة :

(1)

(2)

(3)

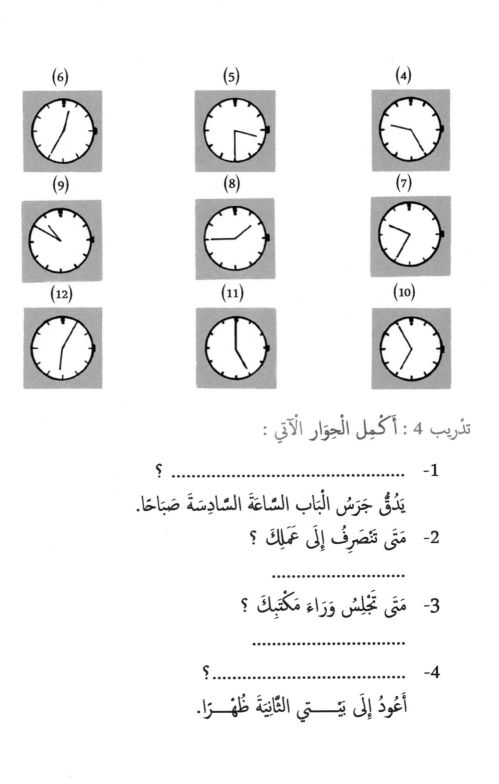

(4)

(5)

(6)

(7)

(8)

(9)

(10)

(11)

(12)

تدْريب 4 : أَكْمِل الْحِوَار الْآتي :

1- .................................................. ؟

يَدُقُّ جَرَسُ الْبَاب السَّاعَةَ السَّادِسَةَ صَبَاحًا.

2- مَتَى تَنْصَرِفُ إِلَى عَمَلِكَ ؟

..............................

3- مَتَى تَجْلِسُ وَرَاءَ مَكْتَبِكَ ؟

..................................

4- ..................................؟

أَعُودُ إِلَى بَيْــــتي الثَّانِيَةَ ظُهْــرًا.

5- ........................ ؟

أُشَاهِدُ التِّلِيفِزْيُون الثَّامِنَةَ مَسَاءً.

6- ........................ ؟

تُشَاهِدُ أُسْرَتِي مَعِي التِّلِيفِزْيُون .

7- ........................ ؟

أَنَامُ عِنْدَ مُنْتَصَفِ اللَّيْلِ ؟

8- ........................ ؟

يَدُقُّ بَائِعُ اللَّبَنِ الْبَابَ السَّادِسَةَ والنِّصْفَ صَبَاحًا.

9- ........................

فِي السَّنَةِ أَرْبَعَةُ فُصُولٍ .

10- مَا هِيَ فُصُولُ السَّنَةِ ؟

........................

11- مَا هِيَ أَيَّامُ الْأُسْبُوعِ ؟

........................

12- مَا هِيَ شُهُورُ السَّنَةِ ؟

........................

تَدْرِيب5. أُكْمِل كَمَا فِي النَّمُوذَج واضبِطْ بالشَّكْل:

يَقْرَأُ الْمُعَلِّمَانِ الْكِتَابَ     يَقْرَأُ الْمُعَلِّمُونَ الْكِتَابَ

1- رَكِبَ الْمُوَظَّفُ الْحَافِلَة     ........................

2- فَتَحَ الْعَامِلُ الْبَابَ     ........................

3- يكتب الدارس الجملة ..............................

4- يزور السائح المدينة ..............................

تَدْرِيب6: أَكْمِل واضْبِطْ بالشَّكْل:

| يَقْرَأُ الْمُعَلِّمُ الْكِتَابَ | يَقْرَأُ الْمُعَلِّمَانِ الْكِتَابَ | يَقْرَأُ الْمُعَلِّمُونَ الْكِتَابَ |
|---|---|---|
| 1-...... المهندس ...... | ........................ | ........................ |
| 2-...... الطبيب ...... | ........................ | ........................ |
| 3-...... السائق ...... | ........................ | ........................ |
| 4-...... السائح ...... | ........................ | ........................ |
| 5-...... الموظف ...... | ........................ | ........................ |
| 6-...... العامل ...... | ........................ | ........................ |
| 7-...... الدارس ...... | ........................ | ........................ |
| 8-...... الضابط ...... | ........................ | ........................ |

تَدْرِيب7: غَيِّرْ كَمَا فِي النَّمُوذَج واضْبِطْ بِالشَّكْل:

| انْتَظَرَ سَامِي الْمُوَظَّفَيْن | انْتَظَرَ سَامِي الْمُوَظَّفِين |
|---|---|
| 1- قابل الرجل( العاملان) | قابل الرجل( العاملون) |
| 2- راجع المدرس ( الدارسان) | راجع المدرس ( الدارسون) |
| 3- انتظر السائق(الراكبان) | انتظر السائق(الراكبون) |
| 4- أدخل الموظف (السائحان) | أدخل الموظف (السائحون) |

تَدْرِيب8: أَكْمِل كَمَا فِي النَّمُوذَج واضْبِطْ بِالشَّكْل:

| | | |
|---|---|---|
| وَرْدَة | وَرْدَتَـــان | وَرْدَات |
| 1- بنت | ....... | ...... |
| 2- صديقة | ....... | ...... |
| 3- معلّمة | ....... | ...... |
| 4- مهندسة | ....... | ...... |
| 5- مريحة | ....... | ...... |
| 6- جميلة | ....... | ...... |
| 7- مئذنة | ....... | ...... |
| 8- سائحة | ....... | ...... |
| 9- لؤلؤة | ....... | ...... |
| 10- فارغة | ....... | ...... |
| 11- طبّاخة | ....... | ...... |
| 12- نخلة | ....... | ...... |
| 13- سفينة | ....... | ...... |
| 14- سمكة | ....... | ...... |
| 15- قطّة | ....... | ...... |

تَدْرِيب9: أَكْمِل كَمَا فِي النَّمُوذَج واضْبِطْ بِالشَّكْل:

| | |
|---|---|
| وَصَلَتْ الْخِطَابَاتُ | قَرَأْتُ الْخِطَابَاتِ |
| 1- جاءت( السائحة) | شاهدت .................. |

2- دقت ( الساعة) اشتريت ..................

3- أين (البرقية)؟ كتبت ..................

4- (الطبيبة) هنا رأيت .................. هنا

5- اشترت (البنت) كتابا أعطيت .................. كتابا

6- حسبت ( الموظفة) الْأجرة شكرت ..................

---

تَدْرِيب10 : أَجِب عَنْ الْأَسْئِلَة الْآتِيَة:

1- مَتَى يَدُقُّ الْمُنَبِّهُ ؟

2- هَلْ يَسْتَيْقِظُ يُوسُفُ السَّاعَةَ السَّادِسَةَ والنِّصْفَ صباحًا؟

3- مَنْ يَدُقُّ جَرَسَ الْبَاب السَّاعَةَ السَّادِسَة والنِّصْف؟

4- كَمْ السَّاعَةُ الآن ؟

5- مَتَى تُحْضِرُ الزَّوْجَةُ الْفُطُورَ؟

6- مَاذَا يَفْعَلُ الرَّجُلُ حِينَ يَجْلِسُ وَرَاءَ مَكْتَبِه ؟

7- لِمَاذَا يَنْظُرُ إِلَى سَاعَةِ الْحَائِط ؟

8- مَتَى تَسْتَيْقِظُ أَنْتَ مِن النَّوْم ؟

9- مَتَى تَذْهَبُ إِلَى عَمِلِكَ ؟

10- مَتَى تَعُودُ إِلَى بَيْتِكَ ؟

11- كَمْ يَوْمًا فِي الأُسْبُوع ؟

12- كَمْ شَهْرًا فِي السَّنَة ؟

اقْرَأ الجُمَلَ الآتِيَةَ وَلَاحِظ الضَّبْطَ واكْتُبْها مَرَّتَيْن:

1- دَقَّت السَّاعَةُ السادسةَ صباحًا .

2- أيقظَ الجرسُ الوالدَيْن .

3- تَركَ الوالدان السريرَ.

4- أَيقظتْ الأمُّ البناتِ والأَولادَ .

5- تَركتْ البناتُ السريرَ.

6- وتركَ الأولادُ السريرَ.

# الدَّرْس السَّادِس عَشَر

## فِي السُّوقِ -1

لَيْلَى ومَرْيَمُ عِنْدَ الخُضَرِيّ

الخُضَرُ الْيَوْمَ طَازَجَةٌ وكَثِيرَةٌ والثَّمَنُ رَخِيصٌ.

الخُضَرِيّ يَبِيعُ

الطَّمَاطِمَ ، الْخِيَارَ ، الْجَزَرَ ، الْخَسَّ.

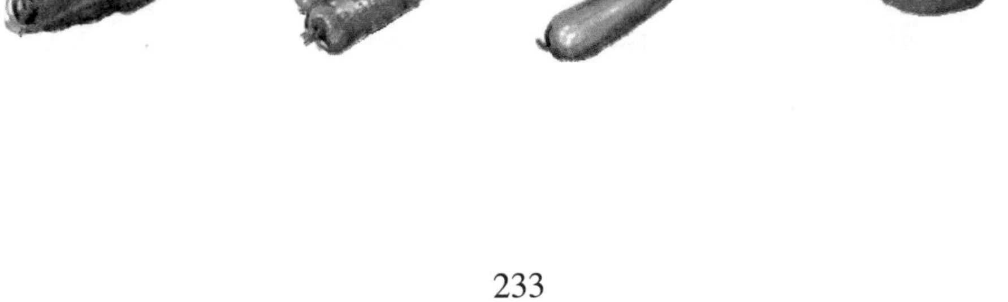

ويَبِيعُ الكُوسَةَ    و البَامْيَة    والْمُلُوخِيَّة    والكُرُنْب

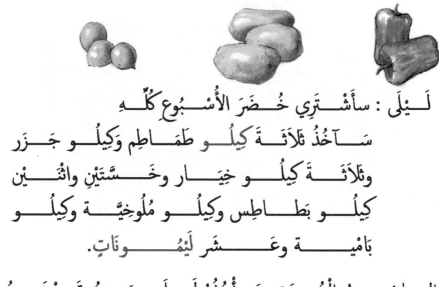

والفُلْفُلَ الأَخضَرَ    والبَطَاطِسَ    واللَّيْمُونَ

لَيْلَى : سأَشْتَرِي خُضَرَ الأُسْبُوعِ كُلِّهِ
سَآخُذُ ثَلاثَةَ كِيلُو طَمَاطِم وَكِيلُو جَزَر
وثَلاثَةَ كِيلُو خِيَار وخَسَّتَيْنِ واثْنَيْن
كِيلُو بَطَاطِس وكِيلُو مُلُوخِيَّة وكِيلُو
بَامْيَة وعَشَر لَيْمُونَاتٍ.

البَائِعُ يَزِنُ الْخُضَرَ وتَأْخُذُهُ لَيْلَى. ومَرْيَم تَشْتَرِي خُضَر الأُسْبُوعِ أَيْضًا.

لَيْلَى لِلْبَائِعِ : هَلْ أَنْتَ الَّذِي تَأْخُذُ النُّقُودَ ؟

البَائِعُ : نَعَمْ

لَيْلَى ومَرْيَمُ تَدْفَعَانِ الْحِسَابَ وَتَشْكُرَانِ الخُضَرِيَّ وَتَنْصَرِفَانِ

# لَـيْلَى ومَرْيَـمُ عِنْـدَ الفاكِـهِي

الْفاكِهَـةُ الْيَـومَ كَثِـيرَةٌ وَطازَجَـةٌ وَبائِعَـةُ الْفاكِهَـةِ تُنـادِي :

الْمَانْجُو الهِنْدِي ، الْعِنَـب الْبَنَـاتِي ، الـشَّمَّامُ الْعَسَلِيّ

وَتُنَـادِي عَـلَى : .....

الْمَوْز ، الْبَلَح

لَيْلى : مِنْ فَضْلِكِ اثْنَيْن كِيلُو مَانْجو و....

بِطِّيخَة صَغِيرَة وَكِيلُو خَوْخ وكيلُو كُمَّثْرَى

مَرْيَم : مِنْ فَضْلِكِ شَمَّامَة مُتَوَسِّطَة واثْنَيْن كِيلُو
عِنَب وكيلُو بَلَح واثْنَيْنِ كِيلُو مَوْز

( البائِعَةُ تَزِنُ الْفَاكِهَةَ )

مَرْيَم لِلْبَائِعَة : هَل أَنْتِ الَّتي تَأْخُذِينَ النُّقُودَ ؟

البائِعَةُ : نَعَمْ

لَيْلَى ومَرْيَمُ تَدْفَعَانِ الْحِسَابَ وَتَنْصَرِفَانِ...

# فِي السُّـــوق -1

## لَــــيْلَى ومَـــرْيَمُ عِنْـــدَ الخُـــضَرِيّ

الخُـــضَرُ اليَـــوْمَ طَازَجَـــةٌ وَكَثِـــيرَةٌ والـــثَّمَنُ رَخِـــيصٌ.

الخُـضَرِيُّ يَبِيـعُ الطَّمَـاطِمَ ، وَالْجَـزَرَ ، وَالْخِيَـارَ ، وَالْخَسَّ،وَيَبِيـعُ الكُوسَـةَ ، والبَامْيَـــة ، والْمُلُوخِيَّـــة، والْفَاصُـــولْيَا والْفُلْفُـــل الأخـــضَر، والبَطَـــاطِسَ، والَّيْمُـــــونَ.

لَـــيْلَى : سأَشْـــتَرِي خُـــضَرَ الأُسْـــبُوعِ كُلِّـــه ،

سَـــآخُذُ ثَلاَثَـــةَ كِيلُـــو طَمَـــاطِم وَكِيلُـــو جَـــزَر وثَلاَثَـــةَ كِيلُـــو خِيَـــار وخَـــسَّتَيْن واثْنَـــيْن كِيلُـــو بَطَـــاطِس وكِيلُـــو مُلوخيَّـــة وكِيلُـــو بَامْيَـــة وعَـــشَر لَيْمُـــونَاتٍ.

البَـائِع يَـزِنُ الخُـضَرُ وتَأْخُـذُه لَـيْلَى ، ومَـرْيَم تَـشْتَرِي خُـضَرَ الأُسْـبوع أَيْـضًا.

لَـــيْلَى لِلْبَـــائِعِ : هَـــلْ أَنْـــتَ الَّـــذِي تَـــأْخُذُ النُّقُـــود ؟

البَـــــائِع : نَعَـــــمْ.

لَـــيْلَى ومَـــرْيَم تَـــدْفَعَان الْحِـــسَاب وَتَـــشْكُرَانِ الخُـــضَرِيَّ وَتَنْـــصَرِفَان.

## لَـــيْلَى ومَـــرْيَم عِنْـــدَ الفَـــاكِهِي

الْفَاكِهَـــةُ الْيَـــوم كَثِـــيرَةٌ وَطازَجَـــةٌ وَبَائِعَـــةُ الْفَاكِهَـــة تُنَـــادِي :

الْمَانْـــجو الهِنْـــدِي - الْعِنَـــب الْبَنَـــاتِي - الـــشَّمَّام الْعَـــسَلِيّ وَتُنَـــادي عَـــلَى الْمَـــوْزِ والْـــبَلَح.

لَـــيْلَى : مِـــنْ فَـــضْلِكِ اثْنَـــيْن كِيلُـــو مَانْـــجو وبِطِّيخَـــة صَـــغِيرَة وَكِيلُـــو خَـــوْخ وكيلـــو كُمَّثْـــرَى .

مَـــرْيَمُ : مِـــنْ فَـــضْلِكِ شَمَّامَـــة مُتَوَسِّـــطَة واثْنَـــيْن كِيلُـــو

عِنَـــب وكيلُـــو بَلَـــح، واثْنَـــيْنِ كِيلُـــو مَـــوْز.

( البائِعَـــةُ تَـــزِنُ الْفَاكِهَـــةَ )

مَرْيَـــم لِلْبائِعَـــة : هَـــل أَنْـــتِ الَّـــتِي تَأْخُـــذِينَ النُّقُـــودَ ؟

البائِعَـــــةُ : نَعَـــمْ.

لَـــيْلَى ومَـــرْيَمُ تَـــدْفَعَانِ الْحِـــسَاب وَتَنْـــصَرِفَان...

## الكَلِمَات الْجَدِيدَة

| | | | | |
|---|---|---|---|---|
| الشَّمَّام | الْعَسَلِيّ | لَيْمُونَة | لَيْمُونَات | مَانْجو |
| يَبِيع | يُنَادي | فُلْفُل | أَخضَر | وَزَنَ |
| وَقَفَ | كُرُنْب | كُلّ | كِيلُو | فَاصُولْيَا |
| الْفَاكِهِيّ | فَاكِهِي | مُلُوخِيَّة | كُوسَة | نَطْبُخ |
| كَثِير | عِنَب | عِنَب بَنَـــاتِي | | قَابَل |
| مَاهِر | يَقُود | يَسْكُن | يَتَعَلَّم | يَحْجِز |
| مِيزَان | تَنْصَرِف | تَتَحَدَّث | الْخُضَرِيّ | طَازَجَة |
| رَخِيص | اسْم | الْجَزَر | لَبِس | خِيَار |
| خَسّ | بَامْية | بَلَح | بِطِّيخ | خَوْخ. |

## تَدْرِيبَات

تَدْرِيب 1: **اخْتَرِ الْكَلِمَةَ الصَّحِيحَةَ** مِنْ بَيْنِ الْكَلِمَات الْمَوْجُودَة أَمَام كُلِّ سُؤَال :

1- يَزِنُ الْبَائِعُ ( الْفَاكِهَةَ- النُّقُودَ- الْحِسَابَ).

2- تَشْتَرِي لَيْلَى (بِالنُّقُودِ- بِالْحِسَابِ- بِالْبَائِعِ ).

3- تَطْبُخُ مَرْيَمُ ( الْخُضَرَ- اللَّيْمُونَ- الْفَاكِهَةَ ).

4- الْمَانْجُو ( الْهِنْدِيّ- الْبَنَاتِيّ – الْعَسَلِيّ ).

5- الْفَاكِهِيّ يَبِيعُ ( الْمَوْزَ – الْكُتُبَ- الدَّوَاءَ ).

6- الْخُضَرِيُّ يَبِيعُ (الْمَانْجُو- الْبِطِّيخَ- اللَّيْمُونَ ).

7- لَيْلَى ومَرْيَم (تَدْفَعَانِ الْحِسَابَ- تَبِيعَانِ – تَأْخُذَانِ النُّقُودَ ).

8- الخُضَرُ الْيَوْمَ ( هِنْدِيَّةٌ – طَازَجَةٌ- مُلُوخِيَّةٌ ).

9- مِنَ الْخُضَرِ ( الْكُرُنْب- الْخَوْخ- الْكُمَّثْرَى ).

10- مِنَ الْفَاكِهَةِ (الطَّمَاطِمُ- الْبِطِّيخُ – الْبَامِيَةُ).

تَدْرِيب2 : **كَوِّن جُملاً تَامَّةً** مِنْ مَجْمُوعَاتِ الْكَلِمَاتِ الآتِيَة:

1- الْيَوْمَ – طَازَجَةٌ – الْخُضَرُ – كَثِيرَةٌ – وَ .

2- الْخُضَرِيُّ – الْجَزَرَ – الْخِيَارَ – الْكُوسَةَ – وَ – وَ – يَبِيعُ.

3- نَطْبُخُ – وَ – الْبَامِيَةَ – نَأْكُلُهَا.

4- الأَخْضَرُ – الْفُلْفُل – رَخِيصٌ – كَثِيرٌ – وَ .

5- تَدْفَعَانِ – لَيْلَى – الْحِسَابَ – وَ – مَرْيَمُ.

6- لَيْلَى – مِنْ – الْبَائِعِ – عِنْد – تَنْصَرِفُ.

7- مَرْيَمُ – تَشْكُرَانِ – وَ – لَيْلَى – الْخُضَرِيَّ .

8- الْفَاكِهَةُ – الْيَوْمَ – وَ – طَازَجَةٌ – رَخِيصَةٌ.

9- الْفَاكِهَةِ – بَائِعُ – يُنَادِي.

10- الشُّرْطِيُّ – يُنَادِي – النَّاسِ – عَلَى.

11- عِنْدَ – الْمَانْجو – الْفَاكِهِيِّ – الْهِنْدِيّ.

12- عِنْدَ – الأَخْضَرُ – الْفُلْفُلُ – الْخُضَرِيِّ .

تَدْرِيب3: اقْرَأْ النَّمُوذَجَ الآتِي ثُمَّ أَكْمِل :

هَـذَا هُوَ الْبَـائِـــع الَّذي يَأْخُذُ النُّقُودَ.

هَـذِه هِيَ الْبَـائِـعَـةُ الَّـتي تَأْخُذُ النُّقُودَ.

هَذَانِ هُـمَا الْبَائِعَانِ اللَّذَانِ يَأْخُذَانِ النُّقُودَ.

هَاتَانِ هُـمَا الْبَائِعَتَانِ اللَّتَانِ تَأْخُذَانِ النُّقُودَ.

هَؤُلاءِ هُـمْ الْبَائِعُونَ الَّذِينَ يَأْخُذُونَ النُّقُودَ.

هَؤُلَاءِ هُنَّ الْبَائِعَاتُ اللَّاتِي يَأْخُذْنَ النُّقُودَ.

أ- مَن الَّذِي يَشْتَرِي الْفَاكِهَةَ ؟

الَّـــتي.............. ......................

اللَّذَانِ.............. ......................

اللَّـتَانِ.............. ......................

الَّـذيـنَ.............. ......................

اللَّاتِي.............. ......................

ب- الْمُهَنْدِسُ الَّذِي قَابَلْتُهُ مِنْ سُورِيَا.

المهندسـة ......................

المهندسان ......................

المهندستان ......................

المهندسون ......................

المهندسات ......................

ج- السائقُ الذي يَقُودُ السيارةَ مَاهِرٌ

...................... تقـــود ......................

...................... يقودان ......................

...................... تقودان ......................

...................... يقودون ......................

...................... يـــقدن ......................

د- هذا هو السائحُ الذي زارَ المتحفَ

هـــذه ......................

هـــذان ......................

هـاتـان ......................

هـؤلاء ......................

هـؤلاء ......................

هـ - دخل الطبيبُ الذي يفحصُ يوسفَ

......................

..............................

..............................

..............................

..............................

تَدْرِيب 4: أَكْمِل بِوَضْع اسْم الْمَوْصُول الْمُنَاسِب فِي الْجُمَل الْآتِيَة :

( الّذِي - الَّتِي - اللَّذَانِ - اللَّتَانِ - الَّذِينَ - اللَّاتِي )

1- الوردةُ . . . . . . . في يدِ البائِع جميلةٌ.

2- الكتابُ . . . . . . . أقرأه جَيِّدٌ.

3- دَخلتُ البيتَ . . . . . . . يَسكنُه أَخِي.

4- رَكِبتُ السيارةَ . . . . . . . اشْتَرَتْهَا.

5- هُمَا دَخَلاَ الفندقَ . . . . . . . يَسْكُنَانِ فيه.

6- دخل يوسفُ المطعمَ . . . . . . . يأكلُ فيه.

7- قالت ليلى : الْخِطَابَانِ . . . . . . . معي مِنْ أُمِّي.

8- قال البائعُ : الْخَسَّتَانِ . . . . . . . فوق الطاولة جيِّدتانِ.

9- قال الطَبيبُ: اِخْلَعْ ملابِسَكَ . . . . . . . تَلْبَسُهَا.

10- قال مُوظّفُ البريد : مَنْ الشَّخْصُ . . . . . . . سترسلُ إِليه الخطابَ ؟

11-قال مُوظّفُ الهاتف : مَنْ الْأَشْخَاصُ . . . . . . . تريد أن تُحَدِّثَهُم ؟

12- قالت الْأُمُّ : مَنْ البناتُ. . . . . . سَيُذاكِرْنَ مَعَكِ ؟

تَدْرِيب 5: **تَحَدَّث** بِالْجُمَل الآتِيَة : عَنِ الْمُفْرَدَة وَمُثَنَّى الْمُذكَّر وَالْمُؤَنَّث وَجَمْع الْمُذكَّر وَالْمُؤَنَّث :

1- الْمُمَرِّضُ الـذِي يَحْجِزُ لِلْفَحْصِ صَدِيقٌ لِي .

الـممرضـة ..............................

الـممرضان ..............................

الـممرضتان ..............................

الـممرضون..............................

الـممرضات ..............................

2- التلميذُ الـذي يذاكـرُ صَديـقٌ لابـــني .

..............................

..............................

..............................

..............................

..............................

3- وقف البائعُ الذي يبـيـعُ الفَـاكِهَةَ أمـامَ الـميـزان.

..............................

..............................

..............................

..............................

..............................

4- يذاكر الطالبُ الذي يتعلمُ اللغـةَ العربيـةَ دُرُوسَهُ .

..........................................

..........................................

..........................................

..........................................

..........................................

5- الّذي يأكلُ كثيرًا ينـامُ كثـيرًا.

..........................................

..........................................

..........................................

..........................................

..........................................

تَـدْريب 6: اسـتخدم الكلـمات الآتيـةَ فِي جمـلٍ مفيـدةٍ:

الّذِي - اللَّتَـانِ - الّذيـنَ - الـسائق - الـسيارة

الـسوق - تأخـذ - تأخـذان - الـشَّمَّام العـسليّ

ثَلَاثَـة كِـيلُوات - عنـب - كيلـو - بلـح - تـدفعان الحساب

يتـصرف - العنـب البنـاتي - الفاكهـة - خَـسَّة

يبيـع - تـشتري - مـن فـضلك.

تَدْريب 7: أكمل الحوار الآتي :

1- .....................؟

أنَا خُضَريٌّ

2- ......................؟

عندي كوسة وبامْيَة ومُلوخِيَّة وفُلْفُل أخْضَر وَجَزَر وَخَسّ وَلَيْمُون.

3- .....................؟

اثْنَيْن كيلو كوسة وكيلو بامْيَة وكيلو فُلْفُل أخْضَر.

4- كم الثَّمنُ ؟

.......................

5- ................؟

أنَا فاكِهِيٌّ .

6- ......................؟

عندي عِنَبٌ وكُمَّثْرى وخوخ وبِطِّيخ ومانْجو وشَمَّام.

7- ماذا تَشْتَرِينَ؟

..........................

8- كَمْ قرشًا أدفعُ ؟

.........................

9- شُكْرًا.

.........................

تَدْريب 8: أجب عَن الأسْئلة التّاليـة :

1- أَيْـنَ لَيْـــلَى ومريمُ الآن ؟
2- مـاذا يـبيعُ الخضريُّ ؟
3- هـل الـفلفـلُ الأخضرُ والليمونُ والكرنبُ عنْدَ الـخضريّ ؟
4- من قالت سأشـتري خضـرَ الأُسـبوعِ كلِّـه ؟
5- كـم كيلو طمـاطم اشترتْ ليـلى ؟
6- مَنْ وَزَنَ الْـخُضَرَ؟
7- كـم خَسَّـةً اشْـتَرَتْ ليلى ؟
8- هـل اشـترتْ مريمُ خُضَـرَ الأُسْبوعِ؟
9- من البـائعُ الثاني الذي وقفتْ عنده ليـلى ومريـم ؟
10- على ماذا يـنـادي الفـاكـهيُّ ؟
11- مـا الشمـامةُ التي اشـترتْـها مريمُ ؟
12- كـم كيـلو بـلح اشـترتْ مريـمُ ؟

تَدْريب 9: عبر عن الصور الآتِية بـجمل مفيدة:

(1)
(2)
(3)

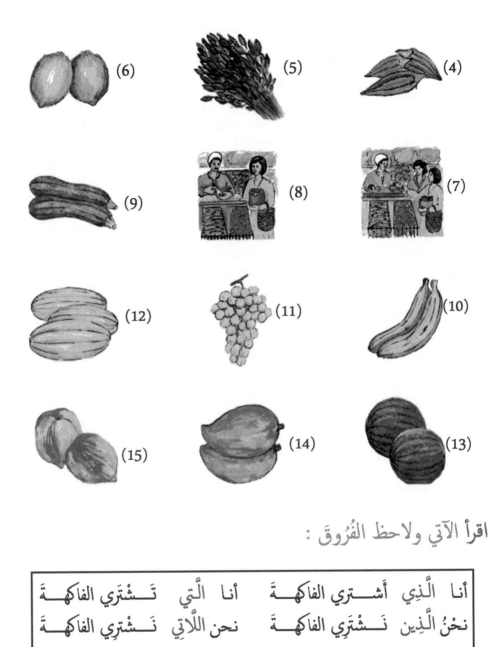

(4)

(5)

(6)

(7)

(8)

(9)

(10)

(11)

(12)

(13)

(14)

(15)

**اقرأ الآتي ولاحظ الفُرُوقَ :**

| | |
|---|---|
| أنا الَّذِي أَشـــتري الفاكهـــةَ | أنا الَّتي تَـــشْتَري الفاكهـــةَ |
| نحْنُ الَّذِين نَـــشْتَرِي الفاكهـــةَ | نحن اللَّاتِي نَـــشْتَرِي الفاكهـــةَ |

| | |
|---|---|
| أَنتَ الّذِي تَشْتَرِي الفاكهةَ | أنتِ الَّتِي تَشْتَرِينَ الفاكهةَ |
| أَنْتُما اللَّذَانِ تَشتَرِيَانِ الفاكهةَ | أَنتُمَا اللَّتَانِ تَشْتَرِيانِ الفاكهةَ |
| أَنْتُمْ الَّذِينَ تَشْتَرُونَ الفاكهةَ | أَنتُنَّ اللَّاتِي تَشْتَرِينَ الفاكهةَ |
| هُوَ الَّذِي يَشْتَرِي الفاكهةَ | هِيَ الَّتِي تَشْتَرِي الفاكهةَ |
| هُمَا اللَّذَان يَشْتَرِيَانِ الفاكهةَ | هُمَا اللَّتَانِ تَشتَرِيانِ الفاكهةَ |
| هُمْ الَّذِينَ يَشْتَرُونَ الفاكهةَ | هُنَّ اللَّاتِي يَشْتَرِينَ الفاكهةَ |

## الدَّرْس السَّابع عَشَر

# فِي السُّوقِ -2

## عِنْدَ البَقَّالِ

البَقَّالُ أَمَامَهُ زَبَائِنُ كَثِيرُون : زَبُونٌ يَشْتَرِي السُّكَّرَ وَالْبُنَّ وَالشَّاي، وَزَبُونٌ يَشْتَرِي الجُبْنَ وَالزَّيْتُونَ وَالزَّبَادِي ، وَزَبُونٌ ثَالِثٌ يَشْتَرِي الخُبْزَ وَاللَّبَنَ وَالعَسَلَ الأَبْيَضَ ، وَزَبُونٌ رَابِعٌ ... وَخَامِسٌ ... وَسَادِسٌ...

لَيْلَى : مِنْ فَضْلِكَ أَعْطِنِي كِيلُو مَكَرُونَة وَاثْنَيْن كِيلُو أُرْز وَنِصْف كِيلُو فُلْفُل أَسْوَد وَكِيس مِلْح

( البَقَّالُ يَقِفُ أَمَامَ المِيزَانِ وَيَزِنُ الْمَكَرُونَةَ وَالأُرْزَ وَالْفُلْفُل).

مـــريم : مِـــن فَـــضلِكَ أَعْطِـــنِي زُجَاجَـــةَ خَـــلّ وَزُجَاجَـــةَ زَيْـــت وَعُلْبَـــةَ كِبْرِيـــت وَكِـــيسَ مِلْـــحٍ وَنِـــصْفَ كِيلُـــو زَيْتُـــون وبَاكُـــو زُبْـــدَة وَزُجَاجَـــةَ لَـــبَنٍ.

( البَقَّـــالُ يَـــضَعُ الْمُـــشْتَرَياتِ أَمَـــام مَرْيَـــمَ - لَيْـــلَى وَمَـــرْيَم تَـــدْفَعَانِ الـــثَّمَنَ، وَتَأْخُـــذَانِ المُـــشْتَرَيَاتِ إِلَى الـــسَّيَارَة، وَتَـــذْهَبَانِ إِلى الْجَـــزَّارِ.)

## عِنْدَ الجَـزَّارِ

مَـــرْيَم : مَـــا أَنْـــوَاعُ اللَّحْـــمِ عِنْـــدَكَ الْيَـــومَ ؟

الْجَـــزَّارُ: عِنْـــدِي ضَـــأنِي وَبَقَـــرِي وَعِنْـــدِي أَيْـــضًا دَجَـــاجٌ وَبَـــطٌّ

مَـــرْيَم : مِـــن فَـــضْلِكَ أَعْطِـــنِي كِيلُـــو ضَـــأنِي وَكِيلُـــو بَقَـــرِي وَكِيلُـــو بَقَـــرِي مَفْـــرُوم وَنِـــصْفَ كِيلُـــو كِـــبْدَة.

لَـــيلى : مِـــن فَـــضْلِكَ أَعْطِـــنِي دَجَـــاجَتَيْنِ وَبَطَّـــةً وَنِـــصْفَ كِيلُـــو بَقَـــرِي مَفْـــرُوم.

لَـــيلى ومَـــريم تَـــدْفَعَان الـــثَّمَنَ وتَـــضَعَانِ الْمُـــشْتَرَيَاتِ فِي الـــسَّيَّارَةِ.

## 2- فِي السُّـوق

أ - عِنْـــدَ الْبَقَّـــال:

البَقَّـــالُ أَمَامَـــهُ زَبَائِـــنُ كَثـــيرُون : زَبُـــونٌ يَـــشْتَرِي الـــسُّكَّرَ وَالْـبُنَّ وَالـشَّاي، وَزَبُـونٌ يَـشْتَرِي الجُـبْنَ وَالزَّيْتُـون وَالـزَّبَادِي ، وَزَبُـــونٌ ثَالِـــثٌ يَـــشْتَرِي الخُـــبْزَ وَاللَّـــبَنَ وَالْعَـــسَلَ الأَبْـــيَضَ، وَزَبُـــونٌ رَابِـــعٌ ... وَخَـــامِسٌ ... وَسَـــادِسٌ...

لَيْـلَى : مِـــنْ فَـــضْلِكَ أَعْطِـــنِي كِيلُـــو مَكَرُونَـــة وَاثْنَـــيْن كِيلُـــو أُرْز وَنِـــصْف كِيلُـــو فُلْفُـــل أَسْـــوَد وَكِـــيس مِلْـــح.

( البَقَّـالُ يَقِـفُ أَمَـامَ المِـيزَانِ وَيَـزِنُ الْمَكَـرُونَةَ وَالأُرْز وَالْفُلْفُـل).

مـريـم : مِـــن فَـــضلِكَ أَعْطِـــنِي زُجَاجَـــةَ خَـــلّ وَزُجَاجَـــةَ زَيْـــت، وَعُلْبَـــةَ كِبْرِيـــت وَكِـــيسَ مِلْـــحٍ وَنِـــصْف كِيلُـــو زَيْتُـــون وبَاكُـــو زُبْـــدَة وَزُجَاجَـــةَ لَـــبَنٍ.

( البَقَّـالُ يَـضَعُ المُـشْتَرَياتِ أَمَـام مَـرْيَمَ - لَـيْلَى وَمَـرْيَم تَـدْفَعَانِ الـثَّمَنَ، وَتَأْخُـذَانِ الْمُـشْتَرَيَاتِ إِلَى الـسَّيَارَة، وَتَـذْهَبَان إِلَى الْجَـزَّارِ.)

ب - عِنْـــدَ الْجَـــزَّارِ:

مَـرْيَـم : مَـــا أَنْـــوَاعُ اللَّحْـــمِ عِنْـــدَكَ الْيَـــومَ ؟

الْجَـزَّار : عِنْـدِي ضَـأْنِي وَبَقَـرِي وَعِنْـدِي أَيْـضًا دَجَـاجٌ وَبَـطٌّ .

مَـرْيَـم : مِـن فَـضْلِكَ أَعْطِـنِي كِيلُـو ضَـأْنِي وَكِيلُـو بَقَـرِي وَكِيلُـو بَقَـــرِي مَفْـــرُوم وَنِـــصْف كِيلُـــو كِبْـــدَة.

لَيْلَى : مِن فَضْلِكَ أَعْطِنِي دَجَاجَتَيْنِ وَبَطَّةً وَنِصْفَ كِيلُو بَقَرِي مَفْرُوم.

(ليلى ومريم تَدْفَعَان الثَّمَنَ ، وتَضَعَانِ المُشْتَرَيَاتِ فِي السَّيَارَةِ.)

## الْكَلِمَات الْجَدِيدة

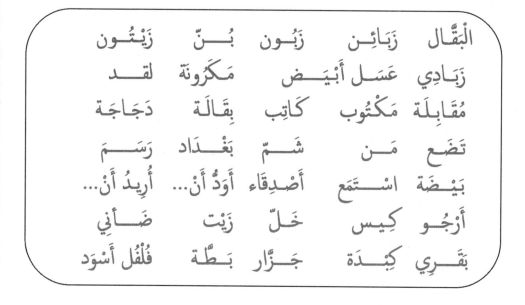

| | | | | |
|---|---|---|---|---|
| الْبَقَّال | زَبَائِن | زَبُون | بُنّ | زَيْتُون |
| زَبَادِي | عَسَل أَبْيَض | | مَكَرُونة | لقد |
| مُقَابِلَة | مَكْتُوب | كَاتِب | بِقَالَة | دَجَاجَة |
| تَضَع | مَن | شَمّ | بَغْدَاد | رَسَمَ |
| بَيْضَة | اسْتَمَع | أَصْدِقَاء | أَوَدُّ أَنْ... | أُرِيدُ أَنْ... |
| أَرْجُو | كِيس | خَلّ | زَيْت | ضَأْنِي |
| بَقَرِي | كِبْدَة | جَزَّار | بَطَّة | فُلْفُل أَسْوَد |

## تدريبات

تَدْرِيب1 : كَوِّن جُملاً تَامَّةً مِنْ مَجْمُوعَاتِ الْكَلِمَاتِ الآتِيَة:

1 ـ مَا ـ اللَّحْم ـ عِنْدَكَ ـ أَنْوَاعُ ـ الْيَوْم ؟

2 ـ أَيْضًا ـ دَجَاجٌ ـ عِنْدِي ـ بَطٌّ ـ وَ .

3 - دَجَاجَتَيْن - مِنْ - أَعْطِنِي - فَضْلِكَ.

4 - تَدْفَعَانِ - لَيْلَى - الثَّمَنَ - وَ - مَرْيَم.

5 - فِي - الْمُشْتَرَيَاتُ - السَّيَّارَة.

6 - كِيلُو - نِصْفُ - فِي - زَيْتُون - الْمِيزَان.

7 - يَقِفُ - الْمِيزَان - أَمَامَ - الْبَقَّالُ.

8 - الْبَائِعُ - الْمُشْتَرَيَاتِ - يَضَعُ - مَرْيَم - أَمَامَ.

9 - كَثِيرُونَ - زَبَائِنُ - أَمَامَ - الْبَقَّال.

10 - يَشْتَرِي - السُّكَّرَ - وَ - زَبُونٌ - الشَّايَ.

11 - الْعَسَلَ - الْبَيْض - وَ - نَأْكُلُ - الْخُبْزَ - وَ.

12 - الْبَائِعُ - الْمَكَرُونَةَ - يَزِنُ - الْفُلْفُل - وَ.

تَدْرِيب2 : ارِبط بَيْن الصُّورَةِ وَالْكَلِمَةِ الَّتِي تَدُلُّ عَلَيْهَا:

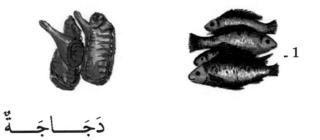

1 - 

دَجَـــاجَـــةٌ

2 -

لَحْمٌ مَفْرُومٌ

3 -

زُجَاجَةُ لَبَنٍ

4 -

فُلْفُلٌ أَسْوَد

5 -

بَيْضٌ

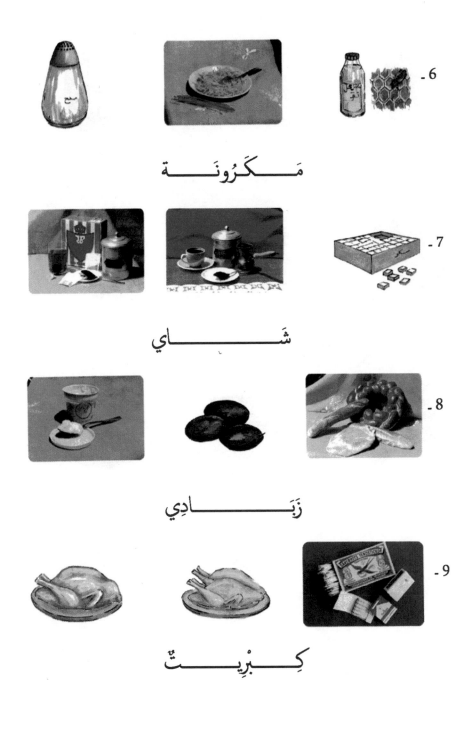

6 -

مَـــكَرُونَـــة

7 -

شَـــــاي

8 -

زَبَـــــادِي

9 -

كِـــبْرِيـــتٌ

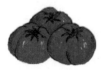

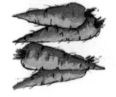

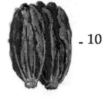

10 -

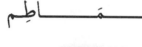

طَـــمَـــاطِم

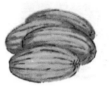

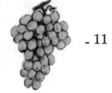

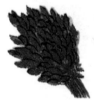

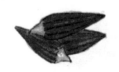

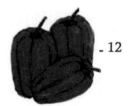

11 -

شَـــمَّـــام

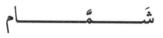

12 -

بَـــامْـــيَة

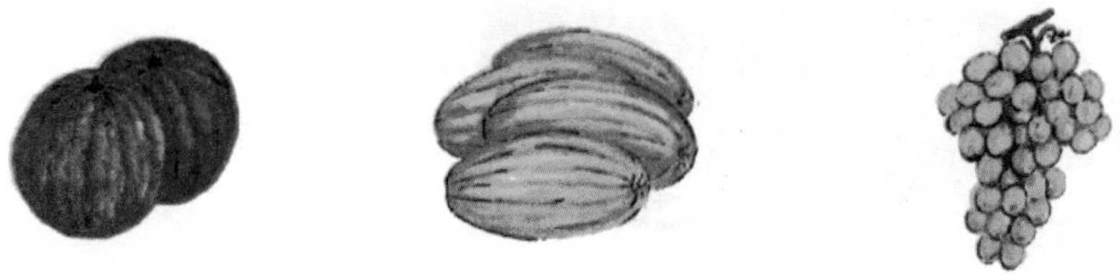

تدْرِيب3: أكْمِل كَمَا فِي النَّمُوذج :

| | | | | |
|---|---|---|---|---|
| كَتَبَ | يَكْتُبُ | أُكْتُبْ | كَاتِبٌ | مَكْتُوبٌ |
| 1 - رَسَمَ | .......... | ............ | ............ | ............ |
| 2 - لَعِبَ | .......... | ............ | ............ | ............ |
| 3 - قَرَأَ | .......... | ............ | ............ | ............ |
| 4 - وَزَنَ | .......... | ............ | ............ | ............ |
| 5 - فَتَحَ | .......... | ............ | ............ | ............ |
| 6 - دَخَلَ | .......... | ............ | ............ | ............ |
| 7 - وَضَعَ | .......... | ............ | ............ | ............ |
| 8 - تَرَكَ | .......... | ............ | ............ | ............ |
| 9 - ضَحِكَ | .......... | ............ | ............ | ............ |
| 10 - دَرَسَ | .......... | ............ | ............ | ............ |
| 11 - شَرِبَ | .......... | ............ | ............ | ............ |
| 12 - أَكَلَ | .......... | ............ | ............ | ............ |
| 13 - شَمَّ | .......... | ............ | ............ | ............ |
| 14 - سَمِعَ | .......... | ............ | ............ | ............ |
| 15 - وَقَفَ | .......... | ............ | ............ | ............ |
| 16 - فَحَصَ | .......... | ............ | ............ | ............ |

تَدْرِيب4: أَكْمِلْ كَمَا فِي النَّمُوذَج :

| | | | |
|---|---|---|---|
| هَـذَا وَلَـدٌ | هَـذَا إِبْـرِيقٌ | هَـذِهِ بِنْتٌ | هَـذِهِ كُـرَةٌ |
| هَـذَانِ وَلَـدَانِ | هَـذَانِ إِبْرِيقَـانِ | هَـاتَانِ بِنْتَـانِ | هَاتَانِ كُرَتَانِ |
| هَـؤُلاءِ أَوْلَادٌ | هَـذِهِ أَبَـارِيقُ | هَـؤُلاءِ بَنَاتٌ | هَـذِهِ كُـرَاتٌ |
| 1 ـ ........ضَابِطٌ | .................... | ..........طِفْلَةٌ | .................. |
| ............... | .................... | ................. | .................. |
| ............... | .................... | ................. | .................. |
| 2 ـ ........مِفْتَاحٌ | .................... | ........مَدْرَسَةٌ | .................. |
| ............... | .................... | ................. | .................. |
| ............... | .................... | ................. | .................. |
| 3 ـ .......مِشْبَكٌ | .................. | ........بَائِعَةٌ | .................. |
| ............... | .................... | ................. | .................. |
| ............... | .................... | ................. | .................. |
| 4 ـ .........قَلَمٌ | .................... | ..........عَيْنٌ | .................. |
| ............... | .................... | ................. | .................. |
| ............... | .................... | ................. | .................. |
| 5 ـ ...... مُهَنْدِسٌ | .................... | ..........سِنٌّ | .................. |
| ............... | .................... | ................. | .................. |
| ............... | .................... | ................. | .................. |

| | | | |
|---|---|---|---|
| 6 ـ ...... طَبّاخٌ | .................. | مِغْرَفَةٌ ......... | .................. |
| ............... | .................. | ................. | .................. |
| ............... | .................. | ................. | .................. |
| 7 ـ ....... إِبْرِيقٌ | .................. | نَخْلَةٌ ......... | .................. |
| ............... | .................. | ................. | .................. |
| ............... | .................. | ................. | .................. |
| 8 ـ ....... قَمِيصٌ | .................. | مُمَرِّضَةٌ ........ | .................. |
| ............... | .................. | ................. | .................. |
| ............... | .................. | ................. | .................. |
| 9 ـ ......... بَيْتٌ | .................. | شَمْسٌ ......... | .................. |
| ............... | .................. | ................. | .................. |
| ............... | .................. | ................. | .................. |
| 10 ـ ...... سُورٌ | .................. | حَدِيقَةٌ ........ | .................. |
| ............... | .................. | ................. | .................. |
| ............... | .................. | ................. | .................. |
| 11 ـ ...... حَبْلٌ | .................. | قِطَّةٌ ......... | .................. |
| ............... | .................. | ................. | .................. |
| ............... | .................. | ................. | .................. |

12 ـ ......مُشْطٌ .................... ..........سَفِينَةٌ .................

.............. .................... ................ .................

.............. .................... ................ .................

13 ـ .......مِقَصٌّ .................... ..........بَيْضَةٌ .................

.............. .................... ................ .................

.............. .................... ................ .................

14 ـ .......رَجُلٌ .................... ..........سَيَّارَةٌ .................

.............. .................... ................ .................

.............. .................... ................ .................

15 ـ .......طِفْلٌ .................... ........ سَمَكَةٌ .................

.............. .................... ................ .................

.............. .................... ................ .................

تَدْرِيب5 : ضَعْ اسْمَ الإِشَارة الْمُنَاسِب أَوْ اسْمَ الْمَوْصُول في الجُمَل الآتية:

1 ـ . . . . . . . . . . كمال

2 ـ . . . . . . . . . . ليلى

3 ـ . . . . . . . . . . بطَاقَتَان.

4 ـ الْبِطاقَةُ . . . . . . . . . . مَعَكَ لِلسَّفَر.

5 ـ الضَّابِط . . . . . . . . . . أَمَامَكَ أَخِي.

6 ـ . . . . . . . . . . أَطِبَّاءُ.

7 ـ . . . . . . . . . طَبِيبَاتٌ.

8 ـ الكتابُ . . . . . . . . . تَقْرَأه جيِّدٌ.

9 ـ الكتبُ . . . . . . . . . تقرأها جيِّدَةٌ.

10 ـ . . . . . . . . . موظفُ الجوازات.

11 ـ . . . . . . . . . هي طائرةُ الكُوَيْتِ.

12 ـ . . . . . . . . . مَعْهَدُ اللُّغَةِ الْعَربِيَّة.

13 ـ الرَّجُلُ . . . . . . . . . يَلْعَبُ مُدرِّسٌ.

14 ـ الرجالُ . . . . . . . . . يَلْعَبُونَ مُدرِّسُونَ.

15 ـ البَنَاتُ . . . . . . . . . يَلْعَبْنَ طَالِبَاتٌ.

16 ـ . . . . . . . . . طِفْلانِ يَضْحَكَانِ.

17 ـ . . . . . . . . . طِفْلَتَانِ تَلْعَبَانَ.

تَدْرِيب6 : أَكْمِل كَمَا فِي النَّمُوذَج:

كَتَبَتْ لَيْلَى الدَّرْسَ الَّذِي نَسِيَتْهُ.

1 ـ شَرِبَتْ سميرةُ اللَّبَنَ ...............................

2 ـ ركبَ أَحْمَدُ السيارةَ ...............................

3 ـ نَادَى البَائِعُ على الفاكهةِ ...............................

4 ـ حَمَلَتْ ليلى الْمُشْتَرَيَاتِ ...............................

5 ـ قَابَلَ كمالُ أَصْدِقَاءَهُ ...............................

6 ـ قَابَلَتْ فَاطمةُ الصَّدِيقَاتِ ...............................

7 ـ نِمْتُ على السَّرِيرِ ...............................

8 ـ اسْتَمَعْتُ إِلَى الْـهَاتِفِ ..........................

9 ـ دَخَلْتُ الْحَـــمَّامَ..........................

10 ـ وَقَفْتُ أمـــامَ الطَّاوِلَةِ..........................

11 ـ أَكَلْتُ الْحَلْــوَى ..........................

12 ـ شَرِبْتُ الْعَصِــيرَ..........................

## تَدْرِيب7 : أَكْمِل كَمَا فِي النَّمُوذج:

أَوَدُّ أَنْ تَضْحَكَ كَثِيــرًا.

| | |
|---|---|
| 1 ـ أَوَدُّ أَنْ.......... اللَّبَنَ | 7 ـ أَوَدُّ أَنْ .......... نُقُودِي |
| 2 ـ أَوَدُّ أَنْ.......... السَّيَّارَةَ | 8 ـ أَوَدُّ أَنْ .......... الطَّائِرَةَ |
| 3 ـ أَوَدُّ أَنْ.......... الْمَتْحَفَ | 9 ـ أَوَدُّ أَنْ .......... ضَغْطَ الدَّمِ |
| 4 ـ أَوَدُّ أَنْ.......... الـخُضَرَ | 10 ـ أَوَدُّ أَنْ .......... الدَّوَاءَ |
| 5 ـ أَوَدُّ أَنْ.......... اللَّحْمَ | 11 ـ أَوَدُّ أَنْ .......... الطَّبِيبَ |
| 6 ـ أودُّ أن.......... مَلَابِسِي | 12 ـ أَوَدُّ أَنْ .......... بِطاقَةَ الْوُصُولِ |

## تَدْرِيب8 : أَكْمِل الْجمل التَّالِيَة باختِيار الْكَلِمَة الْمُنَاسِبَة :

أُرِيـدُ أَنْ أَدْخُــلَ الْحُجْــرَةَ.

1 ـ أُرِيدُ أَنْ .......... صَدِيقِي.

2 ـ أريد أَنْ .......... اللغةَ العربيةَ.

3 ـ أريد أَنْ .......... الْحَافِلَةَ.

4 - أُرِيدُ أَنْ .................عَلَى الكُرْسِيِّ.

5 - أريد أَنْ .................عَلَى السَّرِيرِ.

6 - أريد أن .................بِرَقِيَّةً إلى أَخِي.

7 - أريد أَنْ .................بَيْتَ الأُسْرَةِ.

8 - أريد أن .................الْخُضَرَ وَالْفَاكِهَةَ.

9 - أريد أن .................التِّلْفَازَ.

10 - أريد أن .................الْمِذْيَاعَ.

11 - أريد أن .................الدَّرْسَ.

12 - أريد أن .................الْهَاتِفَ.

تَدْرِيب9 : أكمل الجمل الآتية باختيار الكلمة المناسبة:

الثَّمَنَ - الْمُرْسَلِ إِلَيْهِ - قَصِيرٌ - بِطَاقَةَ الْوُصُولِ
النَّقْلِ - السَّادِسَةَ - الْمُشْتَرَيَاتِ - الْعُنْوَانَ - الطَّاوِلَةَ
تَحْتَهَا - طَوِيلٌ - الْجَوَازَ - نَوْمِي - مُزْدَحِمٌ

1 - أَصْحُو مِنْ . . . . . . السَّاعَةَ . . . . . . صَبَاحًا

2 - الشَّارِعُ . . . . . . بِالسَّيَّارَاتِ وَعَرَبَاتِ . . . . . .

3 - تَدْفَعُ لَيْلَى . . . . . . وَتَضَعُ . . . . . . فِي السَّيَّارَةِ

4 - تَكْتُبُ . . . . . . عَلَى الظَّرْفِ وَتَكْتُبُ اسْمَ . . . . . .

5 - الْمِقَصُّ عَلَى . . . . . . وَالْقِطَّةُ . . . . . .

6 - ذَيْلُ الْجَمَلِ . . . . . . وَذَيْلُ الْحِصَانِ . . . . . .

7 ـ امْلأْ . . . . . . . وَقَدِّمْ . . . . . . . لِلْمُوَظَّفِ

تَدْرِيب10 : اكتب بَرْقِيَّةً إلي صَدِيقِكَ مُسْتَخْدِمًا الكلمات والْعِبَارَاتِ الآتية:

الْمُرْسَل إلَيْه - عُنْوَان الْمُرسَل إلَيْهِ - لَقَدْ الْحَمْدُ لِلَّهِ - نَجَحْتُ - وَ - أُسَافِرُ - سَوْفَ إلَى - الْعِرَاقِ - شُهُور - يوليو - ثلاثة يونيو - أغسطس - لِلْعَمَلِ - مُقَابَلَتِي - فِي الطَّيرَان - بَغْدَاد - مَطَار - يُونْيُو - أَوَّل أَرْجُو - عَلَى - العِرَاقِيّ - الْخَامِسَةَ - السَّاعَةَ مساء

الْعُنْوَان الْمُرْسِل

تَدْرِيب11 : أَجِب عَنْ الأَسْئِلَة الآتية:

1 ـ مَنْ يقفُ أمامَ البَقَّال؟

2 ـ ماذا يبيعُ الْبَقَّال؟

3 ـ ماذا اشْتَرَتْ ليلى من الْبِقَالَةِ؟

4 ـ مَنْ يقفُ أمامَ الْمِيزَانِ؟

5 ـ هل يَبِيعُ الْبَقَّالُ الْمَوْزَ والْكُمَّثْرَى والْخَوْخَ؟

6 ـ كم كيلو زَيْتُونًا اشْتَرَتْ مريم؟

7 ـ من أَخَذَ الْمُشْتَرَيَاتِ ودَفَعَ الثَّمَنَ؟

8 ـ مَاذَا يَبِيعُ الْجَزَّارُ ؟

9 ـ كم كيلو بَقَرِي مَفْرُوم بَاعَ الْجَزَّارُ ؟

10 ـ من وَضَع الْمُشْتَرَيَاتِ في السَّيَّارَةِ ؟

اقرأ الجمل الآتية ولاَحِظْ الْعَلاقَةَ في الْحُرُوفِ:

( د ـ ر ـ س ) وفي المعنى ( الدِّرَاسَة ):

1 ـ هذه مَدْرَسَةُ اللغات.

2 ـ هؤلاء هم الدَّارِسُونَ.

3 ـ الدَّارِسُونَ يَدْرُسُونَ اللغاتِ الحديثةَ.

4 ـ هذان مُدَرِّسَانِ بالمدرسةِ.

5 ـ هذا الْمُدَرِّسُ يُدَرِّسُ اللغةَ العربيةَ.

6 ـ دَرْسُ اللغةِ العربيةِ في المساءِ.

7 ـ الدِّرَاسَةُ في الْمَدْرَسَةِ مُفِيدةٌ ومُمْتِعَةٌ.

## الدَّرْسُ الثَّامِن عَشَر

## فِي قِسْمِ الشُّرْطَةِ

جُونْ : جَوَازُ سَفَرِي ضَاعَ يَا كَمَال...!

كَمَالْ : ضَاعَ جَوَازُ سَفَرِكَ !! كَيْفَ ضَاعَ؟

جُونْ : لاَ أَدْرِي.

كَمَالْ : أَيْنَ كُنْتَ؟

جُونْ : كُنْتُ مَعَ مَجْمُوعَةِ أَصْدِقَاءَ عَلَى شَاطِئِ البَحْرِ. ضَحِكْنَا كَثِيرًا، وَسَبَحْنَا وَأَكَلْنَا وَشَرِبْنَا، ثُمَّ ضَاعَ الجَوَازُ. أَيْنَ ضَاعَ؟ لاَ أَدْرِي. كَيْفَ ضَاعَ؟ لاَ أَدْرِي. مَتَى ضَاعَ؟ لاَ أَدْرِي . مَاذَا أَفْعَلُ الآنَ يَا كَمَال؟

كَمَالْ : أَوَّلاً - بَلِّغِ الشُّرْطَةَ بِالْحَادِثِ.
(كَمَال وَجُون يَذْهَبَانِ إِلَى قِسْمِ الشُّرْطَةِ وَيَسْأَلَانِ
شُرْطِيَّ الْحِرَاسَةِ الَّذِي عَلَى الْبَابِ عَنْ غُرْفَةِ الاسْتِعْلَامَات)

كَمَالْ : مِنْ فَضْلِكَ نُرِيدُ
أَنْ نُبَلِّغَ عَنْ ضَيَاعِ
جَوَازِ سَفَرٍ.
ضَابِطُ الاسْتِعْلَامَات:
اذْهَبَا إِلَى غُرْفَةِ
الضَّابِطِ الْمُنَاوِبِ فِي
آخِرِ الْمَمَرِّ عَلَى
الْيَمِيـــــنِ،
حُجْرَة رَقَم 4

## كَمَـــال وَجُـــون أَمَـــامَ الـــضَّابِطِ المُنَـــاوِبِ

جُونْ : أُرِيـــدُ الإِبْـــلاَغَ عَـــنْ ضَـــيَاعِ جَـــوَازِ سَـــفَرِي.

الـــضَّابِطُ الْمُنَـــاوِبُ يَفْـــتَحُ مَحْـــضَرًا وَيَـــسْأَلُ جُـــون عَـــنْ اسْمِـــهِ وَسِـــنِّهِ وَجِنْـــسِيَّتِهِ وَعُنْوَانِـــهِ فِي وَطَنِـــهِ وَوَظِيفَتِـــهِ وَتَارِيـــخِ وُصُـــولِهِ مِـــنَ الخَـــارِجِ وَمَحَـــلِّ إِقَامَتِـــهِ، ثُمَّ يَـــسْأَلُهُ : كَيْـــفَ ضَـــاعَ الجَـــوَازُ؟

جُونْ : لاَ أَدْرِي . كُنْتُ أَمْشِي عَلَى شَاطِئِ البَحْرِ وَرُبَّمَا وَقَعَ مِنِّي فِي الرِّحْلَةِ.

الضَّابِطُ المُنَاوِبُ : هَلْ هِيَ سَرِقَةٌ؟

جُونْ : لاَ أَظُنُّ

الضَّابِطُ المُنَاوِبُ : اتَّصِلْ بِالْهَاتِفِ بَعْدَ يَوْمٍ أَوْ يَوْمَيْنِ رُبَّمَا يَجِدُ شَخْصٌ الجوَازَ وَيَأْتِي بِهِ. بَلِّغْ سِفَارَةَ بَلَدِكَ وَهَذَا هُوَ رَقْمُ المَحْضَر وَتَارِيخُهُ.

جُونْ : شُكْرًا

الضَّابِطُ المُنَاوِبُ : عَفْوًا، مَعَ السَّلاَمَةِ

( يَخْرُجُ جُون وَكَمَال مِنَ القِسْمِ وعِنْدَ البَابِ يَرَى جُون شَخْصًا يَحْمِلُ فِي يَدِهِ جَوَازَ سَفَرٍ، ويُعْطِيهِ لِشُرْطِيِّ الحِرَاسَةِ)

جُونْ يَصِيحُ: جَوَازُ سَفَرِي ...جَوَازُ سَفَرِي...

## فِي قِسْمِ الشُّرْطَة

جُونْ : جَوَازُ سَفَرِي ضَاعَ يَا كَمَال...!

كَمَالْ : ضَاعَ جَوَازُ سَفَرِكَ !! كَيْفَ ضَاعَ؟

جُونْ : لاَ أَدْرِي.

كَمَالْ : أَيْنَ كُنْتَ؟

جُونْ : كُنْتُ مَعَ مَجْمُوعَةِ أَصْدِقَاءَ عَلَى شَاطِئِ البَحْرِ. ضَحِكْنَا كَثِيرًا، وَسَبَحْنَا وَأَكَلْنَا وَشَرِبْنَا، ثُمَّ ضَاعَ الجَوَازُ. أَيْنَ ضَاعَ؟ لاَ أَدْرِي. كَيْفَ ضَاعَ؟ لاَ أَدْرِي. مَتَى ضَاعَ؟ لاَ أَدْرِي. مَاذَا أَفْعَلُ الآنَ يَا كَمَال؟

كَمَالْ : أَوَّلًا - بَلِّغ الشُّرْطَةَ بِالْحَادِث.

(كَمَال وَجُون يَذْهَبَانِ إِلَى قِسْمِ الشُّرْطَةِ وَيَسْأَلَانِ شُرْطِيَّ الْحِرَاسَةِ الَّذِي عَلَى البَاب عَنْ غُرْفَةِ الْاسْتِعْلَامَاتِ).

كَمَالْ : مِنْ فَضْلِكَ نُرِيدُ أَن نُبَلِّغَ عَن ضَيَاعِ جَوَازِ سَفَرٍ.

ضَابِطُ الاسْتِعْلَامَاتِ: اذْهَبَا إِلى غُرفَةِ الضَّابِطِ الْمُنَاوِبِ فِي آخِرِ المَمَرِّ عَلَى اليَمِينِ، حُجْرَة رَقْم 4

(كَمَال وَجُون أَمَامَ الضَّابِطِ الْمُنَاوِبِ)

جُونْ : أُرِيدُ الإِبْلاَغَ عَنْ ضَيَاعِ جَوَازِ سَفَرِي.

(الضَّابِطُ المُنَاوِبُ يَفْتَحُ مَحْضَرًا وَيَسْأَلُ جُون عَنْ اسْمِهِ وَسِنِّهِ وَجِنْسِيَّتِهِ وَعُنْوَانِهِ فِي وَطَنِهِ وَوَظِيفَتِهِ وَتَارِيخِ وُصُولِهِ مِنَ الخَارِجِ وَمَحَلِّ إِقَامَتِهِ ) ثُمَّ يَسْأَلُهُ : كَيْفَ ضَاعَ الجَوَازُ؟

جُـونْ : لاَ أَدْرِي -كُنْـتُ أَمْـشِي عَـلَى شَـاطِئِ البَحْـرِ، وَرُبَّمَـا وَقَـعَ مِـنِّي فِي الـرِّحْلَةِ.

الـضَّابِطُ المُنَـاوِبُ: هَـلْ هِيَ سَرِقَـةٌ؟

جُـونْ : لاَ أَظُـنُّ.

الـضَّابِطُ المُنَـاوِبُ: اتَّـصِلْ بِالْهَـاتِفِ بَعْـدَ يَـوْمٍ أَوْ يَـوْمَيْنِ، رُبَّمَـا يَـجِدُ شَـخْصٌ الـجَوَازَ وَيَـأْتِي بِـه. وَبَلِّـغْ سِـفَارَةَ بَـلَدِكَ . وَهَـذَا هُـوَ رَقْـمُ المَحْـضَر وَتَارِيـخُهُ.

جُونْ : شُـكْـرًا.

الـضَّابِط المُنَـاوِبُ: عَفْـوًا، مَـعَ الـسَّلاَمَةِ .

( يَـخْرُجُ جُـون وَكَمَال مِـنَ القِـسْمِ، وعِنْـدَ البَـابِ يَـرَى جُـون شَخْـصًا يَـحْمِلُ فِي يَـدِهِ جَـوَازَ سَـفَرٍ، ويُعْطِيـه لِـشُرْطِيِّ الحِـرَاسَـةِ)

جُـون يَـصِيحُ: جَـوَازُ سَـفَرِي ...جَـوَازُ سَـفَرِي...

## الكلمات الجديدة

| | | | | |
|---|---|---|---|---|
| يَفْتَحُ | مَحْضَرًا | سِفَارَة | رُبَّمَا | رِحْلَة |
| سَرِقَة | ضَيَاع | الْمَمَرّ | الضَّابِط | الْمُنَاوِب |
| إِبْلاَغ | سَبَحَ | شَاطِئُ الْبَحْر | | لَا أَدْرِي |
| مَجْمُوعَة | بَلِّغ | حَادِث | قِسْم | الشُّرْطَة |
| غُرْفَةُ الْاسْتِعْلَامَات | | عَادَ | الْمِرْآة | عَصْر |
| اذْهَب | إِنَّنِي | صَاحِب | صَاحَ | بَلَد |

شُـرْطِيُّ الْـحِـرَاسَــة إِقَامَته إِسْتَخْرَجَ جَمَعَ
زَارَ ضَاعَ شَاهَدَ رَاقَبَ حَدَثَ
يَعْتَقِدُ التَّوْقِيع سُؤَال جَوَاب

تدريب 1: ارْبِطْ بين الْجُمْلةِ والصُّورَةِ التي تُعَبِّر عنها:

1 - 

هَذَا شَـخْصٌ عَلَى شَاطِـئِ الْبَحْرِ

2 - 

هَذِهِ جَوَازَاتُ سَفَرٍ

3 - 

الشُّرْطَةُ تَحْرُسُ الْقِسْمَ

4 -

الضَّابِط يَفْتَحُ مَحْضَرًا وَيَسْأَلُ جُون

5 -

هَذَا شَخْصٌ يَحْمِلُ فِي يَدِهِ جَوَازًا

6 -

هَؤُلَاءِ أَشْخَاصٌ يُشَاهِدُونَ التِّلْفَازَ

تدريب 2: كَوِّن جُمَلًا تَامَّةً مُسْتَخْدِمًا مَجْمُوعَاتِ الْكَلِمَاتِ الآتية:

1- الْمُنَاوِبُ - الضَّابِطُ - مَحْضَرًا - يَفْتَحُ.

2- أَمْسِ - كُنْتُ - الْبَحْرِ - شَاطِئِ - عَلَى.

3- بِالهَاتِفِ - بَعْدَ - يَوْمَيْنِ - يَوْمٍ - أَوْ - اتَّصِلْ.

4- هُوَ - هَذَا - الْمَحْضَر - رَقْمُ.

5- الْإِبْلَاغَ - ضَيَاعِ - عَنْ - أُرِيدُ - سَفَرِي - جَوَازِ.

6- الْحِرَاسَـةِ - شُرْطِـيٌّ - عَـلَى - الْقِـسْمِ - بَابِ.

7- غُرْفَـةِ - الْمُنَـاوِبِ - اذْهَبَـا - إِلَى - الـضَّابِطِ.

8- بَلِّـغْ - بِالْحَـادِثِ - أَوَّلاً - الـشُّرْطَةَ.

9- لاَ - كَيْـفَ - أَدْرِي - الْجَـوَازُ - ضَـاعَ.

10- يَـسْأَلُ - جُـون - الـضَّابِطُ - اسْمِـه - عَـنْ - وَ - عُنْوَانِـهِ.

11- يَسْأَلُ - جُون - الضَّابِطُ - مَحَلِّ - الْمُنَاوِبُ - عَنْ - إِقَامَتِهِ.

12- هُـوَ - رَقْـمُ - هَـذَا - الْمَحْـضَرِ - تَارِيخُـهُ - وَ .

تدريب3: ضَعْ الْكَلِمَةَ الْمُنَاسِبَةَ فِي الْأَمَاكِنِ الْخَالِيَةِ مِنَ الْجُمَلِ الآتية:

نُبَلِّغَ الْحِرَاسَةِ شَخْصًا يَذْهَبَانِ أَمْسِ

بِالْهَاتِفِ مَتَى رَقْمُ الْمَمَرِّ الْمُنَاوِبُ

شَخْصُ أَدْرِي.

1- لَا . . . . . . . . كَيْفَ ضَاعَ الْجَوَازُ.

2- اتَّصِلْ . . . . . . . . بَعْدَ يَوْمٍ.

3- رُبَّمَا يَجِدُ . . . . . . . . الْجَوَازَ.

4- كُنْتُ . . . . . . . . عَلَى شَاطِئِ الْبَحْرِ.

5- الضَّابِطُ . . . . . . . . يَفْتَحُ مَحْضَرًا.

6- كَمَال وَجُون . . . . . . . . إِلَى قِسْمِ الشُّرْطَةِ.

7- نُرِيدُ أَنْ . . . . . . . . . عَنْ ضَيَاعِ جَوَازِ السَّفَرِ.

8- . . . . . . . . . ضَاعَ الْجَوَازُ ؟

9- يَسْأَلُ جُون شُرْطِيَّ . . . . . . . . .

10- هَذَا هُوَ . . . . . . . . . الْمَحْضَر وَتَارِيخُه.

11- يَرَى جُونْ . . . . . . . . . يَحْمِلُ فِي يَدِهِ جَوَازَ سَفَرٍ.

12- الْحُجْرَةُ آخِرَ . . . . . . . . . عَلَى الْيَمِينِ.

تدريب 4 : اخْتَرِ الْإِجَابَةَ الصَّحِيحَةَ مِنْ بَيْنِ الْإِجَابَات الْمَوْجُودَة أَمَامَ كُلِّ سُؤَال:

1 ـ جون يَقولُ لكمال

أَيْنَ الْجَوَازُ ؟

ضَاعَ جَوَازُ سَفَرِي.

لَعِبْتُ عِنْدَ الشَّاطِىءِ.

2 ـ أَيْنَ كُنْتَ يا جون ؟

كُنْتُ أَزُورُ الْمَتْحَفَ.

كُنْتُ فِي سِفَارَةِ بَلَدِي.

كُنْتُ عِنْدَ الشَّاطِىءِ.

3 ـ الضَّابِطُ الْمُنَاوِبُ

يَسْأَلُ مَنْ يَأْتِي الْقِسْمَ.

يَأْكُل مَعَ مَنْ يَأْتِي الْقِسْمَ.

يَضْحَكُ مَعَ مَنْ يَأْتِي الْقِسْمَ.

4 ـ كَيْفَ ضَاعَ الْجَوَازُ ؟
كَيْفَ أَدْرِي؟
إِنَّنِي أَدْرِي
لاَ أَدْرِي

5 ـ الْجَوَازُ مُهِمٌّ فِي
السَّفَرِ
رُكُوبِ الْحَافِلَةِ
دُخُولِ السِّينِمَا

6 ـ كَمال وجون
تَذْهَبَانِ إِلَى قِسْمِ الشُّرْطَةِ
يَلْعَبَانِ الآنَ
يَذْهَبَانِ إِلَى قِسْمِ الشُّرْطَةِ

7 ـ شرطي الحراسة
عَلَى بَابِ الْقِسْمِ
عَلَى بَابِ غُرْفَةِ الضَّابِطِ
عَلَى بَابِ الْمَكْتَبِ

8 ـ يَا جون ويا كمال
اذْهَبِي إِلَى غُرْفَةِ الضَّابِطِ
ذَهَبَا إِلَى غُرْفَةِ الضَّابِطِ
اذْهَبَا إِلَى غُرْفَةِ الضَّابِطِ

9 ـ كمال وجون
خَلْفَ الضَّابِطِ الْمُنَاوِبِ
أَمَامَ الضَّابِطِ الْمُنَاوِبِ
يَمِينَ الضَّابِطِ الْمُنَاوِبِ

10 ـ اتَّصِلْ بِالْهَاتِفِ بَعْدَ يَوْمٍ أَوْ يَوْمَيْنِ

رُبَّمَا يَجِدُ شَخْصٌ الْبِطَاقَةَ الشَّخْصِيَّةَ وَيَأْتِي بِهَا

رُبَّمَا يَجِدُ شَخْصٌ الْجَوَازَ وَيَأْتِي بِهِ

رُبَّمَا يَجِدُ شَخْصٌ صَاحِبَ الْجَوَازِ وَيَأْتِي به

تدريب 5 : أَكْمِل كَمَا فِي النَّمُوذج:

| | |
|---|---|
| إِسْتَخْرَجَ الرجلُ الماءَ | هُوَ اسْتَخْرَجَ الْمَاءَ . |
| إِستخرجت المرأةُ الماءَ | هي استخرجت الماءَ. |
| إِستخرج الرجلان الماءَ | هما استخرجا الماءَ. |
| إِستخرجت المرأتانِ الماءَ | هما استخرجتا الماءَ. |
| إِستخرج الرجالُ الماءَ | هم استخرجوا الماءَ. |
| إِستخرجت النساءُ الماءَ | هن استخرجن الماءَ. |

1 ـ ضَحِكَ المدرسُ كثيرًا ............ هو ............

............المدرِّسَةُ ........... هي ............

............المدرِّسانِ ........ هما ............

............المدرِّستانِ ....... هما ............

............المدرِّسُونَ ....... هم ............

............المدرِّسَاتُ ....... هن ............

2 ـ نظر الموظفُ إلى الماءِ ............

............ ............ ............

.................... ............

.................... ............

.................... ............

.................... ............

3- دقّ بائِعُ اللّبنِ جرسَ البابِ

.................... ............

.................... ............

.................... ............

.................... ............

.................... ............

4- سار الضّابطُ بسرْعـــةٍ

.................... ............

.................... ............

.................... ............

.................... ............

.................... ............

5- زَارني عَـــــمِّي أمْـس

.................... ............

.................... ............

.................... ............

....................................

....................................

....................................

....................................

....................................

....................................

....................................

....................................

....................................

....................................

....................................

....................................

....................................

....................................

....................................

....................................

....................................

....................................

....................................

....................................

.................... ............ ....................................

.................... ............ ....................................

6-رجع خـالِي من الجــزَائرِ ....................................

.................... ............ ....................................

.................... ............ ....................................

.................... ............ ....................................

.................... ............ ....................................

.................... ............ ....................................

تَدْرِيب 6 : أكْمِل كَمَا فِي النَّمُوذج :

| | كَتَبَ | يَكْتُبُ | اكْتُبْ | كِتَابَةً | كَاتِبٌ | مَكْتُوبٌ |
|---|---|---|---|---|---|---|
| 1- | أَخَذَ | ......... | ......... | ......... | .......... | ......... |
| 2- | عَلِمَ | ......... | ......... | ......... | .......... | ......... |
| 3- | فَتَحَ | ......... | ......... | ......... | .......... | ......... |
| 4- | سَأَلَ | ......... | ......... | ......... | .......... | ......... |
| 5- | سَرَقَ | ......... | ......... | ......... | .......... | ......... |
| 6- | وَضَعَ | ......... | ......... | ......... | .......... | ......... |
| 7- | خَلَعَ | ......... | ......... | ......... | .......... | ......... |
| 8- | رَفَعَ | ......... | ......... | ......... | .......... | ......... |
| 9- | شَكَرَ | ......... | ......... | ......... | .......... | ......... |

10- فَـحَصَ .......... .......... .......... .......... ..........

11- سَـمِـعَ .......... .......... .......... .......... ..........

12- خَـلَـعَ .......... .......... .......... .......... ..........

13- قَــرَأَ .......... .......... .......... .......... ..........

14- وَزَنَ .......... .......... .......... .......... ..........

15- جَـمَـعَ .......... .......... .......... .......... ..........

تَدْرِيب 7 : أَكْمِلْ كَمَا فِي النَّمُوذج :

| | | |
|---|---|---|
| قَـامَ | يَـقُومُ | قُـــمْ |
| وَزَنَ | يَـــزِنُ | زِنْ |
| 1- وَقَفَ | .......... | .......... |
| 2- وَقَعَ | .......... | .......... |
| 3- قَـالَ | .......... | .......... |
| 4- زَارَ | .......... | .......... |
| 5- عَـادَ | .......... | .......... |
| 6- نَـامَ | .......... | .......... |
| 7- وَعَـدَ | .......... | .......... |
| 8- ضَـاعَ | .......... | .......... |
| 9- قَـاسَ | .......... | .......... |
| 10- وَضَعَ | .......... | .......... |

11- سَـارَ .......... ..........

12- وَصَـلَ .......... ..........

تَدْرِيب (8) : أَكْمِل كَمَا فِي النَّمُوذج :

خَرَجْتُ خَرَجْنَـا خَرَجْـتَ خَرَجْـتِ خَرَجْتُـمَـا

خَرَجْتُمْ خَرَجْتُنَّ

1- كَشَفَ .......... .......... ............ ............

.......... ..........

2- خَـلَعَ .......... .......... ............ ............

.......... ..........

3- شَرِبَ .......... .......... ............ ............

.......... ..........

4- أَكَـلَ .......... .......... ............ ............

.......... ..........

5- عَـصَـرَ .......... .......... ............ ............

.......... ..........

6- لَبِـسَ .......... .......... ............ ............

.......... ..........

7- رَكِـبَ .......... .......... ............ ............

.......... ..........

8- سَـارَ .......... .......... ............ ............
.......... ..........

9- رَجَـعَ .......... .......... ............ ............
.......... ..........

10- شَـاهَـدَ .......... .......... ............ ............
.......... ..........

11- رَاقَـبَ .......... .......... ............ ............
.......... ..........

12- قَـابَـلَ .......... .......... ............ ............
.......... ..........

تَدْرِيب 9: اسْتَخْدِمْ اسْـمَ الإِشَارَةِ الْمُنَاسِب كَـمَا فِي النَّمُوذَج :

هَـذِه فَـخِـذٌ

1- .........سَاقٌ

2- .........مُهَنْدِسٌ

3- .........مُعَلِّمَانِ

4-............مُعَلِّمُونَ

5-............مُعَلِّمَاتٌ

6-............مُعَلِّمَتَانِ

تَدْرِيب 10: اِسْتَخْدِمْ اسْـمَ الْمَوْصُول الْمُنَاسِب كَـمَا فِي النَّمُوذَج :

رَجَعَ الطَّبِيبُ الذي فَحَصَ الْمَرِيضَ

1- أَيْنَ الرَّجُلان ..........يَبِيعَانِ الْمَوْزَ ؟

2- مَنْ الرِّجَالُ.............يَعْمَلُونَ هُنَا ؟

3- أَنْتُنَّ الْبَنَاتُ ...........تَدْرُسْنَ اللُّغَةَ الْعَرَبِيَّةَ.

4 - ...................... يُحَوِّلُ النُّقُودَ مُوَظَّفُ الْبَنْكِ.

5 - ...................... يَبِيعُ الطَّوَابِعَ مُوَظَّفٌ فِي مَكْتَبِ الْبَرِيدِ.

تدريب 11 : أجب عَنْ الأسئلة الآتية:

1- لِمَاذَا ذَهَبَ جون إلى قِسْمِ الشُّرْطَةِ؟

2- مَنْ ذَهَبَ مَعَ جُون؟

3- كَيْفَ ضَاعَ جَوَازُ سَفَرِ جُون؟

4- أَيْنَ ضَاعَ جَوَازُ السَّفَرِ ؟

5- مَعَ مَنْ كَانَ يَلْعَبُ جُون؟

6- مَاذَا تَفْعَلُ إِذَا ضَاعَ جَوَازُ سَفَرِكَ؟

7- مَنْ يَقِفُ أَمَـامَ بَابِ قِسْمِ الشُّرْطَةِ؟

8- أَيْنَ الضَّابِطُ الْمُنَاوِبُ؟

9- كَيْفَ وَجَدَ جُون جَوَازَهُ؟

10- مَاذَا فَعَلَ الضَّابِطُ الْمُنَاوِبُ؟

11- مَاذَا قَالَ الضَّابِطُ الْمُنَاوِبُ لِجُون؟

12- مَا رَقْمُ مَحْضَرِ الشُّرْطَةِ؟

13- لِمَاذَا صَاحَ جُون عِنْدَ بَابِ الْقِسْمِ؟

تدريب 12: امْلَأْ الْبَيَانَاتِ الآتية الَّتِي تُوجَدُ فِي مَحْضَرِ قِسْمِ الْبُولِيس:

الاسم : ..............................

الوظيفة : ..............................

الجنسية : ..............................

العنوان : ..............................

رقم الهاتف : ..............................

رقم الجواز : ..............................

سؤال 1 : مَاذاَ حَدَثَ لَكَ ؟

جواب : ....................................................................

سؤال 2 : أَيْنَ ضَاعَ ؟

جواب : ....................................................................

سؤال 3 : هَلْ تَعْتَقِدُ أَنَّ هُنَاكَ سَرِقَة ؟

جواب : ....................................................................

التاريخ التوقيع

اقرأْ الآتِي وَلاَحِظْ الْعَلاَقَةَ بَيْن :

قَابَلَ وَ أَقْبَلَ وَبَيْنَ جَالَسَ وَ أَجْلَسَ

1- قَابَلْتُ عَلِيًّا فِي الْمَطَارِ.

2- أقْبَلَ عَلِيٌّ فِي المِيعَادِ .

1- جَالَسْتُ الْمَرِيضَ سَاعَةً .

2- أَجْلَسْتُ الْمَرِيضَ عَلَى الْكُرْسِيِّ .

# الدَّرْسُ التَّاسِعِ عَشَر

## كَيْفَ تَقْرَأُ جَرِيدَةً عَرَبِيَّةً ؟

جُون يُرِيدُ أَنْ يَقْرَأَ الْجَرِيدَةَ الْعَرَبِيَّةَ . قِرَاءَةُ الْجَرِيدَةِ تُسَاعِدُهُ فِي تَعَلُّمِ اللُّغَةِ الْعَرَبِيَّةِ، و تُسَاعِدُهُ فِي مَعْرِفَةِ الأَخْبَار الْعَالَمِيَّةِ وَ الْمَحَلِّيَّةِ

صَدِيقُهُ كَمَال يَشْرَحُ لَهُ كَيْف يَقْرَأُ جَرِيدَةً عَرَبِيَّةً بِسُهُولَة.

استشارة فنية مجانية
كافة المعدات وأنظمتها
HEIDELBERG

الأمير سلطان:
القمة العربية مقررة في نوفمبر
والموعد النهائي يتحدد طبقاً للظروف

العراق يعلن صد هجوم ايراني جديد

صواريخ اغلقت مطار بيروت:
... و٣٠ جريحاً بينهم اميركي و٤ اسرائيليين

كَمَال :

الأَخْبَارُ الْهَامَّةُ جِدًّا
فِي الصَّفْحَةِ الأُولَى
وَبِعَنَاوِين بَارِزَة

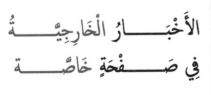

أخبار العالم

جزئى من لبنان
...ف بيروت

رفع الأحكام العرفية فى بولندا اليوم
أمريكا تستقبل النبأ بتفاؤل حذر

وارسو — وكالات الانباء — اعلن الرئيس البولندى هنريك ياblonسكى رفع الاحكام العرفية فى جميع انحاء بولندا اعتبارا من اليوم بعد أن ظلت مفروضة لمدة ١٩ شهرا و ٩ ايام . وقد جاء هذا الاعلان بعد أن اقر البرلمان امس مجموعة من الاجراءات المؤقتة لضمان استمرار الرقابة الامنية والاقتصادية ، كما اقر بالاجماع قانون عفو يشمل معظم من أدينوا فى جرائم سياسية ارتكبت خلال فترة الاحكام العرفية .
وينص هذا القانون على العفو عن كل النساء والشباب الذين تقل اعمارهم

واشنطن تتصدى لمخططات

الأَخْبَارُ الْخَارِجِيَّةُ
فِي صَفْحَةٍ خَاصَّة

الأَخْبَـــارُ الاجْتِمَاعِيَّـــةُ مِثْـــلَ الـــزَّوَاجِ وَأَعْيَـــادِ الْمِـــيلادِ وَالتَّهَـــانِي فِي صَـــفْحَةٍ خَاصَّةٍ.

أَخْبَـــارُ رَئِـــيسِ الدَّوْلَةِ وَالْـــوَزَارَاتِ وَالإِدَارَاتِ فِي صَـــفْحَةٍ خَاصَّـــةٍ.

أَخْبَـــارُ الْحَـــوَادِثِ وَجَرَائِـــمِ الْقَتْـــلِ والْـــسَّرِقَاتِ فِي صَـــفْحَةٍ خَاصَّـــةٍ.

أَخْبَـــارُ الرِّيَاضَـــةِ فِي صَـــفْحَةٍ خَاصَّـــةٍ.

وَالنَّـــشْرَةُ الجَوِّيَّـــة

وَأَوْقَـــاتُ الـــصَّلاَةِ

وَأَسْـــعَارُ الْعُمْـــلاتِ وَأَخْبَـــارُ التِّجَـــارَةِ وَالْمَـــالِ فِي صَـــفْحَةٍ خَـــاصَّـــة.

وَالإِعْلانَاتُ التِّجَارِيَّة مِثْل بَيْعِ وَشِرَاءِ السَّيَّارتِ والْوَظَائِفِ فِي صَفْحَةٍ خَاصَّة.

وَأَخْبَارُ الْوَفَيَاتِ فِي صَفْحَةٍ خَاصَّة.

وَأَخْبَارُ السِّينِمَا والْمَسْرَحِ والْمَطَاعِمِ وبَرَامِجِ التِّلْفَزَة والإِذَاعَة والْكَلِمَات الْمُتَقَاطِعَة وَحَظُّكَ الْيَوْم فِي صَفْحَةٍ خَاصَّة.

جُونْ : مَا حَظِّي الْيَوْم يَا كَمَال ؟

كَمَال : شَخْصٌ يُحِبُّكَ يَطْلُبُ مِنْكَ نُقُودًا.

جُونْ : هَلْ هَذَا حُبٌّ ؟؟؟

# كَيْفَ تَقْرَأُ جَرِيدَةً عَرَبِيَّةً ؟

جُون يُرِيدُ أَنْ يَقْرَأَ الْجَرِيدَةَ الْعَرَبِيَّةَ . قِرَاءَةُ الْجَرِيدَةِ تُسَاعِدُه فِي تَعَلُّمِ اللُّغَةِ الْعَرَبِيَّةِ، و تُسَاعِدُه فِي مَعْرِفَةِ الأَخْبَارِ الْعَالَمِيَّةِ وَالْمَحَلِّيَّةِ .

صَدِيقُهُ كَمَال يَشْرَحُ لَهُ كَيْفَ يَقْرَأُ جَرِيدَةً عَرَبِيَّةً بِسُهُولَةٍ.

كَمَال :

★الأَخْبَارُ الْهَامَّةُ جِدًّا فِي الصَّفْحَةِ الأُولَى وَفِي عَنَاوِينَ بَارِزَةٍ.

★الأَخْبَارُ الْخَارِجِيَّةُ فِي صَفْحَةٍ خَاصَّةٍ.

★الأَخْبَارُ الاجْتِمَاعِيَّةُ مِثْلَ الزَّوَاجِ وَأَعْيَادِ الْمِيلادِ وَالتَّهَانِي فِي صَفْحَةٍ خَاصَّةٍ.

★ أَخْبَارُ رَئِيسِ الدَّوْلَةِ وَالوِزَارَاتِ وَالإِدَارَاتِ فِي صَفْحَةٍ خَاصَّةٍ.

★ أَخْبَارُ الْحَوَادِثِ وَجَرَائِمِ القَتْلِ والسَّرِقَاتِ فِي صَفْحَةٍ خَاصَّةٍ.

★ أَخْبَارُ الرِّيَاضَةِ فِي صَفْحَةٍ خَاصَّةٍ، وَالنَّشْرَةُ الجَوِّيَّةُ وأَسْعَارُ الْعُمْلَاتِ وَأَوْقَاتُ الصَّلاَةِ فِي صفحة خاصة ، وَأَخْبَارُ التِّجَارَةِ وَالْمَالِ فِي صَفْحَةٍ خَاصَّةٍ ، وَالإِعْلاَنَاتُ التِّجَارِيَّةُ مِثْلَ بَيْعِ وَشِرَاءِ السَّيَّارَاتِ والْوَظَائِفِ فِي صَفْحَةٍ خَاصَّةٍ ، وَأَخْبَارُ الْوَفَيَاتِ فِي صَفْحَةٍ خَاصَّةٍ.

★ وَأَخْبَارُ السِّينِمَا وَالْمَسْرَحِ وَالْمَطَاعِمِ وَبَرامج التَّلْفَزَةِ وَالإِذَاعَةِ والْكَلِمَاتِ الْمُتَقَاطِعَةِ وَحَظُّكَ الْيَوْمَ فِي صَفْحَةٍ خَاصَّةٍ.

جُونْ : مَا حَظِّي الْيَوْمَ يَا كَمَال ؟

كَمَال : شَخْصٌ يُحِبُّكَ يَطْلُبُ مِنْكَ نُقُودًا.

جُون : هَلْ هَذَا حُبٌّ ؟؟؟

## الكلمات الجديدة

| | | | | |
|---|---|---|---|---|
| غفر | بِقَلَم | | قَارِئٌ | عَرَفَ |
| نَتَمَنَّى | بَارِزَةٌ | شَرَحَ | يَسُوقُ | خَبَرٌ |
| صَفْحَةٌ | وِزَارَاتٌ | السِّينِمَا | تُسَاعِدُ | يَطْلُبُ |
| رَئِيسُ الدَّوْلَةِ | | رَئِيسُ الْوُزَرَاءِ | | خَاصَّةٌ |
| بِحَالَةٍ جَيِّدَةٍ | | إِدَارَاتٌ | حَادِثَةٌ | الدُّوَل |
| جَرِيمَةٌ | أَوْقَاتُ الصَّلاَةِ | | بِسُهُولَةٍ | هَامٌّ |
| وُزَرَاءُ | أَتَمَنَّى أَنْ | مَجَلَّةٌ | أَعْيَادُ الْمِيلاَدِ | |
| جَرَائِمُ | زُجَاجٌ | اسْتَعْلَمَ | ذَكَرَ | أَعْلَمَ |
| جَرِيدَةٌ | يَعْرِفُكَ | نَشْرَةٌ | نَائِبٌ | تَهَانِي |
| الْقَتْلُ | الرَّئِيسُ | مَعْرِفَةٌ | الأَخْبَارُ | الْعَالَمِيَّةُ |
| الْمَحَلِّيَّةُ | الْخَارِجِيَّةُ | الاجْتِمَاعِيَّةُ | عَنَاوِينُ | زَوَاجٌ |
| الرِّيَاضَةُ | التِّجَارَةُ وَالْمَالُ | | إِعْلاَنَاتٌ | وَفَيَاتٌ |

| | | |
|---|---|---|
| المسْرَحُ | بَـرَامِجُ التَّـلْفَـزَةِ | الْـكَلِمَاتُ الْمُتَقَـاطِعَةُ |
| حَظُّكَ الْيَوْمَ | الإِذَاعَة | حُبٌّ | يَـقُودُ |

تَدْرِيب1 : كَـوِّن جُملاً تَامَّةً باسْتخْدَام مَجْمُوعَاتِ الْـكَلِمَاتِ الآتِيَة:

1- حُبٌّ - هَلْ - ؟ - هَذَا .

2- يُـحِبُّكَ - يَطْلُبُ - نُقُودًا - شَـخْصٌ - مِنْكَ .

3- الرِّيَاضَة - فِي - أَخْبَارُ - خَاصَّةٍ - صَفْحَةٍ .

4- الْمُتَقَاطِعَةُ - في - الْكَلِمَاتُ- خَاصَّةٍ – صَفْحَةٍ .

5- الْجَرِيدَةِ - مَعْرِفَةِ - قِرَاءَةُ - تُفِـيدُ - فِي الْعَالَمِيَّةِ - الأَخْبَارِ - الْمَحَلِّيةِ - وَ.

6- عَرَبِـيَّةً - جَرِيدَةً - تَقْرَأُ - كَيْفَ - ؟ .

7- الإِدَارَاتِ - فِي - خَاصَّةٍ - صَفْحَةٍ - أَخْبَارُ .

8- بَيْعِ - مِثْلَ - وَ - شِرَاءِ - السَّيَّارَاتِ التِّجَارِيَّةُ - الإِعلانَاتُ.

9- التَّلْفَزَةِ - وَ - الإِذَاعَةِ - بَرَامِجُ - فِي خَاصَّةٍ - صَفْحَةٍ - وَ - السِّينِمَا .

10- بِسُهولَةٍ - كَمَال - كَيْفَ - يَشْرَحُ - لَهُ يَقْرَأُ - عَرَبِيَّةً - جَرِيدَةً.

تَـدْرِيب 2: اخْـتر الإجابـة الـصَّحِيحَة مِـنْ بَـيْن الإجـابات الْمَوْجُـودَة أمَام كُلِّ سُؤَال :

| | |
|---|---|
| 1- جون يريدُ أن يقرأَ | مـجلةً عربيةً<br>جريدةً عربيةً<br>كِتَابًا عربيًّـا |
| 2- قراءةُ الجريدةِ تساعدُ في | تَعَلُّمِ الـمذاكـرةِ<br>تَعَلّمِ اللغةِ العربيةِ<br>تَعَلّمِ السياحةِ |
| 3- الأخبارُ العالميةُ مثلَ | أخبار الدولِ الأُخْرى<br>أخبار الدولَةِ الاجتـماعيةِ<br>الأخبار الدّاخليّةِ |
| 4- الأخبارُ الاجتـماعيةُ مثل | الزواج والتهاني<br>بيع وشراء السيارات<br>أخبار السينـما |
| 5- جريمةُ القتلِ | خبـرٌ سـارٌّ<br>حادثـةٌ<br>من أَخْبارِ الـمالِ |

| | |
|---|---|
| 6- النشرةُ الجوِّيَّةُ مثلَ | دَرجة الحرارةِ<br>نَشْرَات الوزاراتِ<br>أَخْبار الوزاراتِ |
| 7- تقرأُ عن السِّينما | في صفحةِ الوَفيَاتِ<br>في صفحةِ الأَخْبارِ الدَّاخليةِ<br>في صفحةِ السينما والمسرحِ |
| 8- تقرأُ الإعلاناتِ التِّجاريةَ | في صفحةِ الإعلانات التِّجاريةِ<br>في صفحةِ التِّجارةِ والمالِ<br>في صفحةِ الإذاعةِ |
| 9- حظُّ جون اليوم | شخصٌ يُحِبُّكَ لا يَطْلبُ منكَ نقودًا<br>شخصٌ لا يحبكَ يَطْلبُ منكَ نقودًا<br>شخصٌ يحبكَ يطلبُ منكَ نقودًا |
| 10- أَخْبَارُ رئيس الدولة | سافرَ رئيسُ الوزراءِ أمسِ<br>سافرَ رئيسُ الدَّولةِ أَمْسِ<br>سافرَ نائبُ الرئيسِ أمسِ |
| 11- من أَخْبَارِ التِّجارةِ والمالِ | سِعْرُ الدولارِ يَرْتَفِعُ<br>سيّارةٌ لِلْبَيْعِ بحالةٍ جيدةٍ<br>شَرِكَةٌ تطلبُ موظَّفِينَ |

تَـدْرِيب3 : أَكْـمل الـجمل الآتِيَـة بِوَضع الْكلـمة المناسبـة فِي الأمَـاكـن الخـــالية:

حَظِّي أَوْقـاتُ الصَّـلاةِ الـزَّوَاجُ يُـحِبُّكَ السِّينَمَا

يُرِيد أَقرأُ تُساعِدُ عناوينَ بارزَة الوظَائِف

أنباءُ العملاتِ جَرائِمُ القتلِ.

1- شَـخصٌ . . . . . . . . . يطلبُ منكَ نُقُودًا.

2- مَا . . . . . . . . . اليومَ يا كمال.

3- أخبارُ . . . . . . . . . والمسرحِ والمطاعمِ فِي صفحةٍ خاصَّةٍ.

4- . . . . . . . . . فِي صفحَةٍ خاصَّةٍ.

5- جون . . . . . . . . . أنْ يقرأَ جريدةً عربيَّةً.

6- . . . . . . . . . وَأَعْيَادُ الميلادِ من الأخبارِ الاجتماعيَّةِ.

7- كيف . . . . . . . . . جَريدةً عربيَّةً بِسُهولَة ؟

8- . . . . . . . . . الـجريدةُ فِي تَعَلُّمِ اللُّغَةِ الْعربيّـةِ.

9- . . . . . . . . . والسَّرقاتُ من الحوادثِ.

10- الأَخبارُ المُهمّة في . . . . . . . . .

11- . . . . . . . . . من أخبارِ المالِ والتجارةِ.

12- . . . . . . . . . من الإعلاناتِ التِّجاريَّةِ.

تَدْرِيب 4 : أَكْمِل كَمَا فِي النَّمُوذج :

أَتَمَنَّى أَنْ أَزورَكَ اليومَ (يــزور)

1- أَتَمَنَّى أَنْ .................................... (يلعب)

2- أتمنى أن .............................. (يشرب)

3- أتمنى أن .............................. (يأكل)

4- أتمنى أن .............................. (يفحص)

5- أتمنى أن .............................. (يركب)

6- أتمنى أن .............................. (يخرج)

7- أتمنى أن .............................. (يفهم)

8- أتمنى أن .............................. (يشم)

9- أتمنى أن .............................. (يجلس)

10- نتمنى أن .............................. (يضحك)

11- نتمنى أن .............................. (يكتب)

12- نتمنى أن .............................. (يرجع)

تَدْرِيب 5 : أسند الْجُمَل الآتية للْمُفْرَدَةِ وَالْمُثَنَّى الْمُذَكَّر وَالْمُثَنَّى الْمُؤَنَّث وَجَمْع الْمُذَكَّر وَجَمْع الْمُؤَنَّث:

1- أخَذَ البائِعُ ثَمَنَ الْخُضَرِ

.......... البائعة ..........

.......... البائعان ..........

.......... البائعتان ..........

.......... البائعون ..........

.......... البائعات ..........

2- قَرَأَ السائِحُ إعلاناتِ المطاعمِ

قَـــرَأَت الـــسائـحـةُ إعلانات المطاعم

........................ ............ .............

........................ ............ .............

........................ ............ .............

........................ ............ .............

3- نادى الـسـائِـــقُ على الشُّرطيِّ

........................ ............ .............

........................ ............ .............

........................ ............ .............

........................ ............ .............

........................ ............ .............

4- كـــتـــبَ الـمُـــرْسِــلُ عُنْوَانَه على الظَّرْفِ

........................ ............ .............

........................ ............ .............

........................ ............ .............

........................ ............ .............

........................ ............ .............

5- دخلَ الطَّبِيبُ حُجرةَ الفحصِ

.............. .............. ..............

.............. .............. ..............

.............. .............. ..............

.............. .............. ..............

.............. .............. ..............

6- الطِّفلُ يَشربُ اللَّبنَ

.............. .............. ..............

.............. .............. ..............

.............. .............. ..............

.............. .............. ..............

.............. .............. ..............

7- السَّائقُ يقودُ السَّيّارةَ بِسُرْعَةٍ

.............. .............. ..............

.............. .............. ..............

.............. .............. ..............

.............. .............. ..............

.............. .............. ..............

8- البائعُ يبيعُ الخضرَ بِالْمِيزانِ

................ .............. ..........................

................ .............. ..........................

................ .............. ..........................

................ .............. ..........................

................ .............. ..........................

9- الْبائِعُ يَزِنُ الْبُرْتُقالَ

................ .............. ..........................

................ .............. ..........................

................ .............. ..........................

................ .............. ..........................

................ .............. ..........................

10- السّائحُ يَزورُ المتحفَ

................ .............. ..........................

................ .............. ..........................

................ .............. ..........................

................ .............. ..........................

................ .............. ..........................

تَـدْرِيب 6 : أســند الْجُمَــلَ الآتيــةَ لِلْمُفْــرَدَة وَمُثَـنَّى الْمُــذَكَّرِ وَالْمُؤَنَّثِ وَجَمْعِ الْمُذَكَّر وَالْمُؤَنَّثِ:

1- هو أَكَلَ كثيرًا

هي ..........

همـا ..........

همـا ..........

هـمْ ..........

هنّ ..........

2- أنت الذي لعبتَ بالكُرَةِ

أنْتِ ..........

أَنْتُمَا ..........

أَنْتُمَا ..........

أَنْتُـم..........

أَنْتُنَّ ..........

3- هُو الذي سَارَ فِي الشارع

..........

..........

..........

..........

..........

4- أَنْتَ الذي قرأتَ الْجريدةَ

..........

..........

..........

..........

..........

5- هو الذي نَظَر خَلْفَ الزُّجاجِ

..........

..........

..........

..........

..........

6- هو الذي يَقْرَأُ كَثِيرًا

..........

..........

..........

..........

..........

7- أَنْتَ الذي تَكْتُبُ وَلاَ تَنْظُرُ حولكَ

........................................

........................................

........................................

........................................

........................................

8- أَنْتَ الذي تَتَحَدَّثُ فِي الهَاتِفِ

........................................

........................................

........................................

........................................

........................................

9- هو الذي يرْجعُ إلى بيتهِ

........................................

........................................

........................................

........................................

........................................

10- هو الَّذِي يَفْتَحُ الْبَاب

........................................

........................................

........................................

........................................

........................................

تَدْرِيب7 : أَكْمِل كَمَا فِي النَّمُوذج :

| | | | | | | |
|---|---|---|---|---|---|---|
| | قَرَأَ | يَقْـرَأُ | اقْـرَأ | قِـرَاءَةٌ | قَـارِئٌ | مَقْرُوءٌ |
| -1 | عَـلِـمَ | .......... | .......... | .......... | .......... | .......... |
| -2 | عَــرَفَ | .......... | .......... | .......... | .......... | .......... |
| -3 | شَــرَحَ | .......... | .......... | .......... | .......... | .......... |
| -4 | طَـلَبَ | .......... | .......... | .......... | .......... | .......... |
| -5 | فَـهِمَ | .......... | .......... | .......... | .......... | .......... |

6- وَضَعَ .......... ......... .......... ......... ..........

7- شَـرِبَ .......... ......... .......... ......... ..........

8- رَكِـبَ .......... ......... .......... ......... ..........

9- فَـتَـحَ .......... ......... .......... ......... ..........

10- وَصَـلَ .......... ......... .......... ......... ..........

11- طَـبَـخَ .......... ......... .......... ......... ..........

12- وَجَـدَ .......... ......... .......... ......... ..........

تَـدْرِيب8 : لاحـظ الفــرق في المعـنى بـين الفعلـين عَلِـمَ واسْتَعْلَمَ في المثـالـين الآتـيين :

عَلِمَ المسافـرُ مَـوْعِدَ الطَّائِـرَةِ

اسْتَعْلَمَ المسافـرُ عن مَـوْعِدِ الطَّـائِـرَةِ

بعد أن لاحظت الفرق أكْمِل كَمَا فِي النَّمُوذج :

| | | |
|---|---|---|
| | قَـرَأَ | اسْـتَـقْـرَأَ |
| -1 | كَـتَبَ | ............... |
| -2 | فَـهِمَ | ............... |
| -3 | ذَكَـرَ | ............... |
| -4 | خَـرَجَ | ............... |
| -5 | أَمَـرَ | ............... |

6- رَجَـعَ ................

7- ضَحِكَ ................

8- فَتَـحَ ................

9- قَـامَ ................

10- غَـفَـرَ ................

تَـدْرِيب9 : **لاحـظ الفـرق في المعـنى بـين الفعلـين حَـضَرَ وأَحْـضَرَ**
**في المثـالـين الآتـيين :**

**حَـضَـرَ علـيٌّ إلى المـدرسـةِ**

**وأَحْـضَـرَ كِـتَـابَـه مَـعَـهُ**

بعد أن لاحظت الفرق **أَكْمِل** كَمَا فِي النَّمُوذج :

| | | |
|---|---|---|
| | عَـلِمَ | أَعْـلَـمَ |
| 1- | ضَحِكَ | ................ |
| 2- | دَخَـلَ | ................ |
| 3- | خَـرَجَ | ................ |
| 4- | فَـهِمَ | ................ |
| 5- | أَخَـذَ | ................ |
| 6- | نَـامَ | ................ |
| 7- | جَـلَسَ | ................ |

8- نَظَـــرَ ................

9- ضَـاعَ ................

10- بَــكَى ................

11- رَجَـــعَ ................

تدريب 10 : أَجب عن الأسئلة الآتية :

1- ماذا يريدُ جون أن يقرأ؟

2- لماذا يريدُ أن يقرأَ الجريدَةَ؟

3- من شرحَ لجون كَيْفَ يَقْرَأُ جريدةً عربيَّةً؟

4- ماذا في الصفحةِ الأُولَى ؟

5- هل الأخبارُ الخارجيّةُ في صَفْحَةٍ خَاصَّة ؟

6- الأَخبارُ الاجْتِمَاعِيَّةُ مثلَ ؟

7- أَخبارُ الحوادثِ مثلَ ؟

8- ما الإِعلاناتُ التِّجاريَّةُ؟

9- ماحظُّكَ اليَوْمَ؟

10- مَا حَظُّ جون اليومَ ؟

11- هل تقرأُ أَوْقاتَ الصلاةِ في الجريدَةِ ؟

12- ما النشرةُ الجويَّةُ اليومَ ؟

تدريب 11 : عبر عن الصور الآتية بجمل مفيدة :

اقرأ الآتي ولاحظ العلاقة بين :

عَلِمَ واسْتَعْلَمَ وبين أَذِنَ و اسْتَأْذَنَ

1- أريد أن أَسْتَعْلِمَ عن طائرةِ القاهرةِ

2- عَلِمْنَا بوصولها الآن.

---

1- أَسْتَأْذِنُكَ في الغياب غدا.

2- أَذِنْتُ لك.

# الدَّرْسُ العِشْرُون

## قِرَاءَةٌ فِي جَرِيدَةٍ عَرَبِيَّةٍ

قَرَأَ جُون فِي الصَّفْحَةَ الأُولَى الْعُنْوَانَ البَارِزَ التَّالِي:

رِسَالَةٌ مُهِمَّةٌ مِنْ
مَلِكِ السُّعُودِيَّةِ
إِلَى مَلِكِ الأُرْدُنِ عَنْ
مُشْكِلَةِ فِلِسْطِين

وَقَرَأَ فِي صَفْحَةِ أَخْبَارِ الدَّوْلَةِ :

القَاهِرَة : قَالَ وَزِيرُ الصِّحَّةِ إِنَّ أَسْعَارَ الأَدْوِيَةِ بَاقِيَةٌ بِدُونِ زِيَادَةٍ، وَإِنَّ الدَّوْلَةَ تَعْمَلُ عَلَى تَوْفِيرِ الأَدْوِيَةِ فِي الصَّيْدَلِيَّاتِ وَ الْمُسْتَشْفَيَاتِ.

وَقَـرَأَ فِي صَفْحَـةِ أَخْبَـارِ التِّجَـارَةِ والْمَـال :

أَبُـو ظَـبْي: دَخَلَـتْ الْمَـرْأَةُ فِي الْخَلِـيجِ الْعَـرَبِي مَيْـدَانَ الْعَمَـلِ فِي الْبُنُـوكِ، وَإِنَّ الْمُـدِيرَاتِ والْمُوَظَّفَـاتِ فِي بَعْـضِ الْبُنُـوكِ الآنَ جَمِيعًـا مِـنَ النِّـسَاءِ. وَقَـرَأَ فِي صَـفْحَةِ الرِّيَاضَـةِ :

جُـدَّة : تَـجْري الْيَـوْمَ بِجَـامِعَةِ الْمَلِـكِ عَبْـدِ الْعَزِيـزِ بِجُـدَّة مُبَـارَاةٌ فِي كُـرَةِ الْـقَدَمِ

بَيْنَ فَرِيقِ الْجَامِعَةِ وَفَرِيقِ جَامِعَةِ الرِّيَاضِ فِي السَّاعَةِ الثَّالِثَةِ وَالنِّصْفِ مَسَاءً عَلَى مَلْعَبِ الْجَامِعَةِ.

وَفِي صَفْحَةِ الإِعْلانَاتِ قَرَأَ الإِعْلانَ التَّالِي :

" ضَاعَ جَوَازُ سَفَرِ الْمُوَاطِنِ الْبَاكِسْتَانِي رَشِيد أَحْمَد رَقْم 5245 . نَرْجُو الاتِّصَالَ بِهَاتِفِ السِّفَارَةِ الْبَاكِسْتَانِيَّةِ رَقْم 64315

وَأَخِيرًا قَرَأَ فُكَاهَةَ الْيَوْمِ :

دَخَلَ شُرْطِيٌّ مَكْتَبَ الضَّابِطِ الْمُنَاوِبِ ، وَهُوَ يَصِيحُ :

سَرَق اللُّصُوص سَيَّارَةَ الشُّرْطَة !!!

الضَّابِط : وَمَاذَا فَعَلْتَ أَنْتَ ؟؟

الشُّرْطِيُّ : الْحَمْدُ لِلَّهِ كَتَبْتُ رَقْمَهَا!!!

# قِرَاءَةٌ فِي جَرِيدَةٍ عَرَبِيَّةٍ

قَرَأَ جُون فِي الصَّفْحَةِ الأُولَى الْعُنْوَانَ البَارِزَ التَّالِي:

" رِسَالَةٌ هامَّةٌ مِنْ مَلِكِ السُّعُودِيَّةِ إِلَى مَلِكِ الأُرْدُن عَنْ مُشْكِلَةِ فِلِسْطِين " .

وَقَرَأَ فِي صَفْحَةِ أَخْبَارِ الدَّوْلَةِ :

القَاهِرَة : قَالَ وَزِيرُ الصِّحَّةِ إِن أَسْعَار الأَدْوِيَةِ بَاقِيَةٌ بِدُونِ زِيَادَةٍ، وَإِنَّ الدَّوْلَةِ تَعْمَلُ عَلَى تَوْفِيرِ الأَدْوِيَةِ فِي الصَّيْدَلِيَّاتِ وَ الْمُسْتَشْفَياتِ. وقَرَأَ فِي صَفْحَةِ أَخْبَارِ التِّجَارَةِ والْمَال :

أَبُو ظَبي: دَخَلَت الْمَرْأَةُ فِي الْخَلِيجِ الْعَرَبِي مَيْدَانَ الْعَمَلِ فِي الْبُنُوكِ، وَإِنَّ الْمُدِيرَاتِ والْمُوَظَّفَات فِي بَعْضِ الْبُنُوك الآنَ جَمِيعًا مِنَ النِّسَاءِ. وقَرَأَ فِي صَفْحَةِ الرِّيَاضَةِ :

جُدَّة : تَجْرِي الْيَوْمَ بِجَامِعَة الْمَلِكِ عَبْد العَزِيزِ بِجُدَّة مُبَارَاةٌ فِي كُرَةِ الْقَدَمِ بَيْنَ فَرِيقِ الْجَامِعَة وَفَرِيقِ جَامِعَة الرِّيَاضِ فِي السَّاعَة الثَّالِثَة وَالنِّصْفِ مَسَاءَ عَلَى مَلْعَبِ الْجَامِعَةِ.

وَفِي صَفْحَةِ الإِعْلانَاتِ قَرَأَ الإِعْلانَ التَّالِي :

ضَاعَ جَوَازُ سَفَرِ الْمُوَاطِنِ الْبَاكِسْتَانِي رَشِيد أَحْمَد رَقْم 5245 ، نَرْجُو الاتِّصَالَ بِهَاتِفِ السِّفَارَةِ الْبَاكِسْتَانِيَّةِ رَقْم 64315.

وَأَخِيرًا قَرَأَ فُكَاهَةَ الْيَوْمِ :

دَخَلَ شُرْطِيٌّ مَكْتَبَ الضَّابِطِ الْمُنَاوِب ، وَهُوَ يَصِيحُ :

سَرَق اللُّصُوص سَيَّارَةَ الشُّرْطَة !!!

الضَّابِـط : وَمَــاذَا فَعَلْــتَ أَنْــتَ ؟؟

الشُّـرَطِيُّ : الْحَمْـــدُ لِلَّهِ كَتَبْـــتُ رَقْمَهَـــا!!!

## الـكلمات الـجديـدة

| | | | | |
|---|---|---|---|---|
| وَزِيرُ الصِّحَّةِ | | الفلسْطِينيَّة | جَميعًا | لَطِيفٌ |
| مَنْزِلٌ | نَهَضَ | أَسْعَارٌ | تَوْفِيرٌ | مُبَارَاةٌ |
| عدل | فَتَاة | لُصُوصٌ | أَمْسَكَ | صَيْدلِيَّةٌ |
| كُـرَة الْقَـــدَمِ | | بَاقِيَـةٌ | مُدِيرٌ | مُسْتَشْفى |
| بِدُونِ | فَرِيق | زِيَادَةٌ | ذَكِيٌّ | مَلْعَبٌ |
| مَوْجُودٌ | مَيْـــدَان الْعَـــمَلِ | | فَكَاهَةٌ | رِسَالَةٌ |
| مَلِكٌ | مُشْكِلَة | فِلِسْطِين | تَـعْـــمَـلُ عَـــلَى | |

تـدريب 1: اختــر الإجابـة الـصَّحِيحة مـن بـين الإجـابات الموجـودة أمـام كـل سؤال :

1- الشُـرْطِيُّ الـذي أَبْـلغ عن سَرقَة السَّيَّـارَة

أَمْسَـكَ اللِّـصَّ

كَتَبَ رَقْـمَ السيـارةِ

ذَكِـــيٌّ

2- إذا ضاعَ الجوازُ | أُبَلِّغُ الشُّرْطَةَ
أُبَلِّغُ سِفَارَةَ بَلَدِي
أُبَلِّغُ الشُّرْطَةَ وسِفَارَةَ بَلَدِي

3- قالَ وَزِيرُ الصِّحَّةِ | إِنَّ الأَدْوِيَةَ سَيَرْتَفِعُ ثَمَنُهَا
إِنَّ الأَدْوِيَةَ مَوْجودَةٌ بِكَثْرَةٍ
إِنَّ الأَدْوِيَةَ سيَبْقَى ثَمَنُهَا بدونِ زِيَادَةٍ

4- رِسَالَةٌ من رئيسِ دولةٍ إِلَى رئيسِ دولةٍ :
توجدُ فِي الصَّفْحَةِ الأُولَى
توجدُ فِي صَفْحَةِ الإِعلاناتِ
توجدُ فِي صَفْحَةِ الأَخْبارِ الاجتماعيَّةِ

5- تَبِيعُ الأَدْوِيَةَ : | الْمُسْتَشْفَياتُ
الصَّيدَلِيّاتُ
وَزَارَةُ الصِّحَّةِ

6- الْمُديراتُ والموظفاتُ | اللاَّتِي يَعْمَلْنَ فِي الْبُنُوكِ مِن الخَلِيجِ
الذين يَعْمَلُونَ فِي الْبُنُوكِ مِن الخَلِيجِ
التي تَعْمَلُ فِي الْبُنُوكِ مِن الخَلِيجِ

7- مِنْ أَخْبَارِ التِّجَارَةِ والْمَالِ | المرأَةُ فِي الْخَلِيجِ تَهْتَمُّ بِالصِّحَّةِ
المرأَةُ فِي الْخَلِيجِ تعْمَلُ فِي الْبُنُوكِ
المرأَةُ فِي الْخَلِيجِ تُقْبِلُ على التَّعْلِيمِ الآنَ

8- تُعَالِجُ المرضى    المستشفَياتُ
الصَّيْدَلِيّاتُ
الحكومَةُ

9- أيْنَ تَجْرِي مباراةُ اليوم ؟    فِي جدَّةَ
فِي الرِّياضِ
فِي جدَّةَ والرِّياضِ

10- الضَّابِطُ الْمُناوِبُ يَكْتُبُ    مَحَاضِرَ السَّرِقاتِ
مَحَاضِرَ الْحَوادِثِ كُلِّهَا
مَحَاضِرَ جَرائِمِ القَتْلِ

تَـدْرِيب2 : لاحـظ الفـرق فِي المعـنى بـين الفعلـين خـرج وأَخْـرَجَ فِي الجـملتين الآتيتـين :

خَـرَجَ الطِّفْـلُ مِـنَ الـمـنزل

أَخْـرَجَ الأَبُ الطِّفْـلَ مِـنَ الـمـنزلِ

بعد أن لاحظت الفرق أَكْمِل كَمَا فِي النَّمُوذج الآتِي :

| | | | |
|---|---|---|---|
| سَمِعَ | أَسْمَعَ | | |
| 1- خَـرَجَ | ...... | 5- نَهَضَ | ...... |
| 2- نَــزَلَ | ...... | 6- قَامَ | ...... |
| 3- جَلَسَ | ...... | 7- فَـهِمَ | ...... |
| 4- بَـلَغَ | ...... | 8- نَـظَـرَ | ...... |

| | | | |
|---|---|---|---|
| 9- ضَحِكَ | ...... | 10- تَعِبَ | ...... |

تَدْرِيب3 : لاحظ الفرق فِي المعنى بين الفعلين: (دَرَسَ، دَرَّسَ) فِي الجملتين الآتيتين :

دَرَسَ جون اللُّغَةَ الْعَرَبِيَّةَ

دَرَّسَ الْمُدَرِّسُ اللُّغَةَ الْعَرَبِيَّةَ لِجون.

بعد أن لاحظت الفرق أَكْمِل كَمَا فِي النَّمُوذج الآتي:

| فَهِمَ | | فَهَّمَ | |
|---|---|---|---|
| 1- خَرَجَ | ...... | 6- سَمِعَ | ...... |
| 2- وَصَلَ | ...... | 7- عَلِمَ | ...... |
| 3- عَدَلَ | ...... | 8- عَرَفَ | ...... |
| 4- كَسَرَ | ...... | 9- نَزَلَ | ...... |
| 5- بَلَغَ | ...... | 10- فَتَحَ | ...... |

تَدْرِيب 4 : أَكْمِل كَمَا فِي النَّمُوذج :

| الطبيبُ ماهِرٌ | إن الطَّبيبَ ماهرٌ |
|---|---|
| 1- الغُرْفَةُ مريحةٌ | .............. |
| 2- الْفندقُ على شاطئِ النِّيلِ | .............. |
| 3- الْكتابُ جَيِّدٌ | .............. |
| 4- الْفتاةُ جميلةٌ | .............. |
| 5- شُرْطِيُّ الحراسةِ أَمامَ البابِ | .............. |
| 6- الشُّرطيَّةُ في المكتبِ | .............. |

7- السـائقُ يقـودُ بسـرعةٍ ..............

8- الطائـرةُ واقفـةٌ فِي المـطار ..............

تدريب 5: أكمل الجمل الآتيـة باختيار الكـلمة المنـاسبة:

الْعُنْـوَانَ كُـرَةِ الْقَـدَم الْجَامِعِيُّ جَرِيـدَةٍ

مَلْعَبِ مَدِينة جُـدَّةَ فُكَاهَـةَ الضَّابِطِ

الاتِّـصَالَ ارْتِفَـاعُ تَـوْفِـيرِ الْفِلَسْطِينِيَّةِ

1- الدولـةُ تَعْمَلُ عَلَى ........ الأَدْوِيـةِ.

2- قـرأ جـون ........ البَـارِزَ التَّـالي.

3- من أَخبـارِ التِّـجَـارةِ والمـالِ ........ سِعْرِ الدُّولارِ.

4- تَـجْـرِي اليـومَ مُبـاراةُ ........

5- نَرْجُـو ........ بِهَـاتِفِ السِّـفَـارَةِ.

6- دَخَـلَ شُـرْطِيٌّ مَكْـتَبَ ........ الْمُنَاوِبِ.

7- الْفَـرِيقُ ........ سَيَلْعبُ اليَـومَ.

8- هَـذِهِ قِـراءَةٌ فِي ........ عـربيـةٍ.

9- قـرأ جـون عَنْ الْمُشْكِلَةِ ........

10- هَـلْ قَـرَأْتَ ........ الْيَـوْمِ ؟

11- تَجْـرِي المبـاراةُ فِي ........ الجـامعةِ.

12- جَامِعَةُ الملِكِ عبدِ العَـزِيـزِ فِي ........

تدريب 6: كوِّن جملا تامة مستخدما مجموعات الكلمات الآتية:

1- جون - فِي - ماذا - الأولى - الصَّفْحَة - قَرَأَ - ؟

2- هامَّةٌ - من - رسالةٌ - السعودية - مَلِكِ.

3- قرأ - فِي - أَخبارِ - جون - الدولةِ

صفحة - ماذا - ؟

4- الْعَمَلِ - المرأةُ - العربيِّ - الخليجِ - دخلت

فِي - البُنوك - ميدانَ.

5- الأدويةِ - ستبقى - أسعارُ - زيادةِ - بدونِ.

6- الدولةُ - الأدويةِ - تعملُ - توفِيرِ - على.

7- النساءِ - من - المديراتُ - جميعًا - الموظفاتُ - و.

8- الباكستانِّي - ضاع - المواطنِ - سفرِ - جوازُ.

9- جون - فُكَاهَةً - قرأ - اليومِ.

10- من - عن - السيارةِ - سَرِقَةِ - أبلغ - ؟

11- مباراةٌ - بِجامعةِ - عبدِ العزيزِ - الملك - تجري

كرةِ القدمِ - فِي.

12- الساعةُ - كَمْ - الآنَ - ؟

تدريب 7: اضبط بالشكل الجمل الآتية :

1- تلعب الفتاة

2- يجري الولد

3- يكتب الطالب الدرس

4- يكتب السائح البرقية

5- يفحص الطبيب المريض

6- يمسك المتكلم السماعة

7- يُمْسِك الكَاتِب القَلَم. 8- يَقِفُ الضَّابِط.

9- يَشْرَب القِطّ اللَّبَن. 10- يَقْرَأُ الْمُهَندِس الْجَرِيدَة.

11- يَكْتُبُ الضَّابِط الْمَحْضَر.

تدريب 8: ضع اسم الموصول المناسب واسم الإشارة فِيما يلي:

1- الرَّجُلُ .................. يَقِف أخي.

2- الشُّرْطِيان .................. يقِفان حَارسَان.

3- الطِّفلَتَان .................. تَلْعَبان تِلْمِيذَتَان.

4- الْفَتَاة .................. تَلْعَب بِنْتي.

5- الْفَتَيَات .................. يَلْعَبْن بَنَاتي.

6- الرِّجَال .................. يَلْعَبُون مَاهِرُون.

7- الْوَلَدَان .................. يَقِفَان تِلمِيذَان.

8- .................. البَنَات يَضْحَكْن كَثيرا.

9- .................. السَّائِحون يَشْرَبون عَصِير الْبُرْتُقَال.

تدريب 9 : أجب عَنْ الأسئلة الآتية :

1- مَاذَا قَرَأ جُون فِي الصَّفْحَة الأُولَى؟

2- لِمَنْ كَانَت رِسَالَةُ مَلِك السُّعُودِيَّة؟ وَمَا سَبَبُ الرِّسَالَة ؟

3- مَنْ قَالَ سَتَبْقَى أَسْعَارُ الأَدْوِيَةِ بِدُون زِيَادَة ؟

4- أَيْنَ تُوَفِّر الدَّوْلَةُ الأَدْوِيَة ؟

5- مَتَى دَخَلَت الْمَرْأَةُ فِي الْخَلِيج الْعَرَبي مَيْدَانَ التِّجَارَة وَالْمَال؟

6- مَاذَا تَعْمَل الْمَرْأَةُ فِي بُنُوك الْخَلِيج الآن؟

7- ما الفـريقـان اللـذان سيلعبـان كـرة القـدم ؟
8- مـتى سيـلعب الفـريقـان؟ وأيْـن سيـلعبـان ؟
9- ما الإعـلانُ الـذي قــرأه جـون ؟
10- إذَا وجـد شـخـصٌ الجـوازَ، فـكـيف يـعطيه لـصاحبِـه ؟

## تدريب 10 : أكمل الحــوار التـــالي:

1- ماذا فِي الصفحةِ الأولى من الجريدةِ العربيةِ؟

................ ..............................

2- ................ .............................. ؟

الأخبـار الاجتماعيَّـةُ مثلَ أخبارِ الزواجِ والتَّهـانِي.

3- .............................. ؟

أَقْـرَأُ الجـريـدَةَ فِي الصباح.

4- .............................. ؟

نَعَـمْ، أَقْـرَأُ أَخبارَ السينما والإذاعةِ والتَّـلْفَزَةِ والمسرحِ.

5- .............................. ؟

أقـرأ جريـدةَ واحـدةَ فِي اليــومِ.

9- .............................. ؟

يسـاعدني صـديـقي كـمـال فِي قـراءةِ الجـريـدةِ.

7- ............................ ؟

حَظِّي اليومَ : " تقابلُ شَخْصِيَّةً لها تَأْثِيرٌ فِي حياتِكَ، حَاوِلْ أنْ تَكُـون لَطِيفًا" .

8- كـم الســاعةُ الآن ؟

............................ .

9- هَـلْ سَتَذْهَبُ إِلَى العـملِ حـالاً ؟

................ ............................

................ ............................ ؟

10- أَعُودُ إِلَى البـيتِ الســاعةَ الثَّــانِيَـةَ تَمَـامًا.

تدريب 11: عبّر عن الصور الآتيـة بجمل مفيـــدة :

1 -

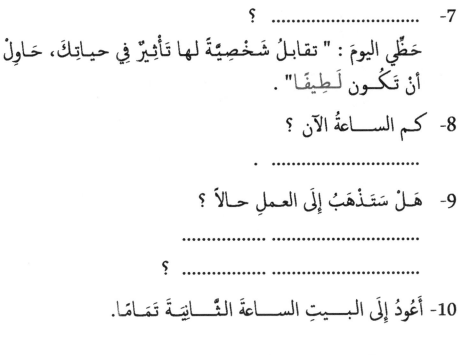

2 -

3 -

4 -

اِقْـرأ الآتي ولاحظ الفــرق في التشـكيل :

1- السيارةُ واقفةٌ أمام المنــزل.

إنَّ السيارةَ واقفةٌ أمام المنــزل.

2- السَّـيارتان واقـفَتان أمام المنــزل.

إنَّ السَّـيارتين واقـفَتان أمام المنــزل.

3- السَّـياراتُ واقفةٌ أمام المنــزل.

إنَّ السَّـياراتِ واقفةٌ أمام المنــزل.

4- البـناتُ واقـفَـاتٌ أمام المنــزل.

إنَّ البـناتِ واقـفَـاتٌ أمام المنــزل.

# الدَّرْسُ الْحَادِي والْعِشْرُون

## الْفُصُولُ الْأَرْبَعَة

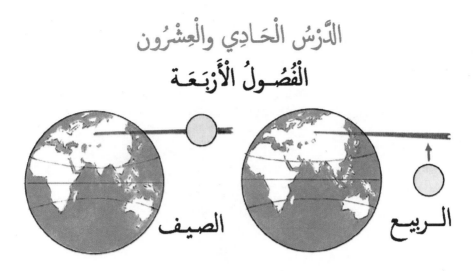

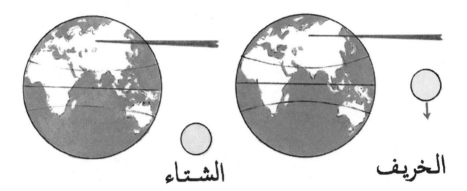

الصيف
الربيع
الشتاء
الخريف

السَّيِّد وِلْيَم سْتَانْلِي سَيحْضُرُ إِلَى دَوْلَةِ الْإِمَارَاتِ الْعَرَبِيَّةِ الْمُتَّحِدَةِ لِلْعَمَلِ فِي شَرِكَةِ بِتْرُول أَبُو ظَبْي. الشَّرِكَةُ أَرْسَلَتْ لَهُ كِتَابًا عَنِ الْحَيَاةِ فِي أَبُو ظَبْي وَعَنِ الْجَوِّ والْمَلاَبِسِ الْمُنَاسِبَة.

وَصَـلَ السَّيِّدُ سْتَانْلِي إِلَى أَبُـو ظَـبِي فِي الشِّتَاءِ.

ستَانْلِي : الْجَـوُّ بَارِدٌ، وَالسُّحُبُ كَثِيـرَةٌ فِي السَّمَاءِ ، وَالْمَطَـرُ يَـسْقُطُ بِكَـثْرَةٍ. إِنَّ هَـذَا يُـذَكِّرُنِي بِـوَطَنِي.

كَمَال : إِنَّ الشِّتَاءَ رَائِعٌ فِي دَوْلَةِ الْإِمَارَاتِ العَرَبِيَّةِ الْمُتَّحِدَةِ.

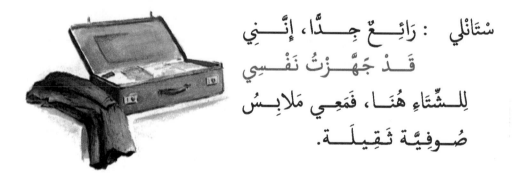

ستَانْلِي : رَائِـعٌ جِـدًّا، إِنَّـنِي قَـدْ جَهَّـزْتُ نَفْسِـي لِلـشِّتَاءِ هُنَـا، فَمَعِي مَلَابِـسُ صُوفِيَّةٌ ثَقِيلَـةٌ.

320

إنّـني قَـرَأْتُ الكِتَـابَ الَّذي وَصَـلَني مِـنَ الـشَّرِكَة، وفَهِمْـتُ مِنْـهُ كُـلَّ شَـيْءٍ.

كَمَال : لَعَـلَّ الكِتَـابَ مُفيـدٌ.

سْتَانْلِي : نَعَـمْ لَقَـدْ فَهِمْـتُ مِنْـهُ كُلَّ شَيْءٍ.

كَمَال : وَطَبْعًـا أَعْـدَدْتَ نَفْـسَكَ لِلـصَّيْفِ.

سْتَانْلِي : قَـرَأْتُ فِي الكِتَـابِ أَنَّ الـصَّيْفَ هُنَـا حَـارٌّ جِـدًّا، وَدَرَجَـةَ الـرُّطُـوبَـةِ عَـالِيَـة.

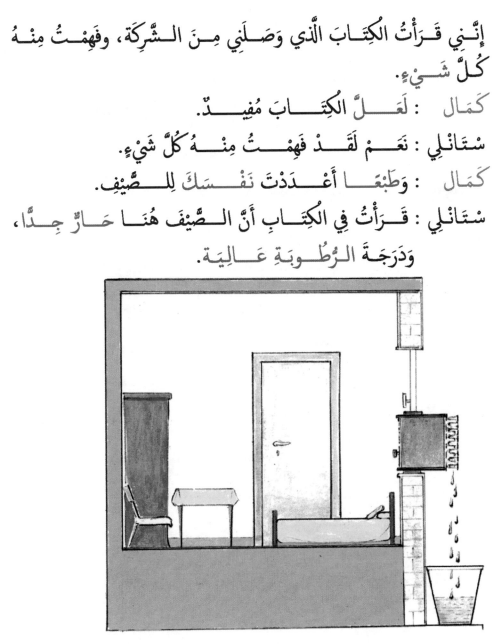

كَمَال : وَلَـكِنَّ المَلابِـسَ الخَفيفَـةَ وَأَجْـهِزَةَ التَّكْيِـيفِ والـشَّوَاطِئَ

الْـكَثيرَة تُخَفِّـفُ شِـدَّةَ الرُّطوبَـةِ والـحَرَارَةِ.

سْتَانْلِي : صَـحِيحٌ ، وَلَكِــنَّ عَمَــلِي يَــحْتَاجُ إِلَى الْوُقُــوفِ فِي الــشَّمْسِ كَثِـيرًا.

كَمَال : حَـسَنًا ، تَـسْتَطِيعُ أَنْ تَلْـبَسَ القُبَّعَـة.

سْتَانْلِي : ضَـاحِكًا .. أَتَظُـنُّ أَنَّ القُبَّعَـةَ تُخَفِّـفُ مِـنَ الرُّطوبَـة ؟

كَمَال : إِنْـسَ الآنَ الـصَّيْفَ وَالرُّطُوبَــةَ، وَدَرَجَــةَ الــحَرَارَةِ الْعَالِيَـةِ، وَعِـشْ فِي جَـوِّ الـشِّتَاءِ الرَّائِعِ.

سْتَانْلِي : مَـاذَا عَــنِ الرَّبِيـعِ وَالْخَرِيـف هُنَـا ؟

كَمَال : إِنَّــهُمَا فَـصْلانِ جَـمِيلَانِ، تَعْتَـدِل دَرَجَـةُ الــحَرَارَةِ فِيهِمَـا ، وَتَقِـلُّ دَرَجَةُ الرُّطُوبَـةِ، وَيَـرِقُّ الْهَـوَاء.

سْتَانْلِي : حَــسَنًا ... ثَلاَثَــةُ فُــصُولِ طَيِّبَــةِ وفَــصْلٌ وَاحِــدٌ صَـعْب .... بَسِـيطَة.

كَمَال : لا تَعْـرِفُ الــشِّتَاءَ الْجَمِيــلَ إِلاَّ بَعْــدَ الــصَّيْفِ الْحَــارِّ.

سْتَانْلِي : هَلْ هَـذَا مَثَـلٌ عَــرَبِي ؟ ؟

كَمَال : يَجِبُ أَنْ يَكُـونَ.

# الْفُصُولُ الأَرْبَعَة

السَّيِّد وِلْيَم سْتَانْلِي سَيحْضُرُ إِلَى دَوْلَةِ الْإِمَارَاتِ الْعَرَبِيَّةِ الْمُتَّحِدَةِ لِلْعَمَلِ فِي شَرِكَة بِتْرُول أَبُو ظَبْي. الشَّرِكَةُ أَرْسَلَتْ لَهُ كِتَابًا عَنِ الْحَيَاةِ فِي أَبُو ظَبْي وَعَنْ الْجَوِّ وَالْمَلاَبِسِ الْمُنَاسِبَةِ.

وَصَلَ السَّيِّد سْتَانْلِي إِلَى أَبُو ظَبْي فِي الشِّتَاءِ.

سْتَانْلِي : الْجَوُّ بارِدٌ، والسُّحُبُ كَثِيرَةٌ فِي السَّمَاءِ ، والْمَطَرُ يَسْقُطُ بِكَثْرَةٍ. إِنَّ هَذَا يُذَكِّرُنِي بِوَطَنِي.

كَمَال : إِنَّ الشِّتَاءَ رَائِعٌ فِي دَوْلَةِ الْإِمَاراتِ العَرَبِيَّةِ الْمُتَّحِدَةِ.

سْتَانْلِي : رَائِعٌ جِدًّا، إِنَّنِي قَدْ جَهَّزْتُ نَفْسِي لِلشِّتَاءِ هُنَا، فَمَعِي مَلابِسُ صُوفِيَّةٌ ثَقِيلَةٌ. إِنَّنِي قَرَأْتُ الْكِتَابَ الَّذِي وَصَلَنِي مِنَ الشَّرِكَةِ، وفَهِمْتُ مِنْهُ كُلَّ شَيْءٍ.

كَمَال : لَعَلَّ الْكِتَابَ مُفِيدٌ.

سْتَانْلِي : نَعَمْ، لَقَدْ فَهِمْتُ مِنْهُ كُلَّ شَيْءٍ.

كَمَال : وَطَبْعًا أَعْدَدْتَ نَفْسَكَ لِلصَّيْفِ.

سْتَانْلِي : قَرَأْتُ فِي الْكِتَابِ أَنَّ الصَّيْفَ هُنَا حَارٌّ جِدًّا، وَدَرَجَةَ الرُّطُوبَةِ عَالِيَةٌ.

كَمَال : وَلَكِنَّ الْملابِسَ الْخَفِيفَةَ وَأَجْهِزَةَ التَّكْيِيف والشَّوَاطِئَ الْكَثِيرَة تُخَفِّفُ شِدَّةَ الرُّطُوبَةِ والحَرَارَةِ.

سْتَانْلِي : صَحِيحٌ ، وَلَكِنَّ عَمَلِي يَحْتَاجُ إِلَى الْوُقُوفِ فِي الشَّمْسِ كَثِيرًا.

كَمَال : حَسَنًا ، تَستَطِيعُ أَنْ تَلْبَسَ القُبَّعَةَ.

سْتَانْلِي : ضَاحِكًا .. أَتَظُنُّ أَنَّ القُبَّعَةَ تُخَفِّفُ مِنَ الرُّطُوبَةِ ؟

كَمَال : إِنْسَ الآنَ الصَّيْفَ وَالرُّطُوبَةَ، وَدَرَجَةَ الحَرَارَةِ الْعَالِيَةَ، وَعِشْ فِي جَوِّ الشِّتَاءِ الرَّائِعِ.

سْتَانْلِي : مَاذَا عَنِ الرَّبِيعِ والْخَرِيفِ هُنَا ؟

كَمَال : إِنَّهُمَا فَصْلَانِ جَمِيلانِ، تَعْتَدِل دَرَجَةُ الحَرَارَةِ فِيهِمَا ، وَتَقِلُّ دَرَجَةُ الرُّطُوبَةِ، وَيَرِقُّ الْهَوَاءُ.

سْتَانْلِي : حَسَنًا ... ثَلاَثَةُ فُصُولٍ طَيِّبَةٍ وفَصْلٌ وَاحِدٌ صَعْبٌ .... بَسِيطَة.

كَمَال : لا تَعْرِفُ الشِّتاءَ الْجَمِيلَ إلاَّ بَعْدَ الصَّيْفِ الْحَارِّ.

سْتَانْلِي : هَلْ هَذَا مَثَلٌ عَرَبِيٌّ ؟ ؟

كَمَال : يَجِبُ أَنْ يَكُونَ.

## الكلمات الجديدة :

| | | | | |
|---|---|---|---|---|
| لَعَلَّ | رَائِعٌ | دَوْلَةَ الْإِمَارات الْعَرَبِيَّة الْمُتَّحِدَةِ | | تَشْتَدُّ |
| دَرَجَة الرُّطُوبَةِ | | شَرِكَةٌ | مَاذَا عَنْ ؟ | بِتْرُول |
| سَقَطَ | جَاهِزَةٌ | اِنْسَ | السَّمَاءُ | |
| سَهْلٌ | هزَمَ | | الْقِطَارُ | بَارِدٌ |
| حَارٌّ | بَسِيطَةٌ | قَدْ | وَدِدْتَ أَنْ | مُعَدَّل |
| مُعْتَدِلٌ | نَفْسِي | الْقُبَّعَةُ | مُرْتَفِعَةٌ | مُنْخَفِضَةٌ |

| | | | | |
|---|---|---|---|---|
| سُحُبٌ | الْحَياةُ | شَيءٌ | مَوْجودٌ | قَضَى |
| مُسْتَعِدٌّ | يَبْرُدُ | نَوْعٌ | يَتَغلَّبُ | مُنَاسِبٌ |
| شِدَّةٌ | عَالِيَةٌ | جِدًّا | لَكِنَّ | صَعْبٌ |
| طَيِّبٌ | جَهَّزَ | صُوفِيَّةٌ | ثَقِيلٌ | خَفِيفٌ |
| المَوَادُّ | أَجْهِزَةُ التَّكْيِيفِ | | طَبْعًا | خَفَّفَ |
| يَسْتَطِيعُ | حَسَنًا | صَحِيحٌ | يَرِقُّ | مَثَلٌ |
| يَجِبُ أَنْ | | يَحْتَاجُ | | |

تدريب 1: تخيّر الإجابة الصحيحة من بين الإجابات أمام كل سؤال:

1- يعمل السيد وليم
- في بترول العراق
- في بترول أبو ظبي
- في بترول الكويت

2- قرأ وليم كتابا عن
- شَرِكَةِ بترول أبو ظبي
- شَرِكَةِ الإِمَارَاتِ العربية
- الجوِّ والملابسِ المناسبةِ

3- وصل السيد وليم إلى أبو ظبي
- في الصَّيْفِ
- في الرَّبيعِ
- في الشِّتَاءِ

| | |
|---|---|
| 4- السُّحُبُ كَثِيرَةٌ | في السمـاءِ<br>في البحـر<br>في الإِماراتِ العربيةِ المتحدة |
| 5- الملابسُ الخفيفةُ والتَّكْييفُ | للخريفِ<br>للربيعِ<br>للصيفِ |
| 6- فهم السيد وليم | كلُّ شيءٍ في الكتابِ<br>كلُّ شيءٍ في أبو ظبي<br>كلُّ شيءٍ في الإِماراتِ العربيةِ المتحدة |
| 7- اِنْسَ الآن | الشِّتَاءَ والملابسَ الثقيلةَ<br>الصَّيْفَ والرُّطوبَةَ<br>الرَّبيعَ والملابسَ الخَفيفةَ |
| 8- درجَةُ الرطوبةِ العاليةُ | في الصَّيْف الحارِّ<br>في الشِّتَاءِ البارِدِ<br>في الرَّبيعِ الرَّائعِ |
| 9- في الرَّبيعِ والخريفِ | يبردُ الجوُّ وينزلُ المطرُ<br>تَشْتَدُّ الحرارةُ والشَّمْسُ<br>يَرِقُّ الهَواءُ وتَقِلُّ الرُّطوبَةُ |

10- لا تعرفُ الشِّتَاءَ الجميلَ إلاَّ بالخريفِ الجميلِ
بالربيعِ الرائعِ
بالصيفِ الحارِّ

تدريب 2: كوِّن جملا من مجموعات الكلمات الآتية:

1- هذا - عربي - مثل - هل - ؟
2- أَن - يجب - يكون - عربيا - مثلا.
3- في - فصلان - السنة - جميلان.
4- درجة - تقل - الحرارة - الشتاء - في - إن.
5- درجة - ترتفع - الحرارة - الصيف - في - هل؟
6- عن - الربيع - و - ماذا - الخريف - ؟
7- الرطوبة - فصل - في - ترتفع - الصيف.
8- الشتاء - و - الأربعة - و - الصيف.
الفصول - هي - الربيع - الخريف - و.
9- وليم - دولة - العربية - الإمارات - سيحضر
إلى - السيد.
10- أرسلت - له - عن - الحياة - الشركة
كتابا - هناك.
11- رائعٌ - الشتاءَ - في - الإمارات - دولة - إنَّ.

12- للشتاء - قد - هنا - نفسي - جهزت.

تدريب3: ضع الكلمة المناسبة في الأماكن الخالية من الجمل الآتية:

أوروبا سيحضر ثقيلة درجة الحرارة تَخْفيف

المناسبة الرطوبة الذي رائع اِنس

القبعة الشمس.

1- معي ملابس صوفية . . . . . . . . . . .

2- قرأت الكتاب . . . . . . . . . . وصلني.

3- السيد وليم . . . . . . . . . . إلى الإمارات العربية المتحدة.

4- الشتاء هنا . . . . . . . . . . جدا.

5- شتاء . . . . . . . . . . بارد جدا.

6- في الصيف ترتفع . . . . . . . . . .

7- في الخريف والربيع تقل نسبة . . . . . . . . . .

8- أحضر وليم الملابس . . . . . . . . . .

9- . . . . . . . . . . الآن الصيف والرطوبة.

10- القبعة لا . . . . . . . . . . من الرطوبة.

11- حسنا، تستطيع أن تلبس . . . . . . . . . .

12- يحتاج عملي إلى الوقوف في . . . . . . . . . . كثيرا.

تدريب 4: غَيِّـر كـمـا فِي الـنَّـمُـوذج واضبط بالشـكـل:

الجَـوُّ مُعْتَــدِلٌ — لَعَلَّ الْجَـوَّ مُعـتَـدِلٌ

1- القطـار قـــادم .

2- الطـائرة موجـودة .

3- الشـتـاء معــتدل .

4- الحـرارة منخفضة .

5- الحـرارة مـعتدلـــة .

6- الـملابس جاهــزة .

7- الـكـتـاب سـهـل .

8- السيـارة واقـفـة .

9- الطفـــل ضاحك .

10- الطبيب مـــاهر .

11- الـمدرس موجود .

12- التلميذ مستعد .

تدريب 5: أكمل كما في النموذج واضبط بالشكـل:

إن.......مُعْتَدِلٌ فِي مِصْر — إنّ الجوَّ معتدلٌ في مصر

1- إن................ يلعب بالكرة

2- إن................تقف في الشارع

3- إن................يشرب القهوة

4- إن................تشرب اللبن

5- إن................ يضحكان من الفكاهة

6- إن................ يدخلون بسرعة

7- إن................ يفحص المريض

8- إن................ تقيس ضغط الدم

9- إن................ يذاكرن دروسهن

10- إن................ تدفعان الثمن

تدريب 6: **أَكْمِل** كَمَا فِي النَّمُوذج :

كَسَرَ انْكَسَرَ

| | | | |
|---|---|---|---|
| 1- كشف | .......... | 6- فتح | .......... |
| 2- صرف | .......... | 7- هزم | .......... |
| 3- قاد | .......... | 8- فعل | .......... |
| 4- دفع | .......... | 9- قضى | .......... |
| 5- خلع | .......... | 10- طبخ | .......... |

تدريب 7: **لاحظ الفرق** في المعنى بين الفعلين **كسر وانكسر** في الجملتين الآتيتين :

كسر الطفلُ زجاجة الماء انكسرت زجاجةُ الماءِ

بعد أن لاحظت الفرق في المعنى بين الفعلين **استخدم الأَفعال** الآتية في جمل مفيدة:

| | |
|---|---|
| 1- فتح .............. | 4- طبخ .............. |
| انفتح .............. | انطبخ .............. |
| 2- صرف .............. | 5- كشف .............. |
| انصرف .............. | انكشف .............. |
| 3- هزم .............. | 6- دفع .............. |
| انهزم.............. | اندفع .............. |

تدريب 8 : **أكْمِل** كَمَا فِي النَّمُوذج **واضبط** بالشكل :

**وَدِدْتُ أَنَّ الْجَـــوَّ مُعْتَــدِلٌ**

1- وددت أن الفاكهة . . . . . . . . .

2- وددت أن . . . . . . . . . لطيف

3- وددت أن الصيف . . . . . . . . .

4- وددت أن الأسعار . . . . . . . .

5- وددت أن . . . . . . . . . على الطاولة

6- وددت أن . . . . . . . . . في البنك

7- وددت أن الجريدة . . . . . . . .

8- وددت أن الأخبار . . . . . . . .

9- وددت أن . . . . . . . . . نظيفة

10- وددت أن . . . . . . . . . سعيدان

11- وددت أن . . . . . . . . . ماهرات

12- وددت أن . . . . . . . . . فاهمون

تدريب 9 : **اضبط بالشكل** الجمل الآتية :

1- إن الحـــرارة مرتفعة هـنـا

2- إن الرطوبة عـــالية عنـدكم

3- إن الصيف حـــار جـدا

4- لعل الشـتاء بـارد في أوروبا

5- إن الـــربـيع رائـــع

6- الفصـــول أربعـــة

7- إن الخريف رائع في دولة الإمارات العربية المتحدة

8- إن الشـــركـة بعيـــدة من هـنـا

9- إن المـــلابس الخفيفـة مناسبة

10- لعل المـطـر نـازل في الشارع

11- لعل الأخبـــار ســارة

تدريب 10: أجب عـن الأسئلة التالية :

1- أين سيصلُ السيد وليـم ستانلي؟

2- مـا نوعُ الشركةِ التي سيعملُ بها؟

3- مـاذا أرسلتْ الشركةُ إلى السيد وليـم؟

4- متى يصلُ السيد وليم إلى أبو ظبي؟

5- هل كان الجوُّ باردًا والسحب كثيرة ؟

6- من قال : إن الشتـاءَ رائعٌ في دولـة الإمارات؟

7- ماذا أَعَدَّ السيد وليـم للشتـاء ؟

8- من قرأ الكتابَ الذي أرسلتْه الشركةُ ؟

9- هل درجةُ الرطوبةِ عاليةٌ في دولةِ الإماراتِ؟

10- كيف يتغلب الإنسانُ على الجوِّ الحارِّ ؟

11- لماذا يقفُ وليم ستانلي في الشَّمس كثيراً؟

12- هل تُخفِّفُ القبعةُ من الرُّطوبةِ كثيرًا ؟

13- هل درجةُ الحرارةِ عاليةٌ في الشتاءِ ؟

14- ماذا عن الربيعِ والخريفِ ؟

تدريب 11: عبر عن الصور الآتية بجمل مفيدة :

تدريب 12: **اقرأ** الآتي ولاحظ الفرق مع إنَّ:

| | |
|---|---|
| 1- ستانلي قرأ الكتابَ | 1- إن ستانلي قرأ الكتابَ |
| 2- أنـا قرأتُ الكتاب | 2- إنني قرأتُ الكتاب |
| 3- نحن قرأْنا الكتاب | 3- إننا قرأنا الكتاب |
| 4- أنتَ قرأتَ الكتاب | 4- إنَّكَ قرأتَ الكتاب |
| 5- أنتِ قرأتِ الكتاب | 5- إنكِ قرأتِ الكتاب |
| 6- أنتـما قرأتما الكتاب | 6- إنكـما قرأتما الكتاب |
| 7- أنتم قرأتـم الكتاب | 7- إنكـم قرأتم الكتاب |
| 8- أنـتن قرأتن الكتاب | 8- إنكن قرأتن الكتاب |
| 9- هـو قرأ الكتاب | 9- إنه قرأ الكتاب |
| 10- هي قرأتْ الكتاب | 10- إنها قرأتْ الكتاب |
| 11- هـما قرآ الكتاب | 11- إنهما قرآ الكتاب |
| 12- هـما قرأتا الكتاب | 12- إنهما قرأتا الكتاب |
| 13- هم قرأُوا الكتاب | 13- إنهم قرأوا الكتاب |
| 14- هُنَّ قَرَأْنَ الكتاب | 14- إنهن قرأْنَ الكتاب |

تدريب 13: اكتُب فِقْرَةً عَـنْ جَـوِّ بِلَادِكَ فِي بَعْضِ الْفُصُولِ.

## الدَّرْس الثَّاني وَالعِشرُون

### "إِنْ شَـــاءَ اللَّـهُ "

جلس رجلٌ مَرَّةً في كوخٍ، وَعَلَّقَ في أَعْلَى الكُوخِ قِدْرًا بِه عَسَلٌ. جلس الرجـــلُ يَحْلُـــمُ وَيُفَكِّـــرُ في الْمُـــسْتَقْبَلِ.

وَكَانَ يتَمَـنَّى أَنْ يَكُـونَ له طِفْـلٌ وَبَيْـتٌ وَزَوجَـةٌ. قَـال الرجـلُ لِنَفْـسِه: سَـــوْفَ أَبِيـــعُ قِـــدْرَ الْعَـــسَلِ، وأَشْـــتَرِي بِـــهِ عَـــنْزَةً، والْعَـنْزَةُ أَتْرُكُهَـا تَرْعَـى الْحَـشِيش، فَتَكْـبُرُ، وَتَـلِدُ كَثـيرًا مـن الْعَـنْزَاتِ، وَأَبِيـعُ عَـدَدًا منهـا، وَأَتَـزَوَّجُ ، وَأَعِـيشُ سَعِيـدًا ، وَأُنْجِـبُ وَلَـدًا، وَأُعَلِّمُـهُ وَأُؤَدِّبُهُ وَأَضْرِبُهُ بِالْعَـصَا.

رَفَـعَ الرجـــلُ الْعَـــصَا وضَرَبَ بِهَـــا قِـــدْرَ الْعَـــسَلِ، فَـــسَالَ الْعَـــسَلُ عـــلى وَجْهِـــهِ فَأَفَـــاقَ مِـــن حُلْمِـــهِ وقـــال في نَفْـــسِهِ : آه ... لقـــد نَـــسِيتُ أَنْ أَقُـــولَ إِنْ شَـــاءَ اللهُ.

### الـكلـمات الجديـدة

| | | | |
|---|---|---|---|
| إن شـــاءَ اللهُ | مَـرَّةَ | كُـوخٌ | عَلَّـقَ |
| قِـدْر يَـحْلُـم | يُفَكِّـر | عَنْـزَة | تَـرْعَى |

| | | | |
|---|---|---|---|
| حَشِيش | وَلَدَتْ تَلِدُ | أُنْجِبُ | أُوَدِّبُ |
| أَضْرِبُ | الْعَصَا سَالَ | أَفَاقَ | حُلْم |

الأسئلة :

1- ضَعْ عُنْوَانًا آخَرَ لهذهِ الْقِطْعَةِ.

2- ضع الكلماتِ التي تحتَها خطٌّ في جُمَلٍ تُبَيِّنُ مَعْنَاها.

3- أين كان الرجلُ يَحْلُمُ ؟

4- أين كان قِدْرُ الْعَسَلِ ؟

5- بماذا كان الرجلُ يحلمُ ؟

6- بمَاذا كان الرَّجلُ سيشتري العَنْزَةَ ؟

7- من كان الرَّجل سيضرب ؟

8- هل أَخْطَأَ الرجلُ ؟

9- ماذا تأكل العَنْزَاتُ ؟

10- ما الْوَجْبَةُ التي تأكلُ فيها الْعَسَلَ ؟

11- ماذا نَسِيَ الرَّجُلُ أن يَقُولَ ؟

12- هل سيبيعُ الرجلُ جَمِيعَ الْعَنْزاتِ لِيَتَزَوَّجَ ؟

تَـدْرِيب 1 : أسـنـد الْجمـل الآتيـة الى المفـردة الغائبـة ومثـنى المذكر وَالـمـؤنث وجـمع المذكر والمـؤنث واضبط بالشكل :

1- هو يَحْلُمُ بالْمُسْتَقْبَلِ.

هي..................

هما..................

هما..................

هم..................

هن..................

2- هو يَعِيشُ في سعادةٍ

هي..................

هما..................

هما..................

هم..................

هن..................

3- هو يُفَكِّرُ في الْعَمَلِ

هي..................

هما..................

هما..................

هم ..................
هن ..................

4- هو يزور الأسرةَ في المساء
هي ............................
هما ............................
هما ............................
هم ............................
هن ............................

5- هو يجلس أمامَ التّلفاز
هي ............................
هما ............................
هما ............................
هم ............................
هن ............................

6- هو يقرأُ الجريدةَ
هي ..................
هما ..................

هما ..................
هم ..................
هن ..................

7- هو يبيعُ الـخُضَرَ في السُّوقِ
هي ..............................
هما ..............................
هما ..............................
هم ..............................
هن ..............................

8- هو يَـتْـرُكُ ملَابِسَهُ على الشَّاطِئِ
هي ...................................
هما ...................................
هما ...................................
هم ...................................
هن ...................................

9- هو يَكْبُرُ بِسُرْعَةٍ
هي ..................

هما ....................

هما ....................

هم....................

هن ....................

10- هو يضعُ الْمُشتَرَيات في السيارةِ

هي..................................

هما ................................

هما ................................

هم..................................

هن .................................

تدريب 2: أسند الأفعال الآتية للمتكلم والمتكلمين مستخدما إياها في جمل مفيدة كما في النموذج :

| | | |
|---|---|---|
| (يضحك) | أَضْحَكُ | أنا أضحك كثيرا |
| | نَضْحَكُ | نحن نضحك قليلا |
| 1- (يَحْلُم) | ............. | ...................... |
| | ............. | ...................... |
| 2- (يُفَكِّرُ) | ............. | ...................... |
| | ............. | ...................... |

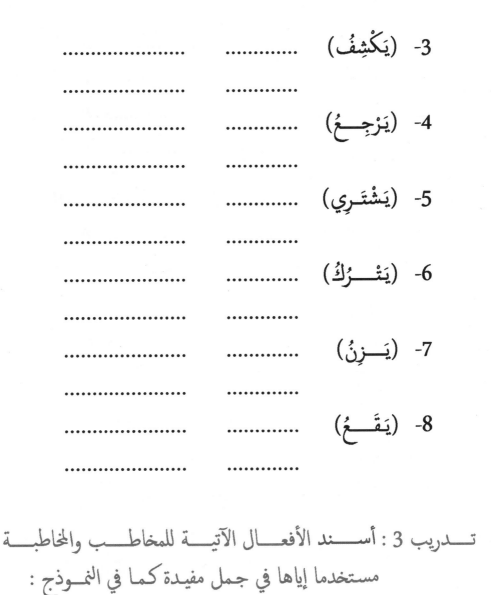

3- (يَكْشِفُ) .................... ....................

.................... ....................

4- (يَرْجِعُ) .................... ....................

.................... ....................

5- (يَشْتَرِي) .................... ....................

.................... ....................

6- (يَتْرُكُ) .................... ....................

.................... ....................

7- (يَـزِنُ) .................... ....................

.................... ....................

8- (يَقَـعُ) .................... ....................

.................... ....................

تـدريب 3 : أسـند الأفعـال الآتيـة للمخاطـب والمخاطبـة مستخدما إياها في جمل مفيدة كما في النمـوذج :

(يقرأ)    تقرأ    هل تقرأ الجريدة العربية ؟

تقرئين    كم كتابا تقرئين في الشهر ؟

1- (يطبخ) ......... ................................

......... ................................

2- (يفعل) ......... ................................

......... ................................

3- (يفتح) ......... ................................

......... ................................

4- (يشم) ......... ................................

......... ................................

5- (يكتب) ......... ................................

......... ................................

6- (يملأ) ......... ................................

......... ................................

7- (يأكل) ......... ................................

......... ................................

8- (يجري) ......... ................................

......... ................................

تـدريب 4 : أسـند الأفعـال الآتيـة للمثـنى المـخاطب وجمـع المـذكر المخاطب وجمع المؤنثة المخاطبة كما في النموذج :

(يدخل) تدخلان متى تدخلان المكتب ؟

تدخلون هل تدخلون السينما معـنا ؟

تدخلـن هل تدخلـن المدرسة مسـاء؟

1- (يكتب) .......... ................................

.......... ................................

.......... ................................

2- (يشـرب) .......... ................................

.......... ................................

.......... ................................

3- (يأكل) .......... ................................

.......... ................................

.......... ................................

4- (يقـرأ) .......... ................................

.......... ................................

.......... ................................

343

5- (يدفع) .......... ..................................

.......... ..................................

.......... ..................................

6- (يشكر) .......... ..................................

.......... ..................................

.......... ..................................

7- (يخـرج) .......... ..................................

.......... ..................................

.......... ..................................

8- (يفتــح) .......... ..................................

.......... ..................................

.......... ..................................

تدريب 5: أكمل كما في النموذج واضْبط بالشكل:

أنا أقـوم من النـوم بـاكـرا        أنا أذهب إلى العمل بـاكـرا

نحن.........................        .................................

هـو.........................        .................................

هـي ........................ ................................

همـا........................ ................................

هـــم........................ ................................

هـــن........................ ................................

أنـتَ ........................ ................................

أنـتِ ........................ ................................

أنتـما ........................ ................................

أنتـم ........................ ................................

أنـتـن ........................ ................................

تدريب 6: أكـمل كـمـا في النـموذج مع الضبط بالشكل:

| | |
|---|---|
| أنا ذهبـت إلى الجـامعةِ | أنـا قــرأت الكـتـابَ |
| نحن........................ | ................................ |
| هــو........................ | ................................ |
| هـي ........................ | ................................ |
| همـا........................ | ................................ |
| هـــم........................ | ................................ |
| هـــن........................ | ................................ |

أنـتَ ............................ ..............................

أنـتِ ............................ ..............................

أنتـمـا ............................ ..............................

أنتـم ............................ ..............................

أنـتـن ............................ ..............................

تـدريب 7: أسـند الـجمل الآتيـة للمتكلمـين والـمخاطب والـمخاطبة ومثنى المـذكر والمـؤنث وجمع المـذكر والمـؤنث:

1- أنا الـذي قابلتك أمـس

نـحن............................

أنتَ ............................

أنتِ............................

أنتـمـا............................

أنتـمـا............................

أنتم ............................

أنـتن ............................

2- أنا الذي ذاكرت الكتاب

نـحن............................

3- أنـا الـذي أعددت الطعام

نـحن ............................

أنتَ ............................

أنتِ ............................

أنتـمـا ............................

أنتـمـا ............................

أنتم............................

أنـتن............................

4- أنا الذي ركبت الحافلة

نـحن ............................

أنتَ ......................... أنتَ .........................

أنتِ ......................... أنتِ .........................

أنتما ......................... أنتما .........................

أنتما ......................... أنتما .........................

أنتم ......................... أنتم .........................

أنتن ......................... أنتن .........................

5- أنا الذي فحصت المريض

نحن ..................................

أنتَ ..................................

أنتِ ..................................

أنتما ..................................

أنتما ..................................

أنتم ..................................

أنتن ..................................

## تدريب 8: أَنْتَ تذهب إلى عملكَ كل صباح

خاطب بالعبارة السابقة ما يأتي :

المفردة المؤنثة مثنى المؤنث

مثنى المذكر جمع المذكر

جمع المؤنث

تدريب 9: اضبط بالشكل كما في النموذج :

| | |
|---|---|
| أكل الولد البرتقالة | أَكَلَ الولدُ البرتقالةَ |
| 1- أرسل علي برقية لأسرته | ................................ |
| 2- شاهدت الأسرة برامج التّلفزة | ................................ |
| 3- أعدت الأم الطعام للأولاد | ................................ |
| 4- تحب فاطمة القراءة | ................................ |
| 5- عدّ الموظف النقود | ................................ |
| 6- رتب الولد الفراش | ................................ |
| 7- يدرس يوسف العربية | ................................ |

تدريب 10: أكمل كما في النموذج واضبط بالشكل:

| | |
|---|---|
| الفاكهةُ كثيرةٌ ورخيصةٌ | إنّ الفاكهةَ كثيرةٌ ورخيصةٌ |
| 1- صدرك سليم والحمد لله | ................................ |
| 2- هذه الحجرة واسعة ونظيفة | ................................ |
| 3- سبب الزيارة العمل في الشركة | ................................ |
| 4- اللغة العربية مفيدة لي | ................................ |
| 5- وجبات الطعام ثلاث | ................................ |
| 6- الضابط المناوب يكتب المحضر | ................................ |

7- أنـــا مـــن بـــاكـستان ................................

8- أنتما صـديقـــان عـــزيـــزان ................................

9- هي تعـــد المـــائـدة للعشــاء ................................

10- هـم لا يبيـــعون الخضر هنا ................................

11- هــن يقــرأن الـجريدة العربية ................................

12- جـــواز الســـفر مـــعي ................................

13- نحـــن لا نـــريـد شيئـا ................................

تدريب 11: ضَعْ سُؤَالاً لكلّ جوابٍ مـمـا يـأتي :

1- تُعِـــدُّ الأمُّ طعَـامَ الأسبوعِ يومَ الخميسِ.

2- تَقْـضِي الأســرةُ يومَ الـجمعـةِ في رحلـةٍ .

3- مـعي عشـــرون دولارا.

4- يجـلسُ الضيـوفُ في حـجرةِ الاستقبالِ.

5- أصـــدقائي أحمد وسعيد وأَشرف .

6- الجريدةُ التي أقرأُهـا " الشـــرق الأوســط" .

7- عـددُ أيـــامِ الأســبوع سبعـةٌ .

8- عـددُ شـــهورِ السنة اثنـا عشـــر شـــهرا .

تدريب 12: أكمل الحوار الآتي ، واضبط بالشكل :

1- ..................................... ؟

عنــــدي ثلاثة أولاد

2- ما عـمر الابـــن الأكـبـــر؟

.....................................

3- ما عـمر الابـــن الأصغـــر؟

.....................................

4- ..................................... ؟

زوجــتي تذهب مـعي في السـيارة إلى عملهـا.

5- ..................................... ؟

اللـذان كانـا مـعي صـديقـان لي .

6- ..................................... ؟

هـؤلاء أولاد عــــمي.

7- لمـــاذا ســافـرت إلى المـدينة ؟

.....................................

8- ..................................... ؟

الســاعة الآن الواحـدة تمامـا .

9- ..................................... ؟

ســـافـرت بالطــائـرة .

10- ........................................ ؟

أخـذت الحقـنة لأني مـريـض.

تدريب 13: ضع كـل كـلمة مـما يـأتي في جمل مفيـدة :

يشكر يعـالج يـقـرأ المـحضر أنـا

كـم دولار نظـر شخـص حمار

يظـن ألـم قيء إسـهال عـلاج

مقيـاس الـحرارة الساعـة المـريض.

تدريب 14 : اقرأ الآتي ولاحظ التشكيل بالكسرة بعد حروف الجر:

(فِي - عَلَى - إِلَى - لِـ - بِ - مِنْ)

1- جـلس رجـل مـرة في كُـوخٍ .

2- كـان عـلى الحائـطِ قِـدْرٌ .

3- نظـر الـرجـل إلى القـدرِ .

4- قـال الـرجل لنفسِـه : سـوف أبيع القـدر .

5- ضـرب الـقـدر بـرجـلِـه .

6- صحـا الـرجـل مـن حُـلمِـه .

تـدريب 15: بِمَـاذَا حَلُمْـتَ اللَّيْلَـةَ المَـاضيَة ؟

اكتبْ عـن ذلـك فِقْـرَةً قَصِـيرَةً.

# الدَّرْسُ الثَّالِثُ وَالعِشرُون

## الْبَحْثُ عَنْ شَقَّةٍ -1

كَانَ السّيد لانج مُقيمًا فِي فُنْدُقٍ وَكَانَتْ الْأُسرةُ مُقِيمَةً فِي وَطَنِهِ ولَم تَحْضُرْ مَعَهُ . وَبعْدَ فَتْرَةٍ أَرَادَ أنْ يَسْكُنَ فِي شَقَّةٍ مَفْرُوشَةٍ وَيُحْضِر أُسْرَتَهُ.

قَرَأَ فِي الْجَرِيدَةِ فِي صَفْحَةِ الْإِعلَانَاتِ الإِعْلَانَ التَّالِي :

"شَقَّةٌ مَفْرُوشَةٌ ، أَرْبَعُ غُرَفٍ وَصَالَةٌ وَحَمَّامَانِ وَمَطْبَخٌ وَبِهَا كُلُّ الضَّرُورِيَّاتِ . الاتِّصَالُ بِمَكْتَبِ الشَّرْقِ للتَّأْجِيرِ هَاتِف رَقَمْ 925672

### (فِي مَكْتَبِ التَّأجِير )

السّيدْ لانج
يُشِيرُ إِلَى الإِعْلَانِ
وَيَقُولُ :
هَلْ هَذِهِ الشَّقَّةُ
مُنَاسِبَةٌ لِأُسْرَةٍ مِنْ
أَرْبَعَةِ أَشْخَاصٍ ؟

مُدِيرُ الْمَكْتَب : نَعَـمْ ، الـشَّقَّةُ فِي حَـيٍّ هَـادِئٍ ، تُطِـلُّ عَـلَى مُتَـنَزَّه وَهِيَ وَاسِـعَة وَنَظِيفَـة ، تَـدْخُلُهَا الـشَّمس والْهَـوَاء وَفِيهَـا كُلُّ الـضَّرُورِيَّاتِ وَإِيجَارُهَـا مُعْتَـدِلٌ.

السّيد لانج : هَـلْ يُمْكِـنُ أَن أَرَى هَـذِه الـشَّقَّة ؟

مُدِيرُ الْمَكْتَب : طَبْعًـا ، لَيْـسَتْ الـشَّقَّةُ بَعِيـدَةً مِـنْ هُنَـا .

## (عند العمارة)

الـسّيد لانـج و مُـدِيرُ الْمَكْتَـبِ يُقَـابِلَانِ بَـوَّابَ الْعِمَـارَة.

الْبَـوَّابُ : الْمِـصْعَدُ إِلَى الْيَـسَار

مُدِيرُ الْمَكْتَب : لَـنْ نَحْتَـاجَ إِلَى الْمِـصْعَدِ ، الـشَّقَّةُ فِي الدَّورِ الأَوَّلِ ، سَـوْفَ نَـصْعَدُ عَـلَى الـسُّلَّمِ.

مُدِيرُ الْمَكْتَب : هَـل الْمِفْتَـاحُ مَعَـكَ ، أَوْ نَـسِيتَهُ كَالْعَـادَةِ ؟؟

الْبَـوَّابُ : تَـذَكَّرتُ هَـذِه الْمَـرَّة.

(الْبَـوَّابُ يَفْـتَحُ الْبَـابَ ، وَيَـدْخُلُونَ إِلَى الـشَّقَّةِ ).

مُدِيرُ الْمَكْتَب : افْـــتَح النَّوَافِـــذَ مِنْ فَضْـلِكَ.

السَّيد لانـج يتَفرَّجُ عَلَى الشَّقَّةِ وَعَلَى الأَثَاثِ، والـــمُدِيرُ يُـــشِير لَــهُ

مُدِيرُ الْمَكْتَب : هَــذَا هُــوَ الـــمَدْخَلُ وَهَذِه هِيَ الصَّالَةُ.

السَّيد لانج : وَهَـــذِه غُرْفَـــةُ النَّـــومِ طَبْعًــا ، وهَـــذَا هُـوَ الـمَـطْبَـخُ.

مُدِيرُ الْمَكْتَب : نَعَــم ، وَهَـــذِه غُرْفَـــةُ النَّـــومِ الثَّانِيَـــةُ، وَهَـــذِه غُرْفَــةُ الْجُلُـوسِ ، وَأَخـيرًا هَـذِهِ هِي غُرْفَـةُ الطَّعَـامِ.

الْبَـــوَّابُ : هَـــلْ رَأَى الـــسّيد لانـــج الْحَمَّـــامَيْنِ ؟ هُنَـــا وَاحِـــدٌ عَــلَى الْيَمِـينِ، وهُنَــاكَ الآخَــرُ عــلى الْيَــسَارِ.

السَّيد لانج : كَـــم الإِيـــجَارُ؟

مُدِيرُ الْمَكْتَب : نَتَحَــدَّثُ عَــنْ الإيجَــارِ والــشُّروطِ فِي الْمَكْتَـــبِ.

# البَحْثُ عَن شَقَّةٍ

كَانَ السَّيِّدُ لانج مُقِيمًا فِي فُنْدُقٍ وَكَانَتِ الأُسْرَةُ مُقِيمَةً فِي وَطَنِهِ وَلَمْ تَحْضُرْ مَعَهُ . وَبعدَ فَتْرَةٍ أَرَادَ أَنْ يَسْكُنَ فِي شَقَّةٍ مَفْرُوشَةٍ وَيُحْضِرَ أُسْرَتَهُ. قَرَأَ فِي الْجَرِيدَةِ فِي صَفْحَةِ الإِعْلَانَاتِ الإِعْلَانَ التَّالِي :

"شَقَّةٌ مَفْرُوشَةٌ : أَرْبَعُ غُرَفٍ ، وَصَالَةٌ ، وَحَمَّامَانِ ، وَمَطْبَخٌ ، وَبِهَا كُلُّ الضَّرُورِيَّاتِ . الاتِّصَالُ بِمَكْتَبِ الشَّرْقِ للتَّأْجِيرِ، هَاتِف رقم 925672"

(فِي مَكْتَبِ التَّأْجِيرِ )

السّيد لانج : (يُشِيرُ إِلَى الإِعْلَانِ وَيَقُولُ) :

هَلْ هَذِهِ الشَّقَّةُ مُنَاسِبَةٌ لأُسْرَةٍ مِنْ أَرْبَعَةِ أَشْخَاصٍ؟

مُدِيرُ الْمَكْتَب : نَعَم، الشَّقَّةُ فِي حَيٍّ هَادِئٍ، وَتُطِلُّ عَلَى مُتَنَزَّهٍ، وَهِيَ وَاسِعَةٌ وَنَظِيفَةٌ ، تَدْخُلُهَا الشَّمْسُ والْهَوَاءُ، وَفِيهَا كُلُّ الضَّرُورِيَّاتِ، وَإِيجَارُهَا مُعْتَدِلٌ.

السّيد لانج : هَلْ يُمْكِنُ أَنْ أَرَى هَذِهِ الشَّقَّةَ ؟

مُدِيرُ الْمَكْتَب : طَبْعًا ، لَيْسَتِ الشَّقَّةُ بَعِيدَةً مِنْ هُنَا .

(عند العِمَارَةِ)

السّيد لانج و مُدِيرُ الْمَكْتَبِ يُقَابِلَانِ بَوَّابَ الْعِمَارَةِ.

البَوَّاب : الْمِصْعَدُ إِلَى الْيَسَارِ.

مُدِيرُ الْمَكْتَب : لَنْ نَحْتَاجَ إِلَى الْمِصْعَدِ ، الشَّقَّةُ فِي الدَّوْرِ الأَوَّلِ ،

سَـــوْف نَــــصْعَدُ عَــلَى الــسُّلَّمِ.

مُدِيرُ الْمَكْتَب : هَـــلْ المفْتَــاحُ مَعَـــكَ ، أَوْ نَـــسِيتَهُ كَالْعَــادَةِ ؟؟

الْبَــــوَّابُ : تَــــذكَّرتُ هَـــذِه الْمَـــرَّة.

(الْبَـــوَّابُ يَفْـــتَحُ الْبَـــابَ ، وَيَـــدْخُلُون إِلى الـــشَّقَّة ).

مُدِيرُ الْمَكْتَب : اِفْـــتَح النَّوَافِـــذَ مِـــــنْ فَــــضْلِكَ.

(الـسَّيد لانـج يتَفـرَّجُ عَـلَى الـشَّقَّةِ وَعَـلَى الأَثَاثِ، والـمُدِيرُ يُـشِير لَـهُ).

مُدِيرُ الْمَكْتَب : هَــذَا هُــوَ الــمَدْخَلُ، وَهَــذِه هِــيَ الــصَّالَةُ.

السَّيد لانج : وَهَـذِه غُرْفَـةُ النَّـومِ طَبْعًـا ، وهَـذَا هُـوَ الـمَطْبَـخُ.

مُدِيرُ الْمَكْتَب : نَعم ، وَهَــذِه غُرْفَــةُ النَّــومِ الثَّانِيَــةُ، وَهَــذِه غُرْفَــةُ الْجُلُــوسِ ، وَأَخِــيرًا هَــذِهِ هِي غُرْفَــةُ الطَّعَــامِ.

الْبَــوَّابُ : هَــلْ رَأَى الــسَّيد لانــج الْحَمَّــامَيْنِ ؟ هُنَــا وَاحِــدٌ عَــلَى الْيَمِــينِ ، وهُنَــاكَ الآخَــرُ عَــلى الْيَــسَارِ.

السَّيد لانج : كَـــم الإِيـــجَار؟

مُدِيرُ الْمَكْتَب : نتَحَـدَّثُ عَــنْ الإِيجَــارِ والــشُّروطِ فِي الْمَكْتَــبِ.

## الكلمـات الجديـدة :

| | | | |
|---|---|---|---|
| صَفٌّ | حَمَّامٌ | جَمَلٌ | يَرْتَفِعُ | أَشَـارَ |
| تُنَظِّفُ | أَبْـوَابٌ | أَشْجَارٌ | أَلْعَابٌ | سُكَّانٌ |
| الْحَشائِشُ | مَوْجُودٌ | يَنْخَفِضُ | أَخِيرًا | آخَـرُ |
| شُرُوطٌ | نَتَحَدَّثُ | مَـرَّةً | يَكُونُ | يُشِيرُ |

يَحْرُسُ يُسْرِعُ فَقَطْ يُقَابِلُ نَصْعَدُ

أَثَاثٌ سَهْلٌ فَرْدٌ مُكَوَّنَةٌ مُقِيمَةٌ

قَدِيمٌ مَلِيءٌ لَمْ لَنْ عِبَارَةٌ

مَفْتُوحٌ بَوَّابٌ شَقَّةٌ وَطَنٌ فَتْرَةٌ

مَفْرُوشَةٌ غُرَفٌ صَالَةٌ مَطْبَخٌ ضَرُورِيَّاتٌ

تَأْخِيرٌ اتِّصَالٌ حَيٌّ هَادِئٌ مُتَنَزَّهٌ

تُطِلُّ عَلَى إِيجَار يُمْكِنُ أَنْ عِمَارَةٌ

مِصْعَدٌ دَوْرٌ سُلَّمٌ كَالْعَادَةِ أَثَاثٌ

يَتَفَرَّجُ عَلَى مَدْخَلٌ.

تدريب 1: اختر الإجابة الصحيحة من بين الإجابات الموجودة أمام كل جملة :

1- شروطُ الإيجارِ

في مكتبِ البَوَّابِ.

في مكتبِ التَّأجِيرِ.

في مكتبِ الاستعلاماتِ.

2- الشَّقَّةُ لَيْسَتَ بَعِيدَةَ

عن مكتبِ الْبَرِيدِ.

عن الهاتفِ.

عن مكتبِ التَّأجِيرِ.

3- البــوّابُ
يفتــحُ الأَبْــوَابَ.
يحــرسُ العمــارةَ.
يقــابلُ السُّــكَّانَ.

4- نَسْـتَحِمُّ عَـادَةً
في الــحمـــامِ.
في الْـمَـطْبَـخِ.
في الــصَّـالَـةِ.

5- ينسى البــوابُ عَـادَةً
البَـــابَ.
الـمِفتـاحَ.
الـمِصْـعَدَ.

6- الشَّـقَّةُ الْمَفْــرُوشَـةُ فِيهَـا
كلُّ الأَثَـــاثِ.
حَـمَّـامَان فَـقَـط.
نَـوَافِـذُ وَأبْـوَابٌ.

7- الضروريـاتُ التي في الشَّـقَّـةِ
هي المدخلُ والصَّالَـةُ والغُرَفُ.
هي الـهـاتِـفُ والثــلاجَـةُ.
هي كـلُّ الأَثَـــاثِ.

8- الشَّـقَّـةُ
مُـنَاسِـبَةٌ لأسـرةٍ منْ ثـلاثَـة أشـخاصٍ.
وَاسِـــعَـةٌ وَنَــظِـيفَـةٌ.
مـكــونـةٌ من ثـلاثِ غُـرَفٍ.

9- تدخلُ الشمسُ الشقـةَ فتـرتـفـعُ درجـةُ الـرطوبـةِ.
فتنظـفُ الجـوُّ والـهـواءَ.
فتنخـفـضُ درجـةُ الـحـرارةِ.

10- الْمُـتَـنَـزَّه عـادةً مـليءٌ بـالأشـجـارِ والـحشـائـشِ .
مـليءٌ بـالـمـاءِ.
مـليءٌ بـالأشخاصِ والحشائشِ والألـعابِ.

تدريب 2: كوّن جملا تـامـة من مـجموعات الكلمـات الآتيـة :

1- لانج - مقيم - السيد- فندق - في.
2- لانج - مقيمة- أسرة - وطنه - في - السيد.
3- مفروشة - هذه - شقة - غرف - أربع - من.
4- المفروشة - الشقة - بالأثاث - مليئة - ليست.
5- الضروريات - كل - الشقة - في.
6- لانج - قرأ - الإعلانات - صفحة- في - السيد - ماذا ؟
7- يكون - الاتصال - الشرق - بمكتب - للتأجير.
8- لانج - السيد- إلى - يشير - الإعلان.
9- هذه - هل - الشقة - مناسبة- ؟
10- و - في - هادئ - حي - الشقة - متنزه - على - تـطل - جميل.

11- الشقة - إيجار - معقول- جدا.

12- الشقة - هذه - هل - أن - يمكن - أرى ؟

تدريب 3: اكمل الجمل الآتية باختيار الكلمة المناسبة :

يفتح - الأثاث - هذا - الحمامين - ليست

المصعد - سـ - يقابل - الأول - نسيت

ضروريا - المفتاح - تذكرت - افتح - النوم.

1- السيد لانج . . . . . . . . . مدير المكتب.

2- الشقة . . . . . . . . . بعيدة من هنا.

3- . . . . . . . . . إلى اليسار.

4- ليس المصعد . . . . . . . . .

5- . . . . . . . . . نصعد على السلم.

6- الشقة في الدور . . . . . . . . .

7- هل . . . . . . . . . معك ؟

8- هل . . . . . . . . . المفتاح كالعادة ؟

9- البواب . . . . . . . . . الباب.

10- . . . . . . . . . هذه المرة .

11- . . . . . . . . . النوافذ من فضلك.

12- يتفرج السيد لانج على . . . . . . . . .

13- هذه غرفة . . . . . . . . . طبعا.

14- . . . . . . . . . هو المطبخ.

15- هل رأى السيد لانج. . . . . . . . ؟

تدريب 4: أكمل كما في النموذج واضبط بالشكل :

| | |
|---|---|
| الأسرةُ مقيمةٌ هناك | كانت الأسرةُ مقيمةً هناك |
| الرجل مقيم هنا | كان الرجلُ مقيمًا هنا |
| 1- السيد لانج مقيم في مصر. | .............................. |
| 2- الشقة بعيدة عن العمل. | .............................. |
| 3- الشقة مفروشة بالضروريات. | .............................. |
| 4- الشقة مناسبة للأسرة. | .............................. |
| 5- الشقة واسعة. | .............................. |
| 6- الشقة نظيفة. | .............................. |
| 7- الإيجار معتدل جدا. | .............................. |
| 8- المكتب قريب من العمارة. | .............................. |
| 9- البواب واقف أمام الباب. | .............................. |

تدريب 5: أكمل كما في النموذج واضبط بالشكل :

| | |
|---|---|
| الشقةُ بعيدةٌ | ليست الشقةُ بعيدةً . |
| المكتبُ بعيدٌ | ليس المكتبُ بعيدًا . |
| 1- الإيجار معتدل. | .............................. |
| 2- الأثاث قديم. | .............................. |
| 3- المصعد موجود. | .............................. |
| 4- السلم مريح. | .............................. |

5- المصعد ضروري. ..............................

6- الشقة هادئة. ..............................

7- الشروط سهلة. ..............................

8- الهواء نظيف. ..............................

9- الشمس مُنَظِّفَة. ..............................

10- النوافذ مفتوحة. ..............................

تدريب 6: **أسند الجمل** الآتية للمفردة ومثنى المذكر والمؤنث وجمع المذكر والمؤنث :

| | |
|---|---|
| 1- كان المدير ضاحكا. | 3- كان الطبيب ماهرا. |
| ..........المديرة .......... | .............................. |
| ..........المديران .......... | .............................. |
| ..........المديرتان .......... | .............................. |
| ..........المديرون .......... | .............................. |
| ..........المديرات .......... | .............................. |
| 2- كان السائق مسرعا. | 4- كان الموظف واقفا. |
| .............................. | .............................. |
| .............................. | .............................. |
| .............................. | .............................. |
| .............................. | .............................. |
| .............................. | .............................. |

5- كـان المــرسـل إليه بعيـدا.

.................................

.................................

.................................

.................................

.................................

تـدريب 7: أسـند الجـمل الآتيـة الى المفـردة والمثـنى والجمـع بنـوعيهما (مثنى المذكـر والمـؤنث وجمع المذكر والمؤنث) :

1- المـرسل إليـه كـان بعيـدا..

المُرسَل إليها .................

المُرسَل إليهما.................

المُرسَل إليهما.................

المُرسَل إليهم.................

المُرسَل إليهن.................

2- المـوظف كـان واقـفـا .

..............................

..............................

..............................

3- الطبيـب كـان مـاهـرا.

..............................

..............................

..............................

................................	................................

................................	................................

4- السائق كـان مسـرعا .	5- المـديـر كـان ضاحكـا.

................................	................................

................................	................................

................................	................................

................................	................................

................................	................................

تـدريب 8: أسـند الـجمل الآتيـة إلى المفـردة ومثـنى المذكـر والمـؤنث وجمع المذكـر والمـؤنث :

1- لـيس المُـرْسِـل قـريبـا .	2- لـيس البـواب واقفـا.

................................	................................

................................	................................

................................	................................

................................	................................

................................	................................

3- لـيس السـائح مـريضـا.	4- لـيس الطفـل آكـلا.

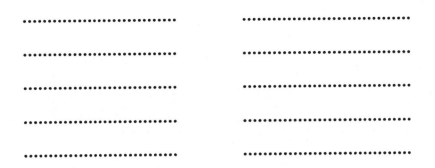

....................................  ....................................

....................................  ....................................

....................................  ....................................

....................................  ....................................

....................................  ....................................

5- ليس المـــدير بعيدا .

....................................

....................................

....................................

....................................

....................................

تـدريب 9: أسـند الـجمل الآتيـة إلى المفردة ومثـنى المذكـر والمـؤنث وجمع المذكـر والمـؤنث :

1- المرسـل إليـه ليس قريبا.    2- البواب ليس واقفا.

....................................    ....................................

..............................   ..............................

..............................   ..............................

..............................   ..............................

..............................   ..............................

3- السائح ليس مـريضا .    4- الطفل ليس آكلا.

..............................   ..............................

..............................   ..............................

..............................   ..............................

..............................   ..............................

..............................   ..............................

5- المـديــر لـيـس بـعيـــدا.

....................................

....................................

....................................

....................................

....................................

تدريب 10: لَاحِظ مَعْنَى الفِعْل (شَاهَدَ) فِي جُمَلِ النَّفْي الآتِيَة:

| | |
|---|---|
| شَاهَدَ لانج الشَّقَّةَ أمس. | مَا شَاهَدَ لانج الشَّقَّةَ أَمْس.<br>لَمْ يُشَاهِد لانج الشَّقَّةَ أَمْس. |
| يُشَاهَدَ لانج الشَّقَّةَ الْآنَ. | لَا يُشَاهِدُ لانج الشَّقَّةَ الْآنَ. |
| سَيُشَاهِدُ لانج الشَّقَّةَ غَدًا.<br>سوف يُشَاهِدُ لانج الشَّقَّةَ غَدًا. | لَنْ يُشَاهِدَ لانج الشَّقَّةَ غَدًا. |

والآن: انْفِ الجُمَلَ الآتِيَة بِأَدَاةِ النَّفْي الْمُنَاسِبَة (مَا / لَمْ / لَا / لَنْ):

1- سَوْفَ (يَذْهَبُ) الْأَوْلَادُ إِلَى مَدَارِسِهِم.
2- . . . . . . (يَذْهَبُ) الْأَوْلَادُ إِلَى مَدَارِسِهِم.
3- . . . . . . (ذَهَبَ) الْأَوْلَادُ إِلَى مَدَارِسِهِم .
4- جَلَسَت الْأُسْرَةُ مَعًا.
5- (تَجْلِسُ) الْأُسْرَةُ مَعًا.
6- (تَجْتَمِعُ) الْأُسْرَةُ غَدًا.
7- (تَجْتَمِعُ) الْأُسْرَةُ فِي بَيْتِ الْجَدِّ وَالْجَدَّةِ الْيَوْمَ.
8- اجْتَمَعَت الْأُسْرَةُ فِي بَيْتِ الْجَدِّ وَالْجَدَّةِ.
9- (تَجْتَمِعُ) الْأُسْرَةُ فِي بَيْتِ الْجَدِّ وَالْجَدَّةِ .

10- (يلعب) أولادُ الأُسْرَة معًا.

11- (يلعب) أولادُ الأُسْرَة الْيَوْمَ.

12- (لعبت) الأسرة معا.

13- (ركبت) الفتاةُ الحافلةَ.

14- (يركب) الأولادُ الحافلةَ إلى المدرسةِ غدًا.

15- (يركب) الأولادُ الحافلةَ إلى المدرسةِ أمس.

16- (وصلت) الحافلةُ إلى المحطةِ الأخيرةِ.

تدريب 11: لاحظ معنى الفعل (يدفع) في جملة النفي الآتية:

لم يدفع السيد لانج الإيجار.

ولاحظ أَيْضًا معنى الفعل (دفع) في جملة النفي هذه:

ما دفع السيد لانج الإيجار.

والآن ضع أداة النفي المناسبة (لم / ما) في الجمل الآتية:

1- يفحصُ الطبيبُ المريضَ.

2- فحصَ الطبيبُ المريضَ.

3- يكشفُ المريضُ صدرَه.

4- كشف المريضُ صدرَه.

5- فتح يوسفُ فمَه.

6- رفعَ المريضُ ذراعَه.

7- يرفعُ المريضُ ذراعَه.

8- يشربُ المريضُ الدواءَ.

9- يَعُدُّ الموظفُ النقودَ.

10- تُعِدُّ الزوجةُ الطعامَ.

11- أَعَدَّت الزوجةُ الطعامَ. 13- يخرجُ أحمدُ إلى الْعَمَلِ.

12- خرجت المرأةُ إلى العملِ. 14- يقفُ الضابطُ أمامَ العيادة.

تدريب 12: أجب عن الأسئلة الآتية:

1- أين كان يقيمُ السيد لانج؟

2- لماذا أراد السيد لانج أن ينتقلَ إلى شَقَّة؟

3- أين كانت تعيشُ أسرةُ لانج؟

4- ماذا قرأ في صفحةِ الإعلانات؟

5- كم عددُ غُرَفِ الشقة؟

6- هل بالشقة كلٌّ الضرورياتِ؟

7- أين أشارَ السيد لانج إلى الإعلانِ؟

8- هل الشقةُ مناسبةٌ لأسرةٍ من أربعةِ أشخاصٍ؟

9- صِفْ الشَّقَّةَ في أربعِ جُمَلٍ مُفيدَةٍ.

10- من قابل السيد لانج عند العمارةِ؟

11- أين المِصْعدُ؟

12- لماذا يُسْتَخْدَمُ المِصْعَدُ؟

13- لماذا لم يكنْ المِصْعَدُ ضَرُورِيًّا؟

14- هل نَسِيَ البَوّابُ المِفْتَاحَ هَذِه المَرَّةَ؟

15- كَمْ فَرْدًا داخلَ الشَّقَّةِ؟

16- "هَذَا هُوَ المَدْخَلُ، هَذِه هِيَ الصَّالَةُ" من قال هذه العبارةَ؟

17- أيـنَ نـنـامُ في الـعـادة ؟
18- أيـن نَتَنَـاوَلُ الطعـامَ ؟
19- أين الحَمّامَاتُ ؟
20- كمْ الإِيجارُ ؟

تدريب 13: اقـرأ الآتي ولاحـظ الفـرق بـين أنـواع الجمـل الـثلاث:

1- الـسيد لانـج مقيمٌ في الفنـدق
كـان الـسيد لانـج مقيمًا في الفنـدق.
لـيس الـسيد لانـج مقيمًا في الفنـدق.
2- أنـا مقيـمٌ في الفنـدق
كنـتُ مقيـمًا في الفنـدق.
لـستُ مقيـمًا في الفنـدق.
3- نحـن مقيمـون في الفنـدق
كنـا مقيـمين في الفنـدق.
لـسنا مقيـمين في الفنـدق.
4- أنـتَ مقـيمٌ في الفنـدق
كنـتَ مقيـمًا في الفنـدق.
لـستَ مقيـمًا في الفنـدق.

5- أَنْـــتِ مقيـــمةٌ في الفنـــدق.
كُنْـــتِ مقيـــمةً في الفنـــدق.
لَـــسْتِ مقيـــمةً في الفنـــدق.
6- أنتُمـــا مقيمـــان في الفنـــدق.
كنتُمـــا مُقِيمَيْـــن في الفنـــدق.
لـــستُما مُقِيمَيْـــن في الفنـــدق.
7- أنتُمـــا مقيمتـــان في الفنـــدق.
كنتُمـــا مُقِيمَتَيْـــن في الفنـــدق.
لـــستُما مُقِيمَتَيْـــن في الفنـــدق.
8- أنتُـــم مقيمـــون في الفنـــدق.
كنتُـــم مُقِيمِيـــن في الفنـــدق.
لـــستُم مُقِيمِيـــن في الفنـــدق.
9- أَنْتُـــنَّ مُقيمـــاتٌ في الفنـــدق.
كُنْتُـــنَّ مُقِيمَـــاتٍ في الفنـــدق.
لَـــسْتُنَّ مُقِيمَـــاتٍ في الفنـــدق.
10- هُـــوَ مُقيـــمٌ في الفنـــدق.
كـــان مقيمًـــا في الفنـــدق.
ليـــس مقيمًـــا في الفنـــدق.

11- هـــي مقيمـــــةٌ في الفنــــدق.
كـــانتْ مقيمـــــةً في الفنــــدق.
ليـــستْ مقيمـــــةً في الفنــــدق.
12- هـــم مقيمـــون في الفنــــدق.
كانـــوا مقيميـــــن في الفنــــدق.
ليـــسوا مقيميـــــن في الفنــــدق.
13- هُـــنَّ مقيمـــــاتٌ في الفنــــدق.
كـــنَّ مقيمـــــاتٍ في الفنــــدق.
لـــسن مقيمـــــاتٍ في الفنــــدق.

تدريب14: اقرأ الجمل الآتية جهرا واكتبها مرتين ولاحظ طريقة النفي:

سكنـــتْ الأســـرةُ في الفنـــدق.

مـــا سكنـــتْ الأســـرةُ في الفنـــدق.
لـــم تـــسكنْ الأســـرةُ في الفنـــدق.

تـــسكنُ الأســـرةُ في الفنـــدق.

لا تـــسكنُ الأســـرةُ في الفنـــدق.

ستـــسكنُ الأســـرةُ في الفنـــدق.
ســـوف تـــسكنُ الأســـرةُ في الفنـــدق.

لـــن تـــسكنَ الأســـرةُ في الفنـــدق.

تدريب 15: اُكْتُبْ فِقرَةً قَصِيرَةً عَن الْبَيْت الذي تسْكُنُه.

# الدَّرْسُ الرّابِعُ وَالعِشْرُون
## البَحْثُ عَن شَقَّة - 2
### عَقْدُ الإيجَار

مُدِيرُ المَكْتَبِ: مَـاذَا تُرِيـدُ أَنْ تَـشْرَبَ؟

السَّيِّد لانج : قَـهْوَة تُرْكِيَّـة بِـسُكَّر خَفِيـف مِـنْ فَضْلِكَ.

لانـج يَـشْرَبُ القَهْـوَةَ وَيَـسْأَلُ المُـدِيرَ عَـنِ الإيجَارِ.

مُدِيرُ المَكْتب: إيجَـارُ الـشَّقَّةِ أَلْـفٌ وَخَمْـسُمِائَةِ دِرْهَمٍ فِي الـشَّهْرِ. وَالتَّـأْمِينُ إيجَـارُ شَهْرَيْنِ (ثَلاثَـةُ آلافِ دِرْهَـمٍ) وَمُدَّةُ العَقْدِ سَنَةٌ عَلَى الأَقَلِّ.

السَّيِّد لانج : الإيجَـارُ مُرْتَفِـعٌ جِـدًّا.

مُدِيرُ المَكْتب: لَيْسَ الإيجَارُ مُرْتَفِعًا أَبَدًا. الشَّقَّةُ مُمْتَازَةٌ وَلَـنْ تَجِـدَ إيجَـارًا أَقَلَّ.

السَّيِّد لانج : أَمْـرِي إلَى اللهِ، نَكْتُـبُ الْعَقْـدَ الآنَ.

مُـدِيرُ المَكْـتَبِ يَسْتَخْرِجُ مِـنْ دُرْجِ المَكْتَبِ صُورَةَ عَقْـدِ إيجَـارٍ وَيُعْطِيـهِ لِلـسَّيِّد لانـج وَيَقُـولُ لَهُ:

373

مُدِيرُ الْمَكتب : مِـن فَـضْلِكَ اكْتُـبْ اسْمَـك، وَعُنْوَانَـك، وَجِنْـسِيَّتَك، وَرَقْـمَ جَـوَازِ الـسَّفَرِ، وَوَظِيفَتَـك، وَالـشَّرِكَةَ الَّـتي تَعْمَـلُ بِهَـا، وَمُـدَّةَ الإِقَامَـةِ فِي الْـبِلاَدِ.

السيد لانج : وَمَـا هَـذِهِ الْوَرَقَـةُ أَيْـضًا؟

مُدِيرُ المكتب : هَـذِهِ هِيَ قَائِمَـةُ الْأَثَاثِ، رَاجِعْهَـا جَيِّـدًا.

السيد لانج : مِـنْ فَـضْلِكَ اقْرَأْهَـا لِي...

قَائِمَـةُ أَثَاثِ الـشَّقَّة رقْـم 3 عِمَـارَة رقم 36 شَـارِعُ الكُوَيْـت

أَوَّلاً: غُـرْفَـةُ النَّـوْم الْأُولَى

| العَـدَدُ | النَّـوْع | العَـدَدُ | النَّـوْع |
|---|---|---|---|
| 1 | سَرِيرٌ مُزْدَوِج | 4 | مِخَـدَّة |
| 2 | مَرتبَة كبيرَة | 2 | بَطَّانِيَّة |

| | | | |
|---|---|---|---|
| 1 | دُولاَب | 1 | سَجَّادَة |
| 1 | شَمَّاعَة | 1 | مِرْآة |
| | | 1 | جِهَازُ تكْييف |

## ثانيًا: غُرْفَةُ النَّوْمِ الثَّانِيَة

| | | | |
|---|---|---|---|
| 2 | سَرِير مُفْرَد | 2 | مَرْتَبَة صَغِيرَة |
| 4 | مخَدَّة | 2 | بَطَّانِيَّة |
| 1 | شَمَّاعَة | 1 | دُولاَب |
| 1 | سَجَّادَة | 1 | مِرْآة |

## ثالثًا: غُرْفَةُ الجُلُوسِ

| | |
|---|---|
| 1 | كَنَبَة |
| 4 | كُرْسِي |
| 1 | سَجَّادة |
| 2 | طَاوِلَة صَغِيرَة |
| 1 | مِرْآة حَائِط |
| 1 | جِهَازُ تَكْييف |

## رابعًا: غُرْفَةُ الطَّعَامِ

| | | | |
|---|---|---|---|
| 1 | طَاولة كَبيرَة | 12 | شَوْكَة |
| 8 | كُرْسِي | 12 | مِلْعَقَة |
| 1 | مِفْرَش | 12 | سِكِّين |
| 1 | دُولاَبُ أَطْبَاقٍ وَأَدَوَاتِ مَائِدَة | | |

| | | | |
|---|---|---|---|
| 12 | فُوطَة | 12 | طَبَق كَبِير |
| 4 | صِينِيَّة | 1 | إِبْرِيقُ شَاي |
| 12 | كُوب | 12 | فِنْجَالُ شَاي |
| | | 12 | مِلْعَقَةُ شَاي |

## خَامِسًا: الْمَطْبَخُ

1 ثَلاَّجَة

1 مَوْقِد بُوتَاجَاز

1 سَخَّان كَهْرَبَائِي

12 آنِيَة طَبْخ

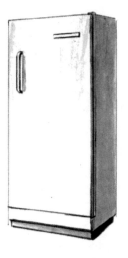

## سَادِسًا: الْحَمَّامَاتُ

1 غَسَّالَةُ مَلاَبِس

1 سَخَّان كَبِير

4 مِنْشَفَة

2 مِرْآة

2 شَمَّاعَة

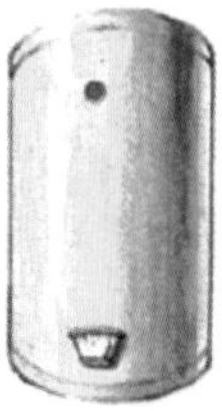

مُدِيرُ المكتب: طَبْعًا أَنْتَ لَا تُوَقِّعُ قَائِمَةَ أَثَاثِ الشَّقَّةِ الآنَ.
أَرْجُو أَنْ تَذْهَبَ حَالاً، وَتُرَاجِعَ الأَثَاثَ عَلَى القَائِمَةِ، ثُمَّ تَأْتِي مَرَّةً أُخْرَى لِتُوَقِّعَ الْعَقْدَ.
(السَّيِّد لانج يَرْجِعُ وَيُوَقِّعُ عَقْدَ الإِيجَارِ، وَيَدْفَعُ إِيجَارَ ثَلَاثَةِ أَشْهُرٍ، وَيُوَقِّعُ قَائِمَةَ الأَثَاثِ).
مُدِيرُ المكتب: هَذَا هُوَ الإِيصَالُ وَالْمِفْتَاحُ، مَبْرُوك.

السَّيِّد لانج : شُكْرًا.

# الْبَحْثُ عَن شَقَّة - 2

## عَقْدُ الإِيجَار

مُدِيرُ المكتب : مَاذَا تُرِيدُ أَنْ تَشْرَبَ؟

السيد لانج : قَهْوة تُركِيَّة بِسُكَّر خَفِيف مِنْ فَضْلِكَ.

( لانج يَشْرَبُ القَهْوَةَ، وَيَسْأَلُ المُدِيرَ عَن الإِيجَارِ).

مُدِيرُ المكتب : إيجَارُ الشَّقةِ أَلفٌ وَخَمْسُمِائةِ دِرْهَمٍ فِي الشَّهْرِ. وَالتَّأْمِينُ إِيجَارُ شَهْرَيْنِ (ثَلاَثَةُ آلاَفِ دِرْهَمٍ) وَمُدَّةُ العَقْدِ سَنَةٌ عَلَى الْأَقَلِّ.

السيد لانج : الإِيجَارُ مُرْتَفِعٌ جِدًّا.

مُدِيرُ المكتب : لَيْسَ الإِيجَارُ مُرْتَفِعًا أَبدًا. الشَّقَّةُ مُمْتَازَةٌ وَلَنْ تَجِدَ إيجَارًا أَقَلَّ.

السيد لانج : أَمْرِي إلى اللهِ، نَكْتُبُ الْعَقْدَ الآنَ.

(مُديرُ المَكْتَب يَسْتَخْرِجُ مِنْ دُرْجِ المَكْتَبِ صُورَةَ عَقْدِ إيجَارٍ وَيُعْطِيهِ لِلسَّيِّد لانج وَيَقُولُ لَهُ):

مُدِيرُ المكتب : مِنْ فَضْلِكَ، اكْتُبْ اسْمَكَ، وَعُنْوَانَكَ، وَجِنْسِيَّتَكَ، وَرَقْمَ جَوَازِ السَّفَرِ، وَوَظيفَتَكَ ، وَالشَّرِكَةَ الَّتي تَعْمَلُ بِهَا، وَمُدَّةَ الإِقَامَةِ فِي الْبِلاَدِ.

السيد لانج : وَمَا هَذِهِ الْوَرَقَةُ أَيْضًا؟

مُدِيرُ المكتب : هَذِهِ هِيَ قَائِمَةُ الْأَثَاثِ، رَاجِعْهَا جَيِّدًا.

السيد لانج : مِــنْ فَـــضْلِكَ اقْرَأْهَـــا لِي...
قَائِمَـــةُ أَثَاثِ الــــشَّقَّة رقَـــم 3 عِـمَـــارَة رقم 36 شَـــارِعُ الكُوَيْـــت:

## أَوَّلاً: غُـرْفَـةُ النَّـوْم الأُولَى

| العَـدَدُ | النَّـــوْع |
|---|---|
| 1 | سَرِير مُـزْدَوِج |
| 2 | مَرتبة كبيرَة |
| 4 | مِخَـدَّة |
| 2 | بَطَّانِيَّة |
| 1 | دُولاَب |
| 1 | سَجَّادَة |
| 1 | شَـمَّاعَة |
| 1 | مِـــرْآة |
| 1 | جِهَاز تكْيِيف |

## ثانيًا: غُرْفَةُ النَّـوْمِ الثَّـانِيَـة

| | |
|---|---|
| 2 | سَرِير مُفْـرَد |
| 2 | مَرْتَبَة صَغِيرَة |
| 4 | مِخَـــــدَّة |
| 2 | بَطَّـــانِيَّـة |

| | |
|---|---|
| 1 | شَمَّاعَة |
| 1 | دُولَاب |
| 1 | سَجَّادَة |
| 1 | مِرْآة |

## ثالثًا: غُرْفَةُ الجُلُوس

| | |
|---|---|
| 1 | كَنَبَة |
| 4 | كُرسِي |
| 1 | سَجَّادة |
| 2 | طَاوِلَة صَغِيرَة |
| 1 | مِرْآة حَائِط |
| 1 | جِهَاز تَكييف |

## رابعًا: غُرْفَةُ الطَّعَام

| | |
|---|---|
| 1 | طَاوِلة كَبِيرَة |
| 8 | كُرسِي |
| 1 | مِفْرَش |
| 1 | دُولَاب أَطْبَاق وَأَدَوَات مَائِدَة |
| 12 | شَوْكَة |
| 12 | مِلْعَقَة |
| 12 | سِكِّين |

| | |
|---|---|
| فُوطَة | 12 |
| طَبَقًا كَبِيرًا | 12 |
| صِينِيَّة | 4 |
| إِبْرِيق شَاي | 1 |
| كُوب | 12 |
| فِنْجَال شَاي | 12 |
| مِلْعَقَة شَاي | 12 |

## خَامِسًا: الْمَطْبَخ

| | |
|---|---|
| ثَلَّاجَة | 1 |
| مَوْقِد بُوتَاجَاز | 1 |
| سَخَّان كَهْرَبَائِي | 1 |
| آنِيَة طَبْخ | 12 |

## سَادِسًا: الْحَمَّامَات

| | |
|---|---|
| غَسَّالة مَلَابِس | 1 |
| سَخَّان كَبِير | 1 |
| مِنْشَفَة | 4 |
| مِرْآة | 2 |
| شَمَّاعَة | 2 |

مُدِيرُ المكتب: طَبْعًا أَنْتَ لا تُوَقِّعُ قَائِمَةَ أَثَاثِ الشَّقَّةِ الآنَ. أَرْجُو أَنْ تَذْهَبَ حَالاً، وَتُرَاجِعَ الأَثَاثَ عَلَى القَائِمَةِ، ثُمَّ تَأْتِي مَرَّةً أُخْرَى لِتُوَقِّعَ الْعَقْدَ.

(السَّيِّد لانج يَرْجِعُ وَيُوَقِّعُ عَقْدَ الإِيجَارِ، وَيَدْفَعُ إِيجَارَ ثَلاَثَةِ أَشْهُرٍ، وَيُوَقِّعُ قَائِمَةَ الأَثَاثِ).

مُدِيرُ المكتب: هَذَا هُوَ الإِيصَالُ وَالْمِفْتَاحُ، مَبْرُوك.

السَّيِّد لانج : شُكْرًا .

## كلماتٌ إضَافِيَّةٌ

| | | | | |
|---|---|---|---|---|
| دُرْجٌ | جُمْلَةٌ | حَتَّى | تَرَى | تَرْكَبُه |
| أَمْرِي إِلَى الله | | أَوْلادِي | عَرَبَة | مُسْتَأْجِرٌ |
| مَلَاعِق | دِرْهَم | يُوَقِّع | مُمْتَازَة | الْمَالِكُ |
| الْمُؤَجِّر | صُورَة عقد | الإِيجَارُ | التَّأْمِين | قَائِمَةٌ |
| راجع | عقد | خفيف | ثقيل | التَّوْقِيعُ |
| | | عِمَارَةٌ | | |

## تـدريـبـات

تـدريب 1 : اخـتر الإجابـة الـصحيحة مـن بـين الإجـابات الموجـودة أمـام كـل جـملـة:

1 - قائمَةُ الأثاثِ يُوَقِّعُها :
السيد لانج.
مديرُ المكتب.
البَوّابُ.

2 - عقدُ الإِيجارِ يُوَقِّعُه:
المالكُ.
المالكُ والمُسْتَأْجِرُ.
البَوّابُ والمُسْتَأْجِرُ.

3 - لَنْ تُوَقِّعَ قائمَةَ الأثاثِ:
حَتّى تَدْفَعَ الأُجْرَةَ.
حَتّى تَزُورَ الْمَكْتَبَ.
حَتّى تَرَى الأَثَاثَ.

4 - إيصَالُ الإِيجَارِ:
يُوَقِّعُه الحَارِسُ.
يُوَقِّعُه المالكُ.
يُوَقِّعُه المستأجِرُ.

5 - دُولاَبُ أَدَوَاتِ المَائِدَةِ:
في غرفةِ الجلوسِ.
في غرفةِ النَّوْمِ.
في غرفةِ الطَّعامِ.

6 ـ غَسّالَةُ الملابسِ: في المطبخِ.
في الحمّامِ.
في الصّالةِ.

7 ـ السّخّانُ الكبير: في الحمّامِ.
في المطبخِ.
في حُجْرَةِ الطّعامِ.

8 ـ من أَدَوَاتِ الطّعامِ: التّكْيِيفُ والثّلّاجَةُ والبوتاجازُ.
الشّوْكَةُ والسِّكّينُ والمِلْعَقَةُ.
الْمَرْتَبَةُ والسّرِيرُ والكُرْسِيُّ.

9 ـ الْأَطْبَاقُ وأَدَوَاتُ الْمَائِدَةِ تُوجَدُ: في الدُّولابِ.
على الطّاوِلةِ.
على الكراسي.

10 ـ صورةُ عقدِ الإيجارِ: في الدُّولابِ.
في درج المكتبِ.
على الطّاولةِ.

11 ـ لانج يشربُ القهوةَ: بسكّرٍ كثيرٍ.
بسكّرٍ خفيفٍ.
بدون سكّرٍ.

12 ـ سأل لانج المديرَ: عن البـوّابِ.
عن الإيـجـارِ.
عن العِـمـارةِ.

تدريب 2: اربط بـين المـكـان والأدوات الـتي تـوجد فـيه:

1 ـ غـرفةُ النّـوم: سَـرِيـر مُـزْدَوِج.
كَنَبَـة.
طَـاوِلَـة كـبيرة.
ثَلّاجَـة.
سَــخّـان كـبير.
مِـخَـدّة.
كُــرْسِي.

2 ـ غـرفةُ الـجلـوسِ: دُولاب أَطْبَـاق وَأَدَوَاتُ مَـائِـدَة.
ســخّـان كـهربـــائي.
مِــرْآة.
مَـرْتَبـة.
طَـاوِلَـة صَغِـيرَة.

3 ـ غـرفةُ الـطّـعامِ: مِلْعَقَـة.
شَــوْكَـة.
مَـوْقِـد بُـوتَـاجَـاز.

4- غـرفةُ الـحَمَّامِ: سخَّان كبير.
بـطَّانِيَّة.
سجَّادة.
شمَّاعة.

5- الـمطبـخُ: صِينِيَّة.
جهازُ تكييف.

تدريب 3: **أكمل** كما فِي النموذج:

| | |
|---|---|
| إبــريــق شاي | إبــريــق الــشــاي |
| 1- آنية طبـــخ . | ................................ |
| 2- دولاب أطبــاق . | ................................ |
| 3- دولاب مـلابس . | ................................ |
| 4- مـلعقة أكـــل . | ................................ |
| 5- صينية شـــاي . | ................................ |
| 6- فــرن بوتاجاز . | ................................ |
| 7- ســخان كهرباء . | ................................ |
| 8- غسالة ملابس . | ................................ |
| 9- شمـاعة مـلابـس . | ................................ |
| 10- كرسي جلــوس . | ................................ |

11- قائمة أسعــــار . ............................

12- عقد إيــجار . ............................

تـدريب 4: اسـتخدم في كـل جملـة ممـا يـأتي أداة النـفي
المناسبـــة:

| | | | | |
|---|---|---|---|---|
| 1- | (درست) أمس. | | 11- | (يلعب) الطفل بالكرة غدا. |
| 2- | (أدرس) غدا. | | 12- | عددت النقود أمام صديقي. |
| 3- | (أقرأ) الجريدة غدا. | | 13- | النقود كثيرة. |
| 4- | (أدخل) الجامعة أمس. | | 14- | الجو جميل. |
| 5- | (أدخل) الجامعة اليوم. | | 15- | الرطوبة عالية. |
| 6- | (قرأت) جريدة فرنسية. | | 16- | زارني صديقي. |
| 7- | (شربت) عصير البرتقال. | | 17- | قابلني أخي. |
| 8- | (يكتب) الخطاب اليوم. | | 18- | الحرارة مرتفعة. |
| 9- | (يكتب) الخطاب أمس. | | 19- | المطر نازل. |
| 10- | (شرب) الطفل اللبن. | | 20- | الملابس خفيفة. |

تـدريب 5 : أدخـل "كـان" أو "ليـس" على الجمـل الآتيـة
مـع الضبـط بالشـكل:

| | | | |
|---|---|---|---|
| 1- | القائمةُ طويلةٌ. | 3- | المكانُ بعيـدٌ. |
| 2- | الإيـجارُ مرتفعٌ. | 4- | البوابُ حاضرٌ. |

5- السـماءُ صـافيـةٌ .

6- الـقهوةُ تـــركـيـة ".

7- الإيجارُ مـائـةُ جُنيـهٍ.

8- الإيجارُ عشرةُ جُنيهاتٍ.

9- المديـــر واقـف.

10- الشركةُ قريبـةٌ من هـنا.

11- الـغرفـةُ واسـعـةٌ.

12- الـحمـامُ نظيـفٌ.

13- المــطبخُ واسعٌ.

14- الطـاولـةُ صغيرةٌ.

15- الطـاولـةُ كـــبيرةٌ.

تدريب 6 أكـمل الـجـمل الآتيــة باسـتخـدام الكـلمـة المـناسبـة مـما يـأتي مــن كـلمـات:

| | | | | |
|---|---|---|---|---|
| الحمـام | الجلوس | أثـاث | الجلوس | الحـائـط |
| كـهربائي | غـرفة الـطّعام | | التكـييـف | النـــوم |
| شـمـاعـة | طبــخ | المخدة | طـــاولـــة كـــــبيرة | |

1- قـائمـة . . . . . . . . . . . الـشقـة رقـم (3).

2- في غـــرفـة . . . . . . . . . . . ســريـر مـزدوج.

3- في غـــرفـة . . . . . . . . . . . كـنبـة.

4- الـطـاولـة الصـغـيرة في غـــرفـة . . . . . . . . . . .

5- في غـــرفـة الـنـوم . . . . . . . . . . .

6- أيـن جـهـاز . . . . . . . . . . . ؟

7- أيـن مـــرآة . . . . . . . . . . . ؟

8- أيـن المـرتبـة و . . . . . . . . . ؟

9- في غـرفة الطعـام . . . . . . . . . .

10- الصينية وإبريق الشـاي في . . . . . . . . .

11- المـطبـخ به سخـان . . . . . . . . . .

12- الفوطـة في . . . . . . . . . .

تدريب 7: اكتب بيانات عقد الإيـجـار الآتي :

## عقد إيجار :

المُؤَجِّـر السيد/ . . . . . . . . . . . . . . . . . . . . .

المُسْتَأْجِر السيد/ . . . . . . . . . . . . . . . . . . . . .

عنـوان المُؤَجِّـر : . . . . . . . . . . . . . . . . . .

عنـوان المُسْتَأْجِر : . . . . . . . . . . . . . . . . . . . .

شقة رقم : . . . . . . . . . . . . . . . . . . . . . .

عمارة رقم : . . . . . . . . . . . . . . . . . . . . .

شـــــارع : . . . . . . . . . . . . . . . . . . . . . .

حـي : . . . . . . . . . . . . . . . . . . . . . .

مدينة : . . . . . . . . . . . . . . . . . . . . . .

قيـــمة الإيجـار في الشهر : . . . . . . . . . . . . . . . . .

التـأمين : . . . . . . . . . . . . . . . . . . . .

التاريخ : ..............................................

التوقيع

المؤجر المستأجر

تدريب 8: كون جملا تامة باستخدام مجموعات الكلمات الآتية:

1- تريد ماذا تشرب أن ؟

2- تركية قهوة خفيف بسكر أشرب.

3- القهوة يشرب لانج صباحا مساء

و السيد.

4- جدا لماذا مرتفع الإيجار.

5- الإيجار مرتفعا ليس بتاتا .

6- فضلك من لي اقرأ الأثاث قائمة.

7- هي هذه الأثاث قائمة.

8- هي هذه الورقة.

9- اسمك فضلك من اكتب.

10- مدير المكتب صورة من المكتب

درج يستخرج الإيجار عقد.

11- تجد لن أقل إيجارا.

12- جنيه خمسمائة الشقة إيجار.

تدريب 9: أكمل الحوار الآتي :

1- ........................................ ؟

نعم، أريد شقة كبيرة .

2- ........................................ ؟

أربع غرف .

3- ........................................ ؟

فيها حمامان .

4- ........................................ ؟

نعم، يوجد جهاز تكييف .

5- ........................................ ؟

سيسكن معي أولادي .

6- ........................................ ؟

نعم، لي زوجة .

7- ........................................ ؟

لا، ليس عندي عربة .

8- ........................................ ؟

توجد الشقة في الطابق الرابع .

9- هل يوجد مصعد ؟

........................................

## تدريب 10: أجب عن الأسئلة الآتية :

1- ماذا شرب السيد لانج؟
2- متى سأل لانج المديرَ عن الإيجارِ ؟
3- كم التَّأمينُ ؟
4- ما إيجارُ الشَّقَّة في الشَّهرِ ؟
5- هل إيجارُ الشَّقَّةِ مُرْتَفِعٌ ؟
6- "أَمْرِي إِلَى اللهِ" .. من قال هذه الجملة ؟
7- أين كانتْ صورةُ عقدِ الإيجارِ؟
8- هل هناك ورقةٌ أخرى غيرُ عَقْدِ الإيجار؟
9- ما اسمُ المستأجرِ ؟
10- في أي غرفة توجد المرتبةُ والبطانيةُ والسريرُ المفردُ ؟
11- في أي غرفة توجد الكنبةُ والكراسيُّ والملاعِقُ ومرآةُ الحائِطِ؟
12- في أي غرفة توجدُ الطَّاولةُ الكبيرةُ والمفرشُ والشوكُ؟
13- أين الثلاجةُ وأين موقدُ البوتاجاز ؟
14- أين السخانُ الكهربائيُّ ؟ وأين غسالةُ الملابسِ؟
15- أين توجد الفوطةُ والشماعةُ ؟
16- متى يُوَقِّعُ السيد لانج قائمةَ الأثاثِ ؟
17- كم درهمًا دفع السيد لانج ؟
18- من وقَّع العقدَ وقائمةَ الأثاثِ ؟ ومن قدَّم الإيصالَ؟

تدريب 11: عبر عن الصور الآتية بجمل مفيدة :

1 - 

2 - 

3 - 

4 - 

5 - 

6 - 

7 - 

8 - 

9 - 

10 - 

11 - 

12 -

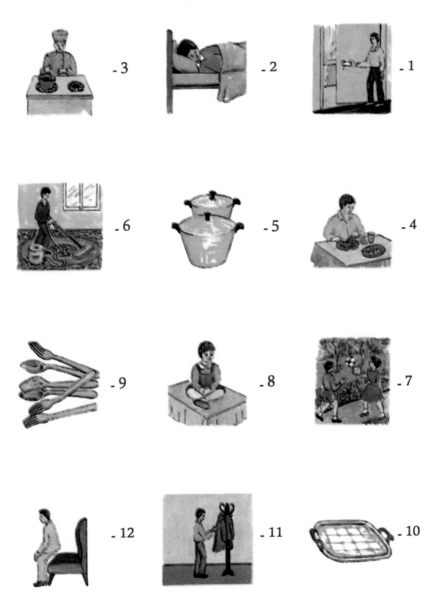

اقرأ الجمل الآتية ولاحظ طرق النفي :

(ليس) ، (ما) ، (لن) ، (لا) ، (لم).

1- هل الإيجار مرتفع ؟

لا ، ليس الإيجارُ مرتفعًا.

2- هل وجد السيد لانج إيجارًا أَقَلَّ ؟

لا، ما وجد إيجارًا أقل.

لا، لم يَجِدْ إيجارًا أقل.

3- هل سيسكن في الفندق ؟

لا ، لن يسكنَ في الفندق.

4- هل يعيش في وطنه ؟

لا، لا يعيشُ في وطنه.

## الدَّرْسُ الخَامِسُ وَالعِشْرُون

# اللُّغَةُ الْعَـرَبِيَّةُ

كَانَ السَّيِّد وِلْيَم سْتَانْلِي يُفَكِّرُ فِي الْعَمَلِ بِالْبِلَادِ الْعَرَبِيَّةِ، وَلِذَلِكَ فَقَدْ دَرَسَ اللُّغَةَ الْعَرَبِيَّةَ لِمُدَّةِ عَامٍ فِي بِلَادِهِ.

وَعِنْدَ وُصُولِهِ إِلَى دَوْلَةِ الْإِمَارَاتِ الْعَرَبِيَّةِ الْمُتَّحِدَةِ لِلْعَمَلِ فِي شَرِكَةِ بِتْرُولِ أَبُوظَبْي، لَمْ يَجِدْ صُعُوبَةً فِي أَنْ يَكْتُبَ بِطَاقَةَ الْوُصُولِ بِاللُّغَةِ الْعَرَبِيَّةِ وَكَذَلِكَ لَمْ يَجِدْ صُعُوبَةً فِي أَنْ يَقْرَأَ الْعَنَاوِينَ الْبَارِزَةَ فِي الْجَرَائِدِ الْعَرَبِيَّةِ وَأَنْ يَقْرَأَ أَسْمَاءَ الشَّوَارِعِ وَأَرْقَامَ الْحَافِلَاتِ وَقَوَائِمَ الأَسْعَارِ فِي الْفَنَادِقِ . وَفِي مَكْتَبِ الْعَلَاقَاتِ الْعَامَّةِ بِالشَّرِكَة يَكْتُبُ السَّيِّد وِلْيَم سْتَانْلِي بِطَاقَةَ الْعَمَلِ بِاللُّغَةِ الْعَرَبِيَّةِ.

مُدِيرُ العَلَاقَات العَامَّةِ : أَنْتَ تَكْتُبُ اللُّغَةَ الْعَرَبِيَّةَ !!!

السَّيِّد وليم سْتَانْلِي : نَعَمْ، هَذَا لَيْسَ أَمْرًا غَرِيبًا. اللُّغَةُ الْعَرَبِيَّةُ أَصْبَحَتْ لُغَةً عَالَمِيَّةً.

مُدِيرُ العَلَاقَات العَامَّةِ : صَحِيح، إِنَّهَا الآنَ إِحْدَى اللُّغَاتِ الرَّسْمِيَّةِ

لِلأُمَمِ المُتَّحِدَةِ.

السَّيِّد وليم سْتَانْلِي : هَلْ تعْلَمُ أَنَّ عَدَدًا كَبِيرًا يَتَعَلَّمُ الْعَرَبِيَّةَ الآنَ فِي بِلاَدِنَا ؟

مُدِيرُ العَلاَقَات العَامَّةِ : وَلِمَاذَا يَتعَلَّمُونَهَا ؟

السَّيِّد وليم سْتَانْلِي : نَاسٌ يَتَعَلَّمُونَ الْعَرَبِيَّةَ لِلتِّجَارَةِ،
وَنَاسٌ يَتَعَلَّمُونَهَا لِلسِّيَاسَةِ،
وَنَاسٌ يَتَعَلَّمُونَهَا لِلْعَمَلِ،

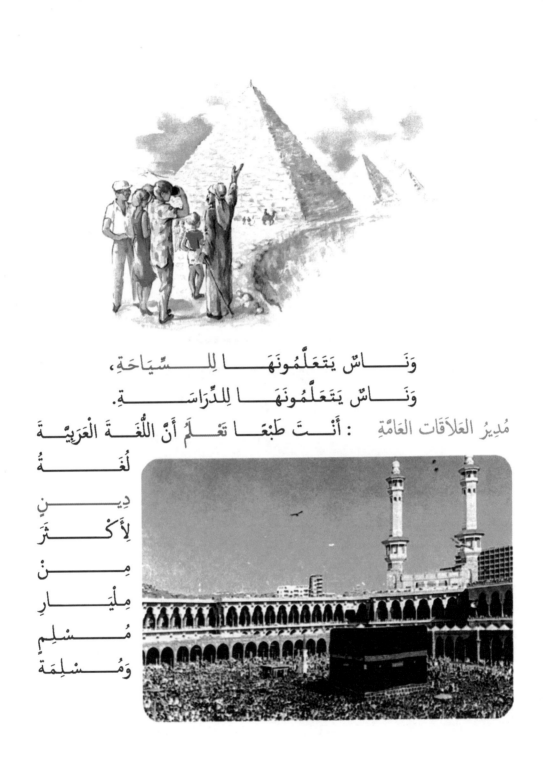

وَنَاسٌ يَتَعَلَّمُونَهَا لِلسِّيَاحَةِ،
وَنَاسٌ يَتَعَلَّمُونَهَا لِلدِّرَاسَةِ.

مُدِيرُ العَلَاقَاتِ العَامَّةِ : أَنْتَ طَبْعًا تَعْلَمُ أَنَّ اللُّغَةَ الْعَرَبِيَّةَ
لُغَةُ
دِينٍ
لِأَكْثَرَ
مِنْ
مِلْيَارِ
مُسْلِمٍ
وَمُسْلِمَةٍ

يَعِيشُونَ خَارِجَ الْوَطَنِ الْعَرَبِي وَدَاخِلَهُ، يَقْرَأُونَ الْقُرْآنَ بِهَا وَيُصَلُّونَ بِهَا وَيَدْعُونَ بِهَا لِلصَّلَاةِ.

السيد وليم : أَلَاحِظُ أَنَّ النَّاسَ يَفْهَمُونَ كَلَامِي وَأَنَا لَا أَفْهَمُ كَلَامَهُمْ بِسُهُولَةٍ.

مدير العلاقات : أَنْتَ تَعَلَّمْتَ الْعَرَبِيَّةَ الْفُصْحَى الصَّحِيحَةَ وَالنَّاسُ يَفْهَمُونَهَا. وَهِيَ لُغَةٌ ذَاتُ حَضَارَةٍ قَدِيمَةٍ، تَارِيخُهَا أَكْثَرُ مِنْ 1600 سَنَةٍ وَيَسْتَخْدِمُهَا الْعَرَبُ فِي التعليم وَفِي الْأَدَبِ، وَفِي الصَّحَافَةِ وَفِي الإذَاعَةِ وَفِي الْمُرَاسَلَاتِ الرَّسْمِيَّةِ وَفِي كُلِّ الْمَيَادِينِ الثَّقَافِيَّةِ الْهَامَّةِ.

السيد وليم : وَمَا اللُّغَةُ الَّتِي يَتَكَلَّمُهَا النَّاسُ؟

مدير العلاقات : هِيَ الْعَرَبِيَّةُ الْعَامِّيَّةُ.

السيد وليم : هَذَا صَعْبٌ عَلَى الْأَجْنَبِي الَّذِي يُرِيدُ أَنْ يَتَعَلَّمَ الْعَرَبِيَّةَ.

مدير العلاقات : هَذَا صَحِيحٌ فِي الْوَقْتِ الْحَاضِرِ بِكُلِّ أَسَفٍ، وَلَكِنَّ انْتِشَارَ التَّعْلِيمِ فِي الْوَطَنِ الْعَرَبِي سَيُؤَدِّي إِلَى زَوَالِ الْعَامِّيَّةِ وَانْتِصَارِ الْفُصْحَى بِإِذْنِ اللهِ.

السيد وليم : هَذَا سَيَكُونُ أَسْعَدَ يَوْمٍ لِلْمُتَعَلِّمِ الْأَجْنَبِيِّ.

# اللُّغَةُ الْعَـرَبِيَّةُ

كَانَ الـسَّيِّد وِلِيَـمْ سْـتَانْلِي يُفَكِّـرُ فِي الْعَمَـلِ بِـالْبِلاَدِ الْعَرَبِيَّـةِ، وَلِذَلِـكَ فَقَـدْ دَرَسَ اللُّغَـةَ الْعَـرَبِيَّـةَ لِمُـدَّةِ عَـامٍ فِي بِـلاَدِهِ.

وَعِنْـدَ وُصُـولِهِ إِلَى دَوْلَةِ الإِمَـارَاتِ العَـرَبِيَّـةِ الْمُتَّحِـدَةِ لِلْعَمَـلِ فِي شَرِكَـةِ بِـتْرُولِ أَبُـوظَبْي، لَـمْ يَـجِدْ صُـعُوبَةً فِي أَنْ يَكْتُـبَ بِطَاقَـةَ الْوُصُـولِ بِاللُّغَـةِ الْعَـرَبِيَّـةِ، وَكَـذَلِكَ لَـمْ يَـجِدْ صُـعُوبَةً فِي أَنْ يَقْـرَأَ الْعَنَـاوِينَ الْبَـارِزَةَ فِي الْجَرَائِـدِ الْعَـرَبِيَّـةِ، وَأَنْ يَقْـرَأَ أَسْـمَاءَ الـشَّوَارِعِ، وَأَرْقَـامَ الْحَـافِلاَتِ، وَقَوَائِـمَ الأَسْـعَارِ فِي الْفَنَـادِقِ.

وَفِي مَكْتَـبِ الْعَلاَقَـاتِ الْعَامَّـةِ بِالـشَّرِكَة يَكْتُـبُ الـسَّيِّد وِلْيَـم سْـتَانْلِي بِطَاقَـةَ الْعَمَـلِ بِاللُّغَـةِ الْعَرَبِيَّـةِ.

مُدِيرُ العَلاَقَات العَامَّةِ :

أَنْـتَ تَكْتُـبُ اللُّغَـةَ الْعَرَبِيَّـةَ !!!

السَّيِّد وليم : نَعَـمْ، هَـذَا لَـيْسَ أَمْـرًا غَرِيبًـا. اللُّغَـةُ الْعَرَبِيَّـةُ أَصْـبَحَتْ لُغَـةً عَالَمِيَّـةً.

مُدِيرُ العَلاَقَات : صَحِـيح، إِنَّهَـا الآنَ إِحْـدَى اللُّغَـاتِ الرَّسْمِيَّـةِ لِلأُمَـمِ المُتَّحِـدَةِ.

السَّيِّد وليم : هَـلْ تَعْـلَمُ أَنَّ عَـدَدًا كَبِـيرًا يَـتَعَلَّمُ الْعَـرَبِيَّـةَ الآنَ فِي بِلاَدِنَـا؟

مُدِيرُ العَلاَقَات : وَلِمَـاذَا يَتَعَلَّمُونَهَـا؟

السَّيِّد وليم : نَـاسٌ يَتَعَلَّـمُونَ الْعَـرَبِيَّـةَ لِلتِّجَـارَةِ.

وَنَـاسٌ يَتَعَلَّمُونَهَـا لِلــسِّيَـاسَةِ.

وَنَـاسٌ يَتَعَلَّمُونَهَـا لِلــسِّيَـاحَةِ.

وَنَـاسٌ يَتَعَلَّمُونَهَـا لِلْعَمَـلِ.

وَنَـاسٌ يَتَعَلَّمُونَهَـا لِلدِّرَاسَـةِ.

مُدِيرُ الْعَلاَقَات : أَنْتَ طَبْعًا تَعْلَمُ أَنَّ اللُّغَةَ الْعَرَبِيَّةَ لُغَةُ دِينٍ لِأَكْثَرَ مِنْ مِلْيَارِ مُسْلِمٍ وَمُسْلِمة يَعِيشُونَ خَارِجَ الْوَطَنِ الْعَرَبِي وَدَاخِلَهُ ، يَقْرَأُونَ الْقُرْآنَ بِهَا، وَيُصَلُّونَ بِهَا، وَيَدْعُونَ بِهَا لِلصَّلاَةِ.

السيد وليم : أُلَاحِـظُ أَنَّ النَّـاسَ يَفْهَمُـونَ كَلاَمِـي وَأَنَا لَا أَفْهَمُ كَلاَمَهُمْ بِسُهُولَةٍ.

مدير العلاقات : أَنْتَ تَعَلَّمْـتَ الْعَـرَبِيَّـةَ الْفُـصْحَى الـصَّحِيحَةَ وَالنَّـاسَ يَفْهَمُونَهَـا، وَهِيَ لُغَـةٌ ذَاتُ حَـضَارَةٍ قَدِيمَةٍ، تَارِيخُهَا أَكْثَرُ مِنْ 1600 سَنَةٍ، وَيَسْتَخْدِمُهَا الْعَرَب في التَّعْلِيم ، وَفِي الأَدَبِ، وَفِي الصَّحَافَةِ، وَفِي الإِذَاعَةِ، وَفِي الـمُرَاسَلاَتِ الرَّسْمِيَّـةِ، وَفِي كُلِّ الْمَيَادِين الثَّقَافِيَّـةِ الْهَامَّةِ.

السيد وليم : وَمَـا اللُّغَـةُ الَّـتِي يَتَكَلَّمُهَـا النَّـاسُ؟

مدير العلاقات : هِيَ العربيَّةُ العَامِّيَّـةُ .

السـيد وليم : هَـذَا صَعْبٌ عَلَى الأَجْنَبِيِّ الَّذِي يُرِيـدُ أَنْ يَتَعَلَّمَ الْعَرَبِيَّةَ.

مدير العلاقات : هَـذَا صَحِـيحٌ فِي الْوَقْـتِ الْحَـاضِر بِـكُلِّ أَسَـفٍ، وَلَكِـنَّ انْتِـشَارَ التَّعْلِـيمِ فِي الـوَطَنِ العَـرَبِيِّ سَـيُؤَدِّي إِلَى زَوَالِ العَامِيَّـــةِ وانْتِـــصَارِ الفُـــصْحَى بِـــإِذْنِ اللهِ.

السـيد وليم : هَــذَا سَـيَكُونُ أَسْــعَدَ يَــوْمٍ لِلْمُــتَعَلِّمِ الأَجْنَــبِيِّ.

## الكلمات الجديدة

| | | | | |
|---|---|---|---|---|
| سَاعِي | سِيَاحَةٌ | سَيُؤَدِّي | الزَّهْرَةُ | التِّجَارَةُ |
| صَاحِي | تَعَجَّبَ | تَنْتَصِرُ | التِّجَارَةُ | أَصْبَحَ |
| أَكْلَة | أغراض | الأُمَمُ المُتَّحِدَةُ | | الإِذَاعَةُ |
| اسْتَضْحَكَ | اسْتَنْطَقَ | بُرْجٌ | طَائِرٌ | ذَلِكَ |
| يَدْعُو | الْمُرَاسَلاَتُ | الْمُسْلِمُون | الْمُنْخَفِضُ | الْمِيَاه |
| الْمُشْتَرِي | يَرْسُم | يُعَلِّمُ | يَظْهَرُ | يَتَكَلَّمُ |
| اللُّغَاتُ | العَامِّيَّةُ | العَنَاوِينُ | يَسْتَخْدِمُ | مَوْجٌ |
| مَسْرُورٌ | الْقُرْآنُ | نَشِيطٌ | يَقِظٌ | قَوَائِمُ |
| حَضَارَةٌ | تَارِيخٌ | أَدَبٌ | فُصْحَى | انْتِصَارٌ |
| زَوَالٌ | ثَقَافِيَّةٌ | صَحَافَةٌ | صُعُوبَةٌ | غَرِيبٌ |
| عَالَمِيَّةٌ | رَسْمِيَّةٌ | دِينٌ | صَلاَةٌ. | |

## تدريبات

تدريب 1: **اختر الإجابة الصحيحة** من بين الإجابات الموجودة أمام كل جملة:

1- السيد وليم: **يفهمُ الآخرينَ ولا يفهمونَه.**
**يفهمُه الآخرون ولا يفهمُهم.**
**يفهمُ الآخرين ويفهمونَه.**

2- سوف تَنْتَصِرُ الْفُصْحَى: بالكلامِ بها.
بالتَّعْلِيمِ.
بالكتابةِ بها.

3- أَسْعَدُ يَوْمٍ لِلْمُتَعَلِّمِ الأَجْنَبِيِّ:
أَنْ يَتَكَلَّمَ النَّاسُ الْعَامِّيَّةَ.
أَنْ تَنْتَصِرَ الْفُصْحَى.
أَنْ تَنْتَصِرَ الْفُصْحَى والعَامِّيَّةُ.

4- تُسْتَخْدَمُ الْفُصْحَى في الوطنِ العربيِّ:
في كلِّ الميادينِ الثَّقَافِيَّةِ الْهَامَّةِ.
في الْحَيَاةِ الْيَوْمِيَّةِ.
في التَّعْلِيمِ والأَدَبِ والصَّحَافَةِ.

5- يَسْـتَخْدِمِ المسلمونَ اللغةَ العـربيَّـةَ : في الحياةِ اليوميَّةِ.
في قِـرَاءَةِ القُــرْآنِ والصَّـلاَةِ والـدُّعَـاءِ.
في التَّـعْلِيمِ والأَدَبِ والـصَّحَـافَةِ.

6- كـان السيـد وليم يفكِّرُ في: الْعَـمَلِ بـالبِـلَادِ الْعَرَبِيَّـةِ.
الْعَـمَلِ في بَلَـدِهِ.
الْعَـمَلِ في شَـرِكَـةٍ سِيَـاحِيَّـةٍ.

7- درس السيـد وليم اللغةَ العربيةَ: لِمـدَّةِ عَــامَـيْن.
لِمـدَّةِ أكـثرَ من عـامٍ.
لِمـدَّةِ عـامٍ.

8- بطـاقَـةُ الـوُصُولِ بـهـا: الـوَظِـيفَـةُ فَـقَـطْ.
الاسْم والـعُـنْـوَانُ والـوَظِـيفَـةُ.
الاسْم والـعُـنْـوَانُ فَـقَـطْ.

9- العـــناويـنُ البـارزةُ في الـجرائد الـعربيـة:
في الـصفحـةِ الأولى عـادةً.
في صفحـةِ الأخـبـارِ الـداخليـةِ.
في صفحـةِ الأخـبـارِ الاجـتمـاعيـةِ.

10- اللغـةُ العربيةُ لغـةٌ عـالميـةٌ: لأَنّها لغةُ العربِ .
لأَنَّها إحدى اللغات الرسمية للأُمَم الْمُتَّحِدَةِ.
لأنها لُغَةُ الصَّحَافَةِ والإِذَاعَةِ .

تدريب 2: كـوّن جمـلا تـامة من مجموعات الكـلمـات الآتيـة:

1- يفكـر - العمل - في - البـلاد - بـ
- العـربيـة - وليـم - السـيد.
2- وليـم - العـربيـة - اللغـة - السـيد - درس
- عـام - مـدة.
3- وليـم - لـم - صعـوبـة - يـجـد - في
اللغـة - الكـلام - السـيد - العـربيـة - بـ .
4- بطاقـة - هـل - الـوصـول - تـكـتـب ؟
5- الأسـعـار - قـوائـم - الطـاولـة - عـلى .
6- العـربيـة - اللغـة - تـكـتب - أنـت.
7- وقـف - مـكـتب - العـامـة - العلاقـات - في -
السـيد - وليـم .
8- اللغـة - أصبـحت - العـربيـة - عـالميـة - لغـة .
9- العـربيـة - اللغـة - الـرسمية - اللغات - إحدى
المتحـدة - الأمـم - لـ .

10- التجارة - ناس - العربية - اللغة - لـ - يتعلمون - هناك.

11- هناك - يتعلم - اللغة - من - العربية - السياحة - لـ .

12- العربية - اللغة - لغة - مليار - و - لـ - أكثر - من - مسلمة - مسلم - دين.

## تدريب 3: أكمل الجمل الآتية باستخدام الكلمات المناسبة من مجموعات الكلمات المذكورة:

يفكر العرب بطاقة عالمية يتعلم العامية بلاده دين الشوارع استقبل أفهم تنتصر العلاقات العامة.

1- من . . . . . . . . . . اللغة العربية الآن؟

2- اللغة العربية لغة . . . . . . . . . . والمسلمين.

3- . . . . . . . . . . لغة الحياة اليومية.

4- اللغة العربية الآن لغة . . . . . . . . . .

5- لماذا تعلم السيد وليم اللغة العربية في . . . . . . . . . . ؟

6- وليم . . . . . . . . . . في العمل بالبلاد العربية.

7- يقرأ السيد وليم أسماء . . . . . . . . . . وأرقام الحافلات.

8- مدير مكتب . . . . . . . . . . . استقبل السيد وليم.

9- يكتب السيد وليم . . . . . . . . . . الإقامة باللغة العربية.

10- هل تعلم أن اللغة العربية لغة . . . . . . . . . . لمليار مسلم؟

11- أنا . . . . . . . . . . الناس ويفهمونني.

12- . . . . . . . . . . الفصحى بالتعليم.

تدريب 4: أكمل كَما فِي النموذج:

| | | |
|---|---|---|
| استقام | أقام | قام |
| 1- استفهم | .......... | ............ |
| 2- استعاد | .......... | ............ |
| 3- استخرج | .......... | ............ |
| 4- استنهض | .......... | ............ |
| 5- استضحك | .......... | ............ |
| 6- استنطق | .......... | ............ |
| 7- استرجع | .......... | ............ |
| 8- استوقف | .......... | ............ |

تدريب 5: أكمل كما فِي النموذج:

| كَتَبَ | يَكْتُبُ | اكْتُبْ | كِتَابَةٌ | كَاتِبٌ | مَكْتُوبٌ | مَكْتَبٌ |
|---|---|---|---|---|---|---|
| 1- دَخَلَ | ....... | ....... | ....... | ....... | ....... | ....... |
| 2- خرج | ....... | ....... | ....... | ....... | ....... | ....... |
| 3- درس | ....... | ....... | ....... | ....... | ....... | ....... |
| 4- نظر | ....... | ....... | ....... | ....... | ....... | ....... |
| 5- وقف | ....... | ....... | ....... | ....... | ....... | ....... |
| 6- وقع | ....... | ....... | ....... | ....... | ....... | ....... |

تدريب 6 : أكمل كما فِي النموذج:

| | |
|---|---|
| القطة تأكل . | القطة آكلة . |
| الضابط يقف . | الضابط واقف . |
| 1- الإعلان يظهر . | ..................... |
| 2- الطفل يلعب . | ..................... |
| 3- الطبيب يفحص . | ..................... |
| 4- المريض يشرب . | ..................... |
| 5- الأب يعلم . | ..................... |
| 6- الأم تدرس . | ..................... |
| 7- الرجل يقرأ . | ..................... |

8- الـــزوج يخـــرج . ....................

9- الـــزوجة تعمـل . ....................

10- المـوظـف يَعُـدُّ . ....................

تدريب 7: أكمل كَما فِي النمـوذج واضبـط بالشكـل:

| | |
|---|---|
| إن فـاطمـةَ تصحـو . | إن فاطمةَ صاحيـةٌ . |
| إن كــمـالاً يخـرج . | إن كـــمـالاً خــــارجٌ . |

1- إن المـهنـدس يرســم . ........................

2- إن المـهندسة تـرسم . ........................

3- إن الـــولـــــد يلعـب . ........................

4- إن البنـــــات تلعبن . ........................

5- إن الأســـرة تـجلس . ........................

6- إن الأولاد يــجلسون . ........................

7- إن السائــح يضحك . ........................

8- إن المشـــتري يشـكـر . ........................

9- إن البـــائع يـــزن . ........................

10- إن أحمــــد يقـــف . ........................

تدريب 8: لاحظ الجملتين الآتيتين من حيث الفرق في المعنى والشكل:

| | |
|---|---|
| الجَوُّ باردٌ | أصبحَ الجوُّ باردًا |

والآن بعد أن لاحظت ذلك الفرق استخدم الفعل (أصبح) وغيّر ما يلزم في الشكل:

1- الرطوبةُ عاليةٌ.
2- الجوُّ جميلٌ.
3- السماءُ صافيةٌ.
4- الحرارةُ معتدلةٌ.
5- الهواءُ نشيطٌ.
6- البحرُ هادئٌ.
7- الموجُ منخفضٌ.
8- سامي مسرورٌ.
9- الشرطيُّ يَقِظٌ.
10- البوابُ نائمٌ.

تدريب 9: لاحظ الجملتين الآتيتين من حيث الفرق في المعنى والشكل:

| | |
|---|---|
| الحارسُ نائمٌ | كَأَنَّ الحارسَ نائمٌ |

والآن بعد أن لاحظت ذلك الفرق استخدم أداة التشبيه (كَأَنَّ) وغيّر ما يلزم في الشكل:

1- هذه الزهرةُ وردةٌ.
2- هذا الكتابُ كتابي.
3- هذه القطةُ قطتي.
4- هذا الكلبُ كلبي.
5- السفينةُ بيتٌ كبيرٌ.
6- الطائرةُ طائرٌ كبيرٌ .
7- هذه الساعةُ ساعتي.
8- هذه العمارةُ بُرجٌ.

9- هذه المياهُ مياهُ النيل.       10- هـذا الـوجهُ أعـرفُه.

تدريب 10: هات سؤالا  لكل جواب من الأجوبة الآتية:

1- ...................................... ؟

سافـرت بـالقطار.

2- ...................................... ؟

كــان مـــعي ابــني.

3- ...................................... ؟

سـافـرت صبـاحـا.

4- ...................................... ؟

السـاعـة الآن الخامسـة صباحـا.

5- ...................................... ؟

سافـرت إلى الإسكـندرية.

6- ...................................... ؟

رجعت بعـد ثــلاثة أيــام.

7- ...................................... ؟

قضيت هذه الأيام على شاطئ البحر.

8- ...................................... ؟

أعــمل طبــيبــا.

9- .......................................؟

قضيت الأيــام سعيـدا والحمد لله.

10- .......................................؟

ابـــني مـــهندس.

تدريب 11: أجب عـن الأسـئلة الآتيـة:

1- لمـاذا درس السيد وليم اللغة العربية في بلاده؟

2- في أي شيء كـان السيد وليم يفكر ؟

3- ماذا يكتب الشخص عند وصوله إلى أي مطار؟

4- مـاذا كان يمكن للسـيد وليم أن يقرأ عنـد وصولـه إلى أبـوظبي؟

5- ماذا كتب السيد وليم عند وصوله إلى الشركة؟

6- لمـاذا تعجب مدير العلاقات العامة؟

7- لمـاذا تُعَدُّ اللغةُ العربيةُ لغةً عالميةً؟

8- هل هناك عدد كبير يتعلم اللغة العربية الآن؟

9- لمـاذا يتعلم كثيـر من الناس اللغة العربية؟

10- هـل يتعلـم بعض الأشخـاص اللغـة العربيـة للسـياسة والتجـارة ؟ وَلماذا ؟

11- في أي شيء يستخدم المسلمون اللغة العربية؟

12- لمـاذا لا يفـهم وليـم كـلام الآخـرين؟

13 –   ما تاريخ حضارة اللغة العربية؟

14-   في أي الأغراض تُسْتَخْدَمُ اللغة الفصحى؟

15-   ما الذي سيؤدي إلى انتصار الفصحى؟

16-   ما اللغة التي يتكلمها الناس؟

---

اقرأ الجمل الآتية ولاحظ طرق النفي

(ليس)   (ما)   (لن)   (لم)   (لا).

1-   هل هذا بيتك؟   نعم، هذا بيتي.

لا، ليس هذا بيتي.

2-   هل وجدت صعوبة في السفر؟

نعم ، وجدت صعوبة.

لا، ما وجدت صعوبة.

لا، لم أجد صعوبة.

3-   هل تسكن في فندق؟

نعم ، أسكن في فندق.

لا، لا أسكن في فندق.

4- هل سيصل غدا؟   نعم ، سيصل غدا.

لا، لن يصل غدا.

---

تدريب 12: اكتب رسالة عن تعلمك اللغة العربية.

# الشُهور العربيّة والميلاديّة

## الشُهور العربيّة

| | | | |
|---|---|---|---|
| 1 | الْمُحَرّم | 7 | رَجَب |
| 2 | صَفَر | 8 | شَعْبَان |
| 3 | رَبِيع الأَوَّل | 9 | رَمَضَان |
| 4 | رَبِيع الثَّانِي | 10 | شَوَّال |
| 5 | جُمَادَى الأُولَى | 11 | ذُو الْقَعْدَة |
| 6 | جُمَادَى الثَّانية | 12 | ذُو الْحِجَّة |

## الشُهور الميلاديّة

| | | | |
|---|---|---|---|
| 1 | يَنَايِر | 7 | يُولْيُو |
| 2 | فِبْرَايِر | 8 | أَغُسْطُس |
| 3 | مَارِس | 9 | سِبْتَمْبَر |
| 4 | ابْرِيل | 10 | أُكْتُوبَر |
| 5 | مَايُو | 11 | نُوفَمْبَر |
| 6 | يُونْيُو | 12 | دِيسَمْبَر |

# الدّول العربيّـة

| الدّولة | العاصمة |
|---|---|
| المملكة الأردنيّة الهاشمية | عمّـــان |
| دولة الإمارات العربية المتحدة | أبو ظبي |
| مملكة البحرين | المنامة |
| الجمهورية التونسية | تونس |
| الجمهورية الجزائرية الديمقراطية الشعبية | الجزائر |
| جمهورية جيبوتي | جيبوتي |
| المملكة العربية السعودية | الرياض |
| جمهورية السودان | الخرطوم |
| الجمهورية العربية السورية | دمشق |
| جمهورية الصومال الديمقراطية | مقديشو |
| جمهورية العراق | بغداد |

| الدّولة | العاصمة |
|---|---|
| سلطنة عُمان | مسقط |
| دولة فلسطين | القدس |
| دولة قطر | الدوحة |
| جمهورية القمر المتحدة | موروني |
| دولة الكويت | الكويت |
| الجمهورية اللبنانية | بيروت |
| الجماهيرية العربية الليبية الشعبية الاشتراكية العظمى | طرابلس |
| جمهورية مصر العربية | القاهرة |
| المملكة المغربية | الرباط |
| الجمهورية الإسلامية الموريتانية | نواكشوط |
| الجمهورية اليمنيّة | صنعاء |